현대
호주사회의
이해 Ⅰ

이 책은 한호재단의 지원에 의해 출판됨.

현대 호주사회의 이해 Ⅰ

이희진 · 문경희 외 엮음

연세대학교 동서문제연구원 호주연구센터

한국학술정보㈜

2011년은 한국과 호주가 정식 외교관계를 수립한 지 50주년이 되는 해이다. 지난 세월을 돌이켜 보면 호주는 6·25전쟁 참전국이었고, 이후에도 콜롬보 플랜 등을 통해 다양한 형태로 우리에게 많은 도움을 준 나라이다. 80년대 이후 우리가 경제 성장을 이루면서 호주와의 교역 규모가 증대하고, 다방면에서 협력을 추구하게 되었다. 이렇듯 꾸준한 지원과 협력의 관계를 통해 호주와 우정을 쌓아온 지 50년이 되는 올해는 그래서 더욱 특별하다.

호주와 한국 양국은 민주주의, 시장경제, 아시아태평양 지역에서의 국제관계 역할 등 서로 긴밀한 관계를 유지하기에 충분할 만큼의 여러 유사점을 공유하면서도 상호 교류를 통해서 윈-윈하기에 충분한 상이점을 가지고 있다. 특히 자원 및 에너지 부국인 호주는 한국의 부족한 부분을 메꿔 줄 수 있는 최상의 협력 파트너이다. 이러한 호주의 중요성에도 불구하고 호주에 대한 우리의 이해는 현실을 따라가지 못하고 있다. 한국의 국민들이 호주에 대한 식견을 넓힐 수 있는 책은 관광 안내 책자를 제외하고 거의 없는 실정이다.

호주라는 나라에 대해 조금이라도 관심이 있는 사람들은 이 책을 읽어볼 것을 권한다. 이 책은 특히 호주와 사업을 하는 기업이나 공공기관 담당자, 유학이나 이민을 계획하고 있는 사람들에게 호주 이해를 돕는 길잡이가 될 것이다. 나아가 한국 국민의 호주사회에 대한 이해의 폭과 깊이를 더하는 데 보탬이 될 것이다.『현대 호주 사회의 이해 I』가 2011년 '한－호 우정의 해'를 더욱 뜻깊게 만드는 지적 산출물이면서 한국 내 호주연구를 촉진시키는 시초가 되기를 기대해 본다. 정치, 경제, 사회를 아우르는 각 장을 집필한 저자분들과 연세대학교 호주연구센터에 감사의 뜻을 전한다.

박세용
한호재단 이사장

When Professor Lee Heejin told me that he planned to coordinate the development of a book on Australia for a Korean audience, I was very supportive of the project. Increasingly the paths of Korea and Australia have become ever more interwoven and the idea of having a text that would enable Koreans to better understand Australia was greatly appealing.

Australia's modern relations with Korea began from the earliest days of the Korean War. Before that there were a few missionaries active in Korea from the 1880s. However, it was not until 1961 that both countries formally established diplomatic relations-the anniversary of which we are celebrating in 2011, which has been designated as the "Australia-Korea Year of Friendship".

Over the years our relationship has been strengthened through our shared democratic ideals and the ever-developing people-to-people links. In 2010, more than 200,000 Koreans visited Australia, including 165,000 tourists, 12,000 business people and 35,000 young Koreans on working holidays. Additionally, over 30,000 students chose to study in Australia.

Australia is very rich in natural resources and our coal, iron ore, crude oil, copper and other mineral exports have helped fuel the economic growth and wealth of Korea. Overall, Korea is Australia's fourth largest trading partner and our third largest merchandise export market.

Korean companies have also prospered in Australia-with Hyundai, Samsung and LG now household names in Australia. These companies continue to use Australian imported energy and raw materials to manufacture their high-tech products such as flat screen TVs and cars.

Just as the Korea of the twenty-first century is a vastly different place to the one encountered by the first missionaries, so too, the Australia of today, is a nation that has been greatly transformed to become an important player on the world stage.

I trust that this book will provide readers of the Korean language with a multifaceted insight into Australia and bring about greater understanding of the similarities we share as well as the differences between our two countries.

H.E. Sam Gerovich

Ambassador of Australia

to the Republic of Korea

October, 2011

호주는 60년 전 한반도에서 민주주의와 자유를 지키기 위해 6·25 전쟁에 참전한 혈맹국가다. 1961년 수교한 이래 한-호 양국은 상호보완적인 경제, 통상 관계를 유지해 왔다. 최근 들어서, 양국 간 교역량은 괄목한 성장을 보였다. 2005년 약 100억 달러 정도였던 교역량은 2010년 270억 달러에 달했다. 특히, 우리는 호주에 자동차를 수출하고, 호주로부터 철, 석탄, 우라늄과 같은 광물자원을 수입하는 상호보완적 경제, 통상 구조를 유지하고 있다. 우리나라는 국내에서 소비하는 광물자원의 1/3을 호주로부터 수입하고 있고 우리나라 역시 호주의 3대 수출시장이자 3대 교역대상국이다 보니 양국은 서로 전략적으로 중요한 파트너인 셈이다. 더구나 양국 FTA 협상이 곧 체결되면 경제, 통상 관계는 더욱 강화될 전망이다.

지난 3~4년 동안 정치, 외교 차원에서도 한-호 양국 관계가 한 단계 업그레이드되었다. 2008년부터 최근까지 양국 정상은 14번의 정상회담을 개최했고 전화통화도 수시로 하였다. 이는 양국 간 외교 관계가 얼마나 가까워졌는지를 보여준다. 아태지역에서 대표적인 중견국(middle power)으로서 한국과 호주는 세계경제위기, 기후변화와 같은 인간안보 분야에서도 함께 리더십을 발휘하기 시작했다. 특히, G20 정상회의가 세계경제위기 극복을 위한 최상의 경제포럼으로 자리매김한 것은 양국 정상 간의 긴밀한 협력의 결과였다.

미국과의 동맹, 아태지역에서의 적극적 중견국 역할 수행, 국제기구 등 다자체제에 적극 참여, 북핵 포기를 위한 노력 등 다방면에서 공통의 외교안보적 이해관계를 공유하는 양국은 최근 들어 인적교류 차원에서도 적극적이다.

호주에는 10만에 달하는 우리 교민들이 살고 있고, 단기 및 중장기 유학생, 워홀러(working holiday makers)를 포함해 7만 명에 달하는 우리 청소년들이 호주 전역에서 흥미로운 생활을 하고 있다. 매년 20만에 달하는 한국인 관광객도 호주를 방문한다.

이렇듯 호주는 우리와 밀접한 국가이지만 사실 국내 학계에서 호주에 대한 학술적 연구는 아주 미미한 상태다. 호주의 정치, 경제, 사회, 문화, 역사, 법 등 다양한 분야의 많은 연구결과가 우리 사회에 소개될 필요성이 절실하다. 2011년 한−호 수교 50주년을 맞이하여 『현대 호주 사회의 이해 I』의 출간은 우리 사회에 호주를 알리는 데 중요한 역할을 할 것으로 기대된다. 이번 출간을 계기로 호주 관련 연구 결과물이 지속적으로 소개될 수 있기를 기대한다.

김우상

전 주호주대사(2008.5.~2011.8.)

연세대 정치외교학과 교수

한－호 관계의 폭이 넓어지고 깊이가 더해지고 있다. 2009년은 첫 호주인으로, 죠셉 헨리 데이비스 목사가 한국에 첫발을 디딘 지 120주년이 되는 해였고, 올해 2011년은 두 나라가 외교관계를 맺은 지 50주년이 되는 해이다. 또한 두 나라의 관계를 더욱 밀착시킬 FTA 체결이 임박해 있고, 동북아시아 안보, 기후변화, 새로운 글로벌 거버넌스 체제 확립 등 글로벌 이슈에서 중견국가로서 여러 입장을 공유하고 있는 양국은 협력의 가능성과 필요성이 빠르게 증대하고 있다. 특히 자원·에너지 부국인 호주와의 우호적 관계는 경제를 넘어, 우리의 안보 및 지속가능 발전에 전략적 요인이 될 수도 있다.

이렇듯 빠르게 증대하는 호주의 중요성에도 불구하고, 우리 사회의 호주에 대한 인식과 지식은 그 속도를 전혀 따라가지 못하고 있다. 아직도 많은 한국인에게 호주는 그저 캥거루가 뛰노는 낭만적인 이미지로만 각인되어 있고, 백호주의(White Australia), 복지의 천국 등 70~80년대 사회 모습의 잔상이 깊숙하게 남아 있다. 이 책에 실린 글에도 언급되지만 백호주의는 호주가 일찍이 1970년대에 버린 정책이다. 물론 호주는 풍부한 자연자원과 선진적인 복지 정책 덕분에 많은 사람들이 비교적 여유 있는 삶을 누리는 사회이지만, 한편으로는 우리와 마찬가지로 여러 사회문제를 안고 있고, 그것을 해결하기 위해 많은 시도를 하고 있다. 예를 들어 우리 사회의 현안인 다문화 현상에 대해서 호주는 이미 우리가 아직 겪지 못한 다양한 경험을 했고 개선 방안을 고민해 왔다. 이 책의 의의는 바로 여기에 있다. 즉 독자들이 직접 읽어 보면 알겠지만, 다문화뿐만 아니라 여성문제, 교육, 외교, 대외 원조 등에서 호주는 우리에게 여러 함의를 줄 수 있다.

연세대학교 동서문제연구원 호주연구센터(Centre for Australian Studies)는 연구 및 교육을 통해 한국-호주 관계를 증진시킨다는 취지 아래 2008년에 설립되었다. 지난 3년 여 동안 여러 학술 행사와 세미나 등 다양한 활동을 해 왔지만 이 책은 호주연구센터에게 각별한 의미를 지닌다. 이『현대 호주사회의 이해 I』은 [호주연구총서] 간행의 시발점이기 때문이다. 이는 국내에서 아직 이렇다 할 존재감이 없는 호주연구 학문공동체의 공식 출발과 본격적인 호주연구의 시작을 알리는 첫걸음이 될 것이다.

한호재단의 박세용 회장님 이하 도움을 주신 분들께 다시 한 번 감사 드린다. 박세용 회장님의 적극적인 격려와 재단의 지원이 없었다면 이 책은 아직도 우리의 머릿 속 구상으로만 남아 있을 것이다. 그리고 모든 일이 계획대로 마무리될 때는 언제나 숨은 조력자가 있는 법이다. 이 책도 마찬가지이다. 호주에 대한 애정만으로 편집 작업에 시간과 노고를 아끼지 않은 정승민 연구원에게도 깊은 고마움을 전한다.

이희진, 호주연구센터 소장
연세대학교 동서문제연구원

문경희
창원대학교 국제관계학과

| 목 차 |

1. 호주 경제의 최근 동향 및 주요 이슈

조용두·김리원

1. 들어가며

호주는 광활한 영토와 풍부한 자원을 바탕으로 농축산품 및 광업 중심의 산업구조를 가진 국가이다. 1970년 이후 안정적인 정치시스템을 기반으로 하여 금융 및 노동시장의 개혁을 성공적으로 추진하면서 유연하고 민주적인 시장경제를 확고히 했다. 지난 시기 우리나라와 호주의 경제협력 관계도 비약적으로 발전했다. 1965년~2010년까지 25년 동안 양국 간의 교역규모는 5,530배가 증가하면서, 동기간 호주와 일본의 421배, 미국의 370배, 독일의 1,265배 등 호주와 주요국과의 교역규모 증가를 압도하였다(기획재정부, 2011a). 그러나 양국이 오랫동안 외교적 우방국이자 경제적인 주요 파트너로서 긴밀한 협력 관계를 지속해 왔음에도 우리나라 국민의 호주경제에 대한 종합적인 이해가 아직 부족한 것 같다. 따라서 2011년 한·호주 수교 50주년이라는 뜻깊은 해를 맞아 호주 경제를 잘 이해하고 또한 향후 양국 경제의 지속적인 발전을 도모하기 위한 방안에는 무엇이 있는지를 살펴보고자 한다.

먼저 2절에서는 호주 경제의 최근 동향에 대해 알아본다. 1930년대 대공황 이후 최악이라고 일컬어지는 2008년 글로벌 금융위기에서도 호주 경제는 주요 선진국에 비해 선전했다는 평가를 받고 있다. 따라서 대외의 큰 충격에도 호주경제가 최근 양호한 흐름을 보이고 있는 모습과 그 배경에 대해 기술한다.

3절에서는 호주 경제가 가진 특징에 대해 기술한다. 호주 경제는 전통적으로 서비스업 및 광업 부문에 대한 의존도가 높다. 그뿐만 아니라 중국을 비롯한 아시아 신흥국이 높은 경제성장을 보이면서 이들 국가와의 교역 규모가 많이 증가하는 등 아시아의 중요성이 날로 증대하고 있다. 또한 호주 경제는 지난 30여 년 동안 몇 해를 제외하고는 경상수지 적자를 지속하고 있다. 따라서 경상수지 적자의 원인 및 향후 경상적자가 호주 경제에 어떠한 영향을 미칠지를 살펴본다.

4절에서는 호주가 중장기적으로 지속성장을 하는 데 있어서 대두되는 현안과 해결방향에 대해 기술한다. 2000년대 들어 호주 경제의 고성장은 신흥국의 원자재 수요 급증이 주요 원인으로 작용하였다. 그러나 아이로니컬하게도 이 시기 호주의 성장 동력이 중장기적으로는 대외 충격에 대해 취약한 경제구조를 고착화할 수 있다는 문제점 또한 내포하고 있다. 고령화와 가속화에 따른 노동력의 감소 또한 중장기 성장률을 저하시키는 주요 원인이 될 수 있다는 점에서 우려할 만하다. 또 하나의 주요 이슈는 기후변화와 이로 인해 호주에 미치게 되는 영향이다. 최근 퀸즈랜드 주의 대홍수에서 보듯이 그 어떤 나라보다도 호주는 이상기후에 따른 자연재해 위험에 크게 노출되어 있으며 경제적 피해 또한 막대하다. 현재 제기되는 주요 이슈의 해결 여부에 따라 향후 호주 경제의 진로가 어떻게 될지에 대해 시나리오를 제시한다.

마지막으로 5절에서는 한국과 호주의 관계를 경제를 중심으로 살펴본다. 먼저 양국의 교역 및 투자에 대한 자료를 통해 비약적으로 발전하고 있는 양국 관계를 조명하고, 향후 양국 경제관계의 질적 변화를 가져올 한·호주 자유무역협정(FTA)의 진행과정 및 그 효과에 대해 간략하게 기술한다.

2. 호주 경제의 최근 동향

호주 경제는 2000년대 이후 평균 3% 이상의 성장률을 보이며 주요 선진국 대비 상대적으로 빠른 성장세를 구가했다. 특히 2008년 하반기 전 세계를 강타한 미국발 글로벌 금융위기에도 그 여파를 잘 비켜나갔다. 금융위기의 후폭풍이 가장 거셌던 2009년에도 호주 경제는 1.3% 성장했다. 이는 1990년 이후 20년 만에 가장 낮은 경제성장률이었으나, 미국과 일본 그리고 유로지역 등 주요 선진국의 2009년 성장률이 각각 -2.5~6%를 보였던 것을 감안하면 양호한 성적을 거둔 것으로 평가된다[그림 1]. 호주 경제의 빠른 성장세는 1인당 국민소득의 변화 추이에서도 잘 나타나고 있다. [그림 2]에서 보듯이 2000년에 20,000달러에 불과했던 1인당 국민소득이 지난해에는 55,600달러를 기록하며 10년 사이 2.5배 가량 성장했을 뿐만 아니라, 글로벌 금융위기 직후 다소 감소했던 소득 부분도 1년 만에 만회하는 데 성공했다.

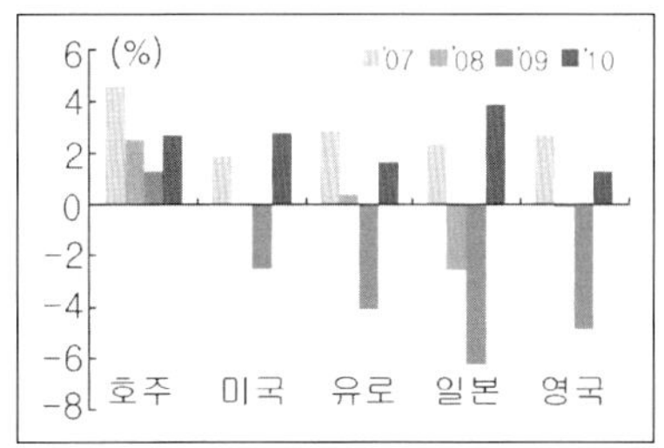

자료: IMF('11. 4)

[그림 1] 선진 주요국 실질 GDP 성장률

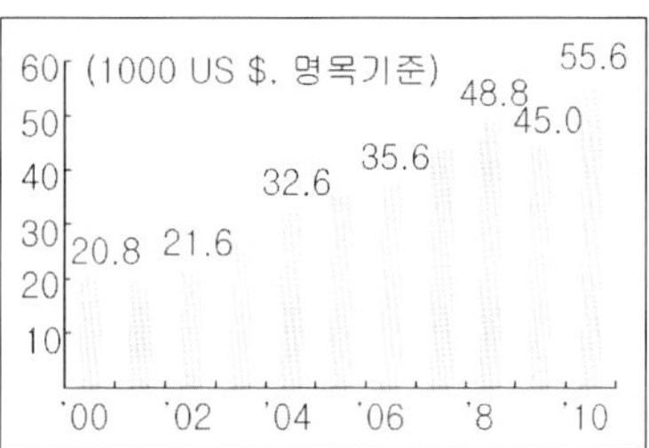

자료: IMF('11. 4)

[그림 2] 호주 1인당 국민소득 추이

호주가 2009년에 주요 선진국 중 유일하게 '플러스' 경제성장을 한 것을 비롯하여 현재까지 양호한 경제성과를 보일 수 있었던 배경에는 금융위기 직후 호주 정부의 과감하고 발 빠른 대응, 건전한 금융시스템, 그리고 중국 등 주요 신흥국의 견조한 성장세 지속에 있다.

글로벌 금융위기 직후 연방정부는 두 차례에 걸쳐 총 524억 호주달러에 이르는 대규모 경기부양책을 시행하였다. 이 중 220억 호주달러를 도로, 항만, 학교 건설 등에 투입해 건설분야의 노동수요를 증진시켰고, 200억 호주달러의 현금을 직접 공급하는 방식으로 위축된 가계소비를 완화하는 데 힘썼다. 또한 뱅크런(Bank Run)을 방지하기 위해 호주은행 및 외국은행 자회사에 예치된 예금 중 1인당 1백만 호주달러까지 지급보증(Guarantee on Deposit)을 해주는 제도를 시행하였다. 호주연방준비은행(RBA: Reserve Bank of Australia) 역시 가계부문의 이자 부담 경감 및 기업의 자금조달 비용을 줄이기 위해 2008년 9월부터 7개월 동안 총 7차례에 걸쳐 4%의 금리 인하를 단행하는 등 연방정부의 경기부양 노력에 보조를 맞추었다. 그 결과 호주의 민간소비가 2009년 3/4분기를 기점으로 현재까지 안정적인 증가세를 보이고 있다.

호주의 건전한 금융시스템 또한 상대적으로 금융위기의 파고를 잘 헤쳐나갈 수 있었던 원동력이 되었다. 천문학적인 손실을 기록한 후 정부의 지원에 연명하는 미국이나 영국의 은행들과는 대조적으로 호주 은행들은 대출, 투자 등에 있어 매우 보수적인 영업 관행을 유지해 왔다. 때문에 2008년 호주 은행들의 무수익여신비율[1]은 0.8%로 미국 2.9%, 영국 1.6%, 스페인의 3.5%에 비해 현저히 낮은 수준을 유지하고 있었다. 수익성 측면에서도 주요국 대비 좋은 성과를 거두고 있었다. 총자산을 기준으로 전체 은행의 75% 이상을 차지하는 호주 4대 은행[2]의 2009년 자기자본이익률(ROE: Return on Equity)[3]은 11.1%로 미국과 한국 은행들의 5%대에 비해 높은 수준을 기록했다. 호주 은행시스템의 건전성이 금융위기 이후 더욱 빛을 발하면서 2009년 총자산 기준 세계 100대 은행 중 AA등급 이상의 신용등급을 보유하고 있는 9개 은행 중 호주 4대 은행이 포함되었다(박현수, 2010). 그뿐만 아니라, 세계경제포럼(WEF)에서 발표하는 금융발전지수(Financial Development Index) 기준으로 조사 대상 55개국 중 호주가 2위를 차지하기도 하였다[표 1].

---

1) 무수익여신비율은 은행의 전체 대출금 중에서 이자를 받지 못하고 있는 대출금의 비율을 의미하며, 이 비율이 낮을수록 우량은행이다.

2) National Australia Bank, Westpac Banking Corporation, ANZ Banking Group, Commonwealth Group

3) ROE는 부채를 제외한 순수 자기자본에 의해 창출될 수 있는 수익을 나타내는 지표(순이익/자기자본)로 ROE가 높을수록 자기자본에 의해 벌어들이는 이익이 많음을 의미한다.

[표 1] 국가별 금융발전지수 현황(2009년 기준)

	영국	호주	미국	싱가포르	홍콩	일본	한국	중국
Overall Index	1	2	3	4	5	9	23	26
Financial Access	16	1	12	9	13	37	52	30
Non-Banking Financial Services	1	3	2	11	9	6	18	12
Banking Financial Services	2	5	20	11	1	3	22	10
Financial Markets	2	6	1	3	9	5	20	26
Financial Stability	37	9	38	5	3	34	28	23
Business Environment	12	1	10	2	9	15	16	40
Institutional Environment	15	14	11	1	10	17	31	35

자료: The World Economic Forum, The Financial Development Report(2009)

다음으로 중국을 중심으로 한 아시아 신흥국의 견조한 회복세와 이에 따른 철광석, 석탄 등 국제원자재 수요의 급증을 빼놓을 수 없다. 선진국에 비해 아시아 신흥국의 국가재정이 건전성을 유지하고 있고, 이 때문에 이들 국가는 글로벌 금융위기 직후 대규모 경기부양책을 취할 수 있다. 특히 '원자재 블랙홀'로 불리며 전 세계 주요 원자재의 최대 수요 국가인 중국의 4.2조 위안에 이르는 대규모 건설경기 부양책 시행과 이에 따른 고성장이 원자재 가격 상승을 견인했다. 여기에 글로벌 금융위기 직후 원자재 생산 기업들의 투자감소와 2010년 말 호주 퀸즈랜드 주를 강타한 홍수 피해로 석탄 탄광이 침수되면서 수급타이트 상황이 발생한 것도 원자재 가격의 급등을 가져온 원인이 되었다. 호주농업자원경제국(ABARE)에 따르면 2009년 기준으로 퀸즈랜드 주의 석탄 생산 비중이 전체의 55%에 달할 정도로 큰 비중을 차지하고 있다. 이에 따라 철광석과 석탄 가격이 급등세를 지속하고 있다. 철광석 국제 현물가격(Spot price)은 2011년 2월 톤당 198 달러를 기록하며, 글로벌 금융위기 이전 최고치를 기록했던 2008년 2월의 톤당 197.5 달러를 돌파하기도 했다. 석탄 현물가격 역시 2009년 3월 톤당 60.2 달러로 저점을 기록한 후 지속적인 상승세를 보이면서 2011년 4월 현재 저점 대비 약 104% 가량 급등했다[그림 3].

신흥국을 중심으로 한 원자재 수요 증가와 가격 급등은 이를 주로 수출하는 호주의 경제 성장에 크게 기여하였다. 특히 2010년 들어 서호주 주(the state of Western Australia)의 광산 지역을 중심으로 국내외 투자자금이 몰리면서 '제2의 광산개발 붐'이 일어나고 있다. 호주농업자원경제국(ABARE) 통계에 따르면 2010년 호주 자원시장의 인수·합병(M&A) 규모는 1,352억 호주달러, 입찰금액은 354억 호주달러에 달했다. 그뿐만 아니라 광산개발업체들의 2011년 회계연도(2010년 7월~2011년 6월) 자본지출 규모도 548억 호주달러로 직전 회계연도 대비 58% 급증할 것으로 전망하고 있다.

광산개발 붐에 힘입어 호주의 고용시장도 호조를 보이고 있다. [그림 4]에서 보듯이 2009년 3/4분기에 5.8%까지 치솟았던 실업률은 2011년 3월 현재 0.9%p 하락한 4.9%를 기록하며 2년 만에 4%대로 복

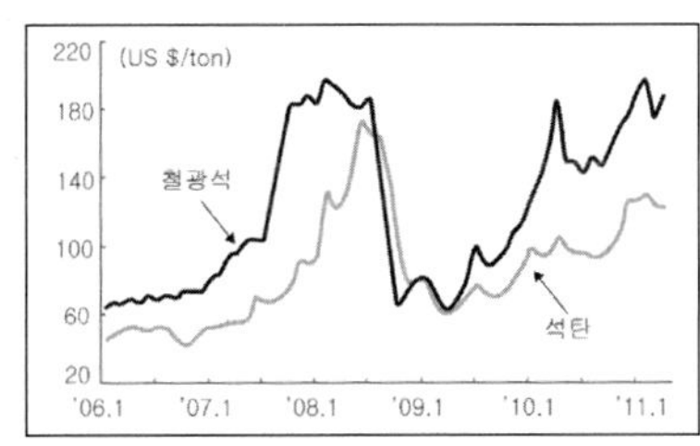

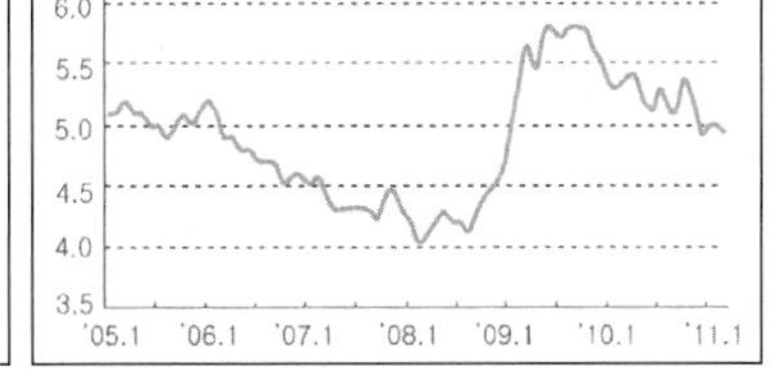

자료: Bloomberg

자료: Bloomberg

[그림 3] 철광석 및 석탄 현물 가격

[그림 4] 호주 실업률 추이

귀했다. 이 수치는 호주 경제의 기초 여건을 감안할 경우 사실상 완전고용 수준에 이른 것으로 보인다. 그러나 국제 상품가격 상승과 '제2 광산개발 붐'은 호주의 경제성장률을 상승시키는 요인으로 작용한 한편 수요견인 인플레이션 압력을 가중시키는 요인으로도 작용하고 있다. 주요 물가지수인 소비자물가지수(CPI)와 생산자물가지수(PPI)가 2009년 3/4분기를 기점으로 가파르게 상승 중이다. 특히 2011년 1/4분기 소비자물가지수는 전 분기 대비 1.6%, 전년동기대비 3.3% 각각 상승하면서 5년 이래 최고 급등세를 보였다[그림 5].

호주 경제의 상대적으로 양호한 실적과 가파른 물가상승으로 연방준비은행(RBA)은 주요 20개국(G-20) 중 제일 먼저 기준금리를 인상시키는 등 출구전략(Exit Strategy)을 시행하였다. 기준금리를 3%로 인하한 후 7개월 만인 2009년 10월에 0.25%의 금리 인상을 단행하였고, 이후 총 7차례에 걸쳐 0.25%씩 인상하여 2011년 5월 현재 4.75%를 기록하고 있다. 이 외에도 경기부양책의 일환으로 시행하던 부동산 시장 지원책과 같은 각종 세제혜택 등을 축소하면서 거시경제 정책을 정상화시켜 나가고 있다.

호주 경제의 견조한 펀더멘탈 바탕 위에, 인플레이션 우려가 고조되면서 호주중앙은행(Reserve Bank of Australia)이 추가로 기준금리를 인상시킬 것이라는 시장 기대감과 여기에 미국 양적완화 조치에 따른 풍부한 유동성, 그리고 일본 등 주요 선진국과의 금리차 확대에 따른 캐리 트레이드(Carry Trade)4) 재개의 영향 등으로 미국달러화

---

4) 캐리 트레이드(Carry Trade): 저금리 통화를 차입하여 고금리 국가의 통화 또는 자산 등에 투자하는 거래 행위. 일반적으로 대표적 저금리 국가의 통화인 일본 엔화나 스위스 프랑이 조달 통화(Funding currency)로 사용된 반면 호주달러나 브라질 헤알화 등 고금리의 신흥국 통화가 캐리 트레이드의 대상 통화(Target currency)로 사용된다.

대비 호주달러는 초강세를 보이고 있다[그림 6].

미국달러/호주달러 환율은 2010년 11월 호주달러 패러티(1미국달러
=1호주달러)를 기록한 뒤에도 지속적으로 상승하며 최근에는 미국달러/
호주달러 환율이 1.06 호주달러(2011년 5월 6일 현재)까지 돌파하며 호주
가 1983년 변동환율제를 도입한 이후 28년 만에 최고치를 기록하였다. 또
한 흥미로운 것은 역사적으로 원자재 선물가격지수인 CRB(Commodity
Research Bureau) 지수5)와 호주달러가 서로 밀접한 상관관계를 보이
며 움직이고 있다는 것이다. 즉, 원자재 가격 상승으로 CRB 지수가
높아질수록, 미국달러화 대비 호주달러가 강세를 보이는 양(positive)
의 상관관계(Correlation)를 가진다는 것이다.

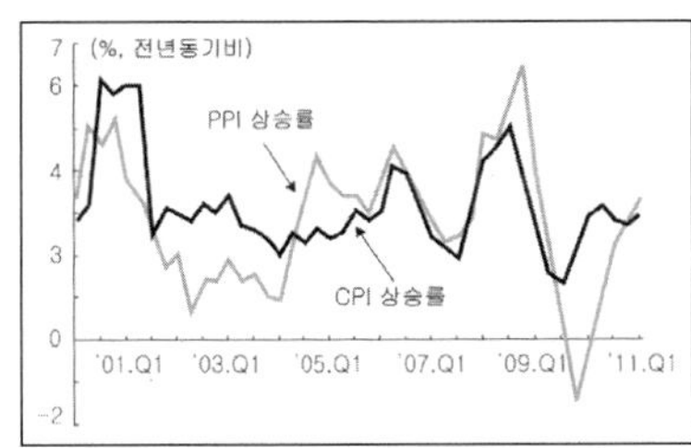

자료: Bloomberg

[그림 5] 호주 주요 물가지수 상승률

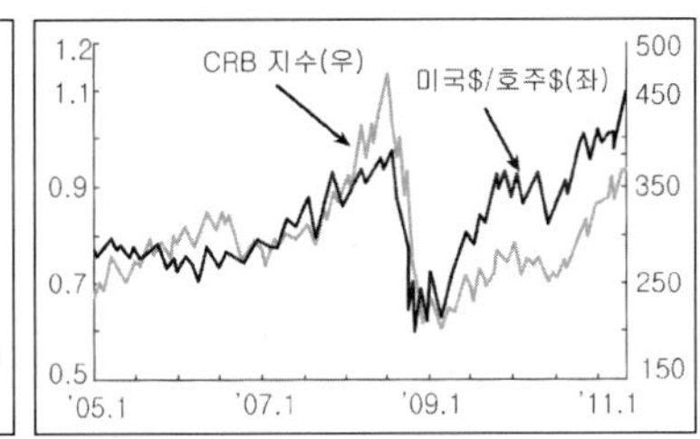

자료: Bloomberg

[그림 6] 환율 및 상품지수 추이

---

5) 미국의 상품·선물 조사연구회사인 '상품조사연구소(CRB)'가 1957년부터 발표해 가장 오래되고 대표적인
   원자재 선물가격지수이다. 현재 원유, 곡물, 귀금속 등 21개 품목으로 구성되어 있으며, 1967년을 100으로
   놓고 산출한다. 원자재 가격 또는 인플레이션 증가율이 높을수록 지수가 증가하게 된다.

3. 호주 경제의 특징

호주 경제는 산업적으로 서비스업 및 광업의 발달이 두드러진 점을 가지고 있다. 서비스업종의 총생산이 GDP에서 차지하는 비중이 70%를 상회할 뿐만 아니라 고용과 투자 측면에서도 여타 업종을 압도하고 있다. 광업 및 농축산물의 경우 GDP 대비 생산은 10% 정도이나 호주 수출의 50% 이상을 담당하고 있다. 반면에 제조업은 지난 50년간 그 중요성이 점차 감소하는 경향을 보이고 있다. 이는 주로 넓은 국토 대비 적은 인구로 인한 내수시장 확보 어려움, 주요 수요처인 북반구와의 지리상 거리, 그리고 호주의 풍부한 천연자원 매장에 따른 것으로 풀이된다. 또한 교역과 관련하여 2000년대 들어 아시아국가의 중요성이 크게 증대되었다. 호주의 5대 교역국 중 상위 4개국이 일본, 중국, 한국 등 아시아 국가이다. 더욱이 중국과 인도와의 활발한 경제적 교류를 통해 지난 10년 동안 양국과의 교역규모가 무려 400% 이상 급증하였다. 이는 주로 중국 등 신흥국의 인프라 수요의 급팽창에 따른 천연자원 수요의 급증에 기인한다. 따라서 호주 정부는 향후에도 안정적인 천연자원 수요시장 확보 및 값싼 공산품을 들여오기 위해 이들 지역 국가와의 자유무역협정(FTA)에 심혈을 기울이고 있다. 마지막으로 장기간 동안 만성적인 경상수지 적자를 경험하고 있는 것 또한 호주 경제의 큰 특징이다. 경상수지 적자는 투자가 활발히 이루어지는 반면 저축은 안정적인 흐름을 보임에 따라, 저축-투자갭(Savings-investment gap)을 메우기 위해 해외로부터 차입에 크게 의존하기 때문이다. 그러나 호주 정부의 재정 안정화 노력, 가계 및 기업의 양호한 재무상태 등으로 볼 때 큰 문제를 야기하지는 않을 것으로 보인다.

1) 서비스업 및 광업에 대한 의존도가 높음

　호주 경제가 가지고 있는 가장 큰 특징 중 하나는 산업구조의 양면성에 있다. 즉 국내적으로는 서비스업에 대한 비중이 높고, 수출 부문에 있어서는 광물자원 및 농축산물과 같은 1차 산업에 대한 의존도가 상당히 높다.

　먼저 서비스업에 대해 살펴보면, 2009년을 기준으로 호주 국내총생산(GDP)의 약 73%를 서비스업이 차지하고 있다[그림 7]. 세부 업종별로는 금융·보험 서비스가 14.6%, 도소매 13.5%, 전문 과학기술 서비스가 8.8% 등으로 금융 및 도소매 서비스업이 특히 발달하였다[그림 8].

　장기 시계열 자료를 보면 서비스업이 호주 경제에서 얼마나 중요한 역할을 담당하고 있는 지가 더욱 뚜렷하게 드러난다. [표 2]는 호주 주요 산업이 생산 및 고용 등에서 차지하는 비중을 나타내고 있는데, 1960년대에는 총생산에서 서비스업이 차지하는 비중이 59%였으나 2000년대 들어서는 78%로 급속하게 증가했다. 그뿐만 아니라 서비스업이 고용과 투자 그리고 수출에서 차지하는 비중도 지속적으로

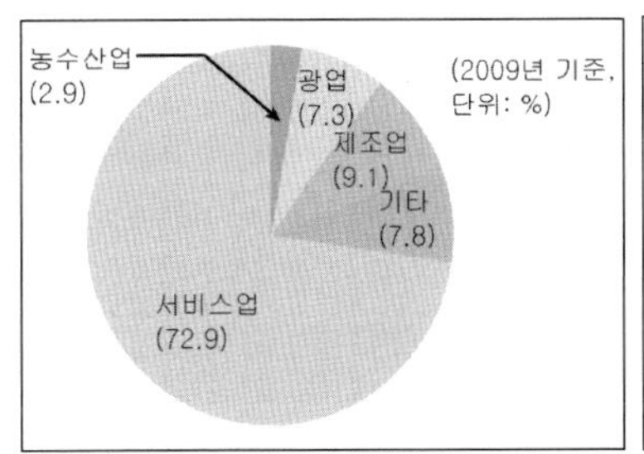

자료: 호주 외교통상부(DFAT), Trade at a Glance(2010)

[그림 7] 호주 주요 산업별 GDP비중

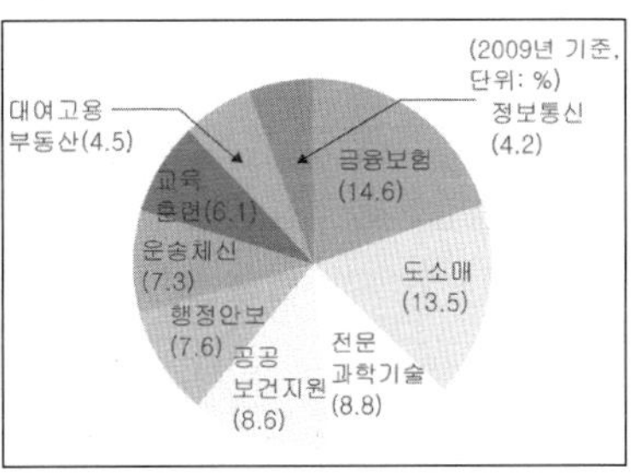

자료: 호주 외교통상부(DFAT), Trade at a Glance(2010)

[그림 8] 서비스업 세부 업종 비중

[표 2] 호주 주요 산업별 활동

(단위: %)

		농수산업	광업	제조업	서비스업
생산 (Output)	1960년대	13	2	26	59
	1980년대	6	7	19	70
	2000년대	3	7	12	78
고용 (Employment	1960년대	10	1	26	63
	1980년대	6	1	17	75
	2000년대	4	1	11	84
투자 (Investment)	1960년대	11	5	19	64
	1980년대	6	11	13	70
	2000년대	4	13	11	72
수출 (Exports)	1960년대	62	15	9	14
	1980년대	33	38	10	18
	2000년대	18	42	17	23

자료: Ellis and Christine, The Structural Change in the Australian Economy(2010)

증가한 것을 알 수 있다. 특히 고용과 투자 부문의 경우 서비스업이 2000년대 84%와 72%로 절대적인 비중을 차지하고 있다.

반면 제조업의 경우 총생산에서 차지하는 비중이 2000년대 26%였으나 이후 지속적으로 감소세를 보이며 2000년대에는 12%로 낮아졌을 뿐만 아니라 고용과 투자 부분에서도 그 중요성이 점점 감소하고 있다. 이는 서비스업이 발달한 미국이나 영국 등 선진국 등과 비교해도 제조업 비중이 낮고 서비스업은 과도하게 높은 편에 속한다.

다음으로 호주 경제 특히 수출에서 중요한 역할을 담당하는 1차 산업에 대해 알아보자. GDP에서 광업 및 농수산업이 차지하는 비중은 7.3%와 2.9%에 불과하지만 이들 산업이 호주 전체 수출에서 차지하는 비중은 각각 47.2%와 10.8%로 절대적이라고 할 수 있다[그림 9]. 농수산업은 고용 및 투자 그리고 수출 부문에서 차지하는 중요성이

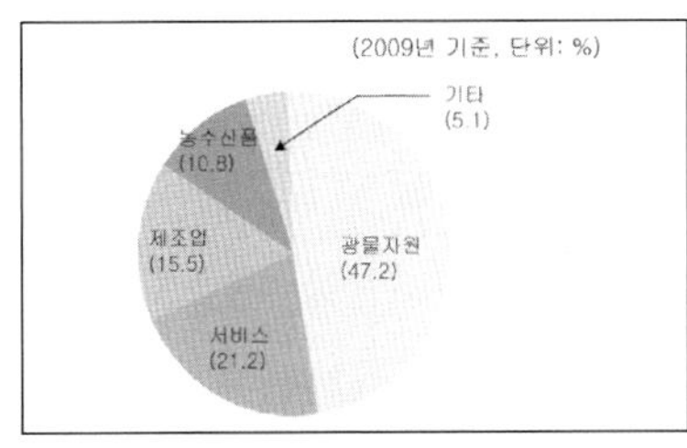

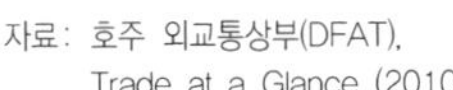

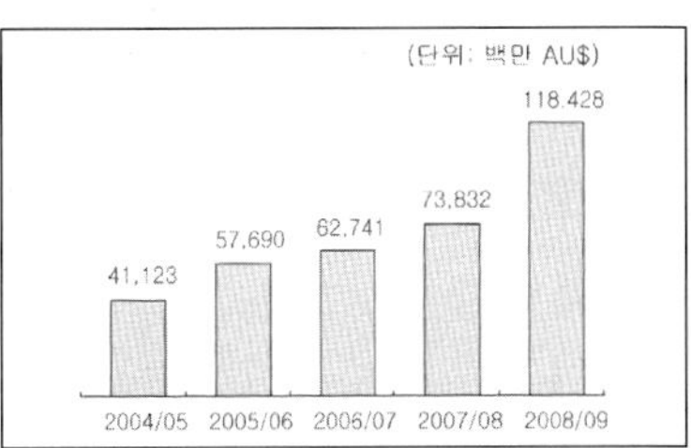

자료: 호주 외교통상부(DFAT),
　　　Trade at a Glance (2010)

자료: 호주 통계청(ABS)

[그림 9] 부문별 재화 및 서비스 수출 비중　　　[그림 10] 호주 광물자원 수출 추이

과거에 비해 감소하고 있는 반면 광업은 수출 부분을 중심으로 증가하고 있다.

특히 최근 들어 광물 자원의 수출 증가가 눈에 띄는데, [그림 10]에서 볼 수 있듯이 2004/05년에 411억 호주달러였던 광물자원 수출액이 2008/09년에는 1,184억 호주달러에 달하면서 180%의 매우 높은 증가세를 기록하였다. 특히 2008년 글로벌 경제위기로 전 세계적으로 광물 수요가 감소하고 가격이 하락했던 악재 속에서도 광산업의 수출 규모는 1,000억 호주달러를 상회하며 세계적인 광물자원 공급 국가로서의 입지를 다시 확인했다.

아래 [표 3]은 2009년 호주의 10대 수출입 품목을 보여준다. 수출 품목 중 석탄의 비중이 20%로 1위를 차지한 것을 비롯하여 광물자원 관련 품목이 8개에 달하고 있는 반면 자동차 등 수입 상위 8개 품목이 제조업에 속하고 있어 상대적으로 제조업의 경쟁력이 저조한 것으로 나타나고 있다. 특히 제조업 중 고용 및 투자 부문에서 전후방 연관 효과가 큰 자동차 산업이 매우 취약하여 매년 약 80%가량의 자동차를 수입에 의존하고 있는 실정이다. 이는 [표 2]에서 지적했던 호

[표 3] 호주 10대 수출입 품목

(2009년 기준, 단위: US십억 $, %)

순위	수출품목	금액	비중	순위	수출품목	금액	비중
1	석탄	39.4	20.0	1	원유	12.3	6.0
2	철광(석)	20.0	15.2	2	승용차	11.7	5.7
3	금	15.6	7.9	2	석유정제	10.3	5.1
4	천연가스	7.6	3.9	4	금	9.0	4.4
5	원유	7.2	3.6	5	의약품	7.6	3.8
6	알루미늄광	4.8	2.4	6	전기통신	7.2	3.6
7	밀	4.8	2.4	7	컴퓨터류	5.6	2.8
8	쇠고기	4.3	2.2	8	화물차	4.4	2.1
9	알루미늄	4.1	2.1	9	펌프/부품	3.7	1.8
10	구리광	3.7	1.9	10	TV, 모니터	3.3	1.6

자료: 호주 외교통상부(DFAT), Trade at a Glance(2010)

주 경제에서 차지하는 제조업의 중요성이 점차 감소하고 있음을 보여준다.

이처럼 호주가 금융·보험 등 서비스 산업 중심의 선진국형 산업구조와 원자재와 농축산물 등 1차 산업의 수출에 크게 의존하고 있는 반면 제조업이 상대적으로 취약한 구조를 가지게 된 데는 지리적 특성과 독특한 요소부존 상태에 주로 기인한다.

호주는 남한의 80배에 달하는 광활한 국토를 가지고 있는 반면 인구는 남한의 40% 정도에 불과하여 인구밀도가 낮아 규모의 경제(Economy of Scale)를 실현하기 쉽지 않고, 주요 소비시장인 북반구와 지리적으로 멀리 떨어져 있어 제조업 제품의 수출을 위한 가격경쟁력이 낮은 편이다. 그뿐만 아니라 노동생산성도 상대적으로 낮아 제조업 기반 형성이 용이하지 않은 형편이다.

호주는 명실공히 각종 광물자원의 세계 최대 보유국이자 생산국으로 오랫동안 명성을 유지해왔다. 이는 [표 4]에서 쉽게 확인할 수 있다. 호주에 매장된 대표적 광물로는 우라늄, 철광석, 갈탄, 니켈, 아연 등이 있다. 특히 납, 니켈, 우라늄, 아연은 전 세계 매장량 대비 30%를 상회하고 있다. 또한 2009년 매장량 순위 기준으로 보크사이트, 구리, 금, 철광석, 니오브, 탄탈륨은 세계 2위인 것으로 알려졌다. 이와 같이 천연자원이 풍부한 호주는 정부 차원에서 상대적으로 노동력이 적게 요구되고 자본 수익성이 높은 자원개발 산업을 중점적으로 육성하게 되면서 제조업에 대해서는 상대적으로 지원이 부족했던 점 또한 제조업이 상대적으로 미발달하게 된 주요 요인이다(백유진 외, 2010).

[표 4] 호주 주요 공물자원 매장량 현황

광종	단위	호주EDR[1]	세계EDR	호주 비중(%)	매장량 순위[2]
보크사이트	기기 톤	6.2	27	23	2
역청탄	기가 톤	39.2	681	6	5
갈탄	기가 톤	37.2	147	25	1
구리	백만 톤	77.8	603	13	2
다이아몬드(산업용)	백만 캐럿	95.7	585	16	3
금	톤	6255	48655	13	2
철광석	기기 톤	24.0	158	15	2
납	백만 톤	26.8	82	33	1
리튬	천 톤	584	4514	13	3
망간	백만 톤	181	1370	13	4
니켈	백만 톤	26.4	69.9	38	1
니오브	천 톤	115	2700	4	2
은	천 톤	61.4	302	20	1
탄탈륨	천 톤	51	130	39	2
우라늄	천 톤	1163	3047	38	1
아연	백만 톤	53.1	193	28	1

1) 경제적 매장량(EDR: Economic Demonstrated Resources): 경제적으로 채굴 타당성이 있는 매장량을 의미
2) 매장량 순위는 2009년 기준
자료: Geoscience Asutralia, Australia's Identified Mineral Resources(2009)

2) 아시아 국가의 중요성이 증대

호주 경제가 가진 또 하나의 중요한 특징은 2000년대 들어 對 아시아 교역 규모가 크게 증가하며, 이들 지역 국가에 대한 중요성이 급속히 증대되었다는 것이다. [그림 13]에서 보듯이 호주의 5대 수출국 중 상위 4개국이 일본, 중국, 한국, 인도로 아시아 국가이다. 특히 지난 10년 동안 중국과 인도와의 교역 규모가 가파르게 증가했다. 1999년에 호주 전체 수출에서 중국과 인도가 차지하는 비중이 4.7%와 1.8%에서 2009년에는 각각 17.1%와 5.7% 크게 증가했으며, 수입 비중에 있어서도 같은 기간 중국은 6.5%에서 17.8%로 가파른 상승세를 보였다[그림 11, 그림 12].

이러한 추세는 수출액과 수입액을 합한 교역 규모를 가지고 비교하면 더욱 명확하게 나타난다. 미국과 서유럽 그리고 일본 등 선진국은 지난 10년간 호주와의 교역 규모가 오히려 줄거나 별 차이가 없었던 반면 중국과 인도는 같은 기간 450% 이상 크게 증가했다.

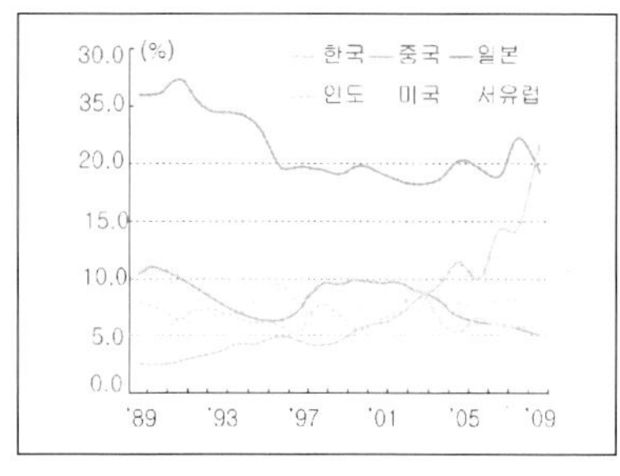

자료: 한국무역협회(KITA)　　　　자료: 한국무역협회(KITA)

[그림 11] 주요교역국에 대한 수출 비중　　　[그림 12] 주요교역국에 대한 수입 비중

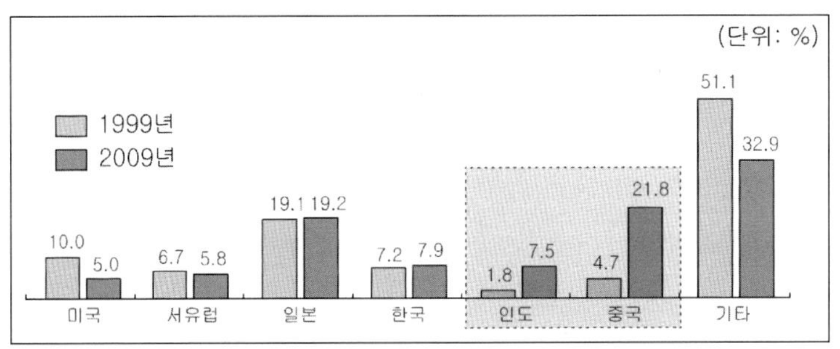

자료: 한국무역협회(KITA)

[그림 13] 지난 10년간 주요국과의 교역 비중 변화

교역량의 급속한 팽창으로 중국은 마침내 2008 회계연도에 호주의 제1교역국으로 부상했다. 그뿐만 아니라 중국은 2009회계연도에 163억 호주달러를 투자해 미국과 영국에 이어 호주의 3대 외국인 투자국가로 자리매김했다[표 5].

이처럼 호주 교역 및 외국인 투자에서 아시아 신흥국의 비중이 높아진 데는 이들 국가의 빠른 경제 성장으로 중산층이 늘어나고 도시화 빠르게 이루어지면서 도로·철도·물류·전력 등 사회기반시설(인프라) 수요가 폭발적으로 증가했기 때문이다. 이에 따라 호주는 신흥 아시아 국가의 인프라 사업 집행에 필수적인 원자재의 주요 공급처이자 해외 투자처가 되었다. 특히 중국은 2009년 기준으로 전 세계 구리의 37.7%, 주석 30.2%, 아연의 39.9%를 사용하는 등 원자재 시장에서 큰손이 되면서 호주 경제에서는 매우 중요한 위치를 차지하게 되었다.

[표 5] 對 호주 외국인 투자 동향

국가	승인 건수	농수산/ 임업	금융/ 보험	제조업	광물탐 사/개발	부동산	자원 가공	서비스	관광	총투 자액
미국	142	659	732	2,350	24,985,	3,369	218	6,753	11	39,077
영국	410	322	650	574	22,172	2,264,	105	2,358,	200	28,644
중국	1,766	–	–	198	12,186	2,421	760	717	–	16,282
스위스	37	–	1,288	2,020	1,115	497	–	966	–	5,885
뉴질랜드	24	95	–	380	5,073	45	–	238	–	5,831

자료: 호주 외국인투자심의위원회(FIRB), 2009~2010 Annual Report

아시아 국가의 중요성이 부각됨에 따라 호주 정부의 외교 및 통상 정책 방향도 변화하고 있다. 호주는 1960년대 이후부터 최근까지 외교적으로나 경제적으로 유럽 및 미국 그리고 일본에 높은 의존도를 보였다. 그러나 2000년대 후반 노동당의 캐빈 러드 정부가 들어선 이후 다자외교를 통해 아시아국가와의 외교관계를 중시하고, 아·태경제협력(APEC), 동아시아정상회의(EAS) 등의 정치·경제 협력체에서의 적극적인 역할을 통해 이들 지역에서의 정치적 영향력을 높이려 노력하고 있다.

또한 호주는 아시아 국가와의 자유무역협정(FTA) 체결에도 적극적으로 나서고 있다. 싱가포르, 태국, 아세안(ASEAN)과는 이미 FTA가 체결되어 발효되었고, 현재 중국·인도 등 주요 아시아 국가와 협상을 진행 중이다[표 6]. 이는 거대유망시장인 ASEAN 및 기존 경제파트너인 동북아 경제권과의 연계를 긴밀히 함으로써 호주의 주력품목인 광물자원과 농산물 등의 수출시장을 확대하고, 상대적으로 미발달된 자국의 제조업을 감안 공산품 수입비용을 낮추고, 금융·보험 등 서비스 부문의 진출기회를 넓히려는 데 목적이 있다(김한성 외, 2007).

[표 6] 호주 FTA 추진 현황

체결		협상 추진 중	
국가	발효연도	국가	개시연도
뉴질랜드(ANZCERTA)	1983년	말레이시아(협상)	2005년 4월
싱가포르(SAFTA)	2003년	중국(협상)	2005년 4월
태국(TAFTA)	2005년	인도네시아(공동연구)	2006년
미국(AUSFTA)	2005년	일본(협상)	2007년 1월
칠레(ACIFTA)	2009년	한국(협상)	2009년 3월
아세안(AANZFTA)	2010년	인도(협상)	2011년 5월
		GCC(협상)	2007년 7월

2011년 5월 현재
자료: 호주 외교통상부(DFAT), 언론기사종합

3) 만성적인 경상수지 적자를 경험

호주는 1980년대 중반 변동환율제도와 자본자유화 시행 이후 경상수지[6] 적자(Current Account Deficit)가 장기간 지속하여 왔다. 특히 2000년대 중반 들어 적자 폭이 확대되면서 2007년에는 GDP의 6.2%인 743억 호주달러로 사상 최고치를 기록하기도 하였다. 그러다가 2008년 글로벌 경제 위기 이후 수입이 감소한 반면 신흥국의 원자재 수요 급증에 따른 수출 증가로 무역수지가 7년 만에 흑자로 돌아서면서 경상수지 적자 폭이 다소 감소하였다.

[그림 14]는 지난 30여 년 동안 호주의 경상수지 및 무역수지 추이를 보여주고 있다. 흥미로운 것은 연도별 경상수지 비중의 변화는 무

---

6) 호주의 경상수지 계정은 상품 및 서비스 수지(경상수지)와 소득수지 그리고 경상이전수지로 구성되어 있다. 소득수지는 외국인 근로자에게 지급되거나 내국인 해외 근로자가 수취하는 임금, 대외 금융자산, 부채와 관련된 배당, 이자 등 투자소득의 수입 및 지급의 차이를 의미한다. 경상이전수지는 거주자와 비거주자 사이에 무상으로 주고받는 거래의 수지 차이를 말하는 것으로 여기에는 해외교포가 국내 친지에게 보내는 개인 송금, 해외 자선단체의 기부금이나 구호물자 등이 포함된다. [그림 14]에서는 소득수지와 경상이전수지를 합쳐 소득수지로 표시하였다.

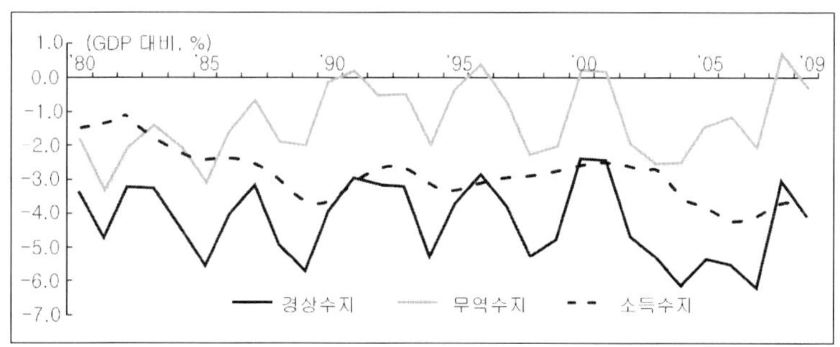

자료: 호주 통계청(ABS)

[**그림 14**] 호주 경상수지 및 무역수지 추이

역수지(Trade Balance) 비중의 추이 변화와 상당히 유사한 움직임을 보이고 있으나, 실제로는 경상수지 적자 중 소득수지(Income Balance) 적자가 차지하는 비중이 압도적으로 많다는 것이다. 지난 20년간 GDP 대비 경상적자 비중이 평균 -4.24%였는데, 이중 무역적자 비중이 -1.33%였던 반면에 소득수지 적자 비중은 -2.91%였다. 즉 지난 20년 동안 호주의 경상수지 적자 중 2/3 이상이 소득수지에서 비롯되었다. 이는 GDP 대비 경상수지 적자 비중이 호주와 비슷한 미국의 경우 소득수지가 최근까지 흑자 또는 균형수준을 유지한 것과 대비된다.

이처럼 호주가 장기간의 경상수지 적자와 시간이 지날수록 그 폭이 확대된 주요 이유는 민간부분의 투자가 증가한 데 있다. 즉, 저축이 안정적으로 유지되는 가운데 민간부문의 투자가 증가함에 따라 저축-투자갭(Savings-investment gap)이 확대되었기 때문이다. [그림 15]는 이를 잘 보여준다. 1990년 이후부터 2000년 중반까지 총저축은 상당히 안정적인 흐름을 보이고 있으나 총투자가 빠르게 증가함에 따라 저축-투자갭이 점차 확대되고 있다. 특히 2000년 이후 총투자의 증가세가 두드러지는 데, GDP 대비 총투자는 2000년에 23%에서 2009년에는 26%로 크게 증가하였다.

국민경제에서 총투자가 총저축보다 많다는 것은 투자를 위한 자금을 국외로부터의 차입에 의존해야 한다는 것을 의미한다. 따라서 호주는 저축-투자갭을 메우기 위해 해외로부터 자금을 조달해와 대외채무가 지속적으로 증가하였다. [그림 16]에서 볼 수 있듯이 경상수지 적자가 지속되면서 해외 자금에 대한 수요 증가로 순 대외채무(Net Foreign Liabilities)가 증가하는 추세를 보이고 있다. 1988년에 40% 정도였던 순 대외채무 비율(GDP 대비)이 2009년에는 60%를 상회하면서 10여 년 만에 20%가 증가하였다. 순 대외채무의 급격한 증가 원인은 시기별로 다소 다른 양상을 보이고 있다. 1990년대 중반까지는 민간부문의 순 대외부채보다는 공공부문의 순 대외부채 비율이 압도적으로 높았으나, 이후로는 민간부분의 순 대외부채가 가파르게 증가하면서 순 대외채무 증가의 주요 요인이 되었다.

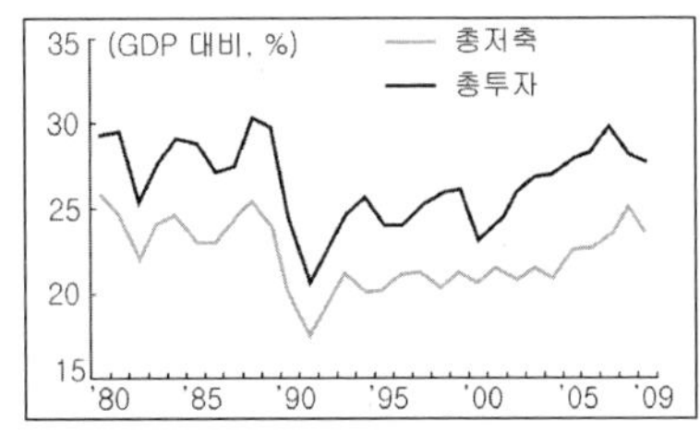

자료: 호주 통계청(ABS)   자료: 호주 통계청(ABS)

[그림 15] 총저축 및 총투자율 추이   [그림 16] 대외채무 및 부채율 추이

[표 7]은 호주의 경상수지, 총저축 및 순 대외채무 비율 등의 최근 5년간의 평균 수치를 주요 선진국들과 비교한 것이다. 호주의 GDP 대비 경상수지 비중은 8개 비교 대상 국가 중 뉴질랜드 다음으로 높다. 그러나 이는 저축률이 낮다기보다는 대상 국가에 비해 상대적으로 높은 투자율에 기인함을 확인할 수 있다. 호주의 저축률은 22%로 OECD 평균과 동일하고 G7 국가의 평균보다는 2% 높은 반면 GDP 대비 투자 비중은 27%로 G7 평균인 20%보다 월등히 높다. 또한 [표 7]을 통해 총저축에 비해 총투자가 적은 국가는 공통적으로 경상수지 적자를 보이고 있으며, 그 차이(저축-투자갭)가 클수록 경상수지(GDP 대비) 규모가 큰 것을 알 수 있다.

향후에도 호주의 경상수지 적자는 지속될 것으로 보인다. '제2의 광산개발 붐'으로 인해 광업을 중심으로 한 민간기업의 투자가 더욱

[표 7] 경상수지/총저축 및 총투자의 국제 비교

(GDP 대비 비중: %, 2004~2008년 평균)

	총저축			총투자	경상지수	순대외채무
	정부	민간	합계			
호주	3	19	22	27	-5.6	58
캐나다	2	22	24	22	1.4	0
미국	-3	17	14	20	-5.5	24
일본	-4	31	27	24	3.9	-51
독일	-1	25	24	16	6.0	-25
프랑스	-2	21	19	21	-0.7	18
영국	-1	16	15	17	-2.5	3
뉴질랜드	6	10	16	24	-8.1	73
이탈리아	-1	21	20	21	-2.2	20
OECD 평균			22		-1.0	
G7 평균	-1	21	20	20	0.1	

자료: Phil Matt, and Siddharth(2010), Australia's Current Account Deficit in a Global Imbalances Context

활성화될 것으로 전망됨에 따라 이를 뒷받침할 투자자금이 필요한 반면 저축률이 단기간에 이를 상쇄할 만큼 크게 증가하기는 힘들 것이고, 따라서 해외로부터의 직접투자 역시 꾸준히 증가할 것이기 때문이다. 호주의 경상수지 적자는 민간부문의 투자 증가에 기인하였으며 수출을 중심으로 한 경제성장이 유지되는 한 현 수준의 경상수지 적자를 자체적으로 감당할 수 있을 것으로 보인다. 높은 대외채무에도 불구하고 호주 정부의 재정건전화 노력으로 재정수지가 균형 수준을 유지하고 있고, 민간은행들 역시 대체로 우량한 것으로 평가받고 있으며, 가계 및 기업 역시 양호한 재무상태를 보유하고 있는 것으로 알려져 크게 문제가 되지는 않을 것으로 전망한다.

그러나 높은 수준의 대외채무에 따른 취약성을 해소하고 향후 발생 가능한 대외적 충격에 대비하기 위해서는 지속적인 구조개혁과 안정적 경제성장, 민간부문에 대한 금융감독 강화 등이 긴요하게 요구된다.

4. 호주 경제 관련 주요 이슈

1) 산업 간 불균형 및 대외 의존도 심화에 따른 경제 취약성이 증대

앞 절에서 살펴본 바와 같이 호주 경제는 신흥국의 견조한 성장세에 따른 천연자원 수요 증가에 힘입어 '제2 광산개발 붐'이 일어나면서, 대공황 이후 최악이라는 글로벌 금융위기 속에서도 선진국 중 유일하게 경기 침체[7]를 경험하지 않았으며 현재도 비교적 안정적인 성

---

7) 여기서 말하는 침체란 기술적 침체(technical recession)로 한 국가의 GDP 성장률이(전 분기 대비) 2분기 이상 '마이너스' 성장을 한 경우를 의미한다.

장세를 유지하고 있다. 그러나 중장기적인 미래를 고려해 볼 때, 아이로니컬하게도 최근의 높은 경제 성장을 이끌었던 요인이 오히려 호주 경제의 불확실성을 증대시키는 요인으로 작용할 수 있다. 즉, 광업과 여타 산업 간의 불균형 심화 및 교역 부분에서의 對 아시아 특히 중국에 대한 의존도 심화는 중장기적으로 호주 경제성장의 대외 충격에 의한 취약성을 증가시킬 수 있다.

호주의 경제 성장을 주도하고 있는 광산개발 붐이 지속됨에 따라 자본 및 노동력 등 생산요소가 광업 부문으로 과도하게 이동함으로써 다른 산업과의 균형적 성장이 어렵게 될 수 있다. 켄 헨리 호주 총리실 재무수석은 2010년 11월 22일 있었던 연방의회 상원 증언을 통해 "광산부문이 당분간 경제성장을 주도할 것"이라면서도 "광산 등 일부 부문의 성장률은 전례 없을 정도로 높은 수준을 이어가고 있지만 나머지 다른 산업은 장기 추세선에 미달하는 저성장에 시달리고 있다"고 우려를 표명하였다. 그뿐만 아니라 광산개발 붐의 지속은 물가불안과 호주달러의 강세를 유발하여 그렇지 않아도 상대적으로 취약한 국내 제조업의 가격 경쟁력을 약화시킬 뿐만 아니라 관광 산업에도 악영향을 미칠 수 있다.8) 특히 중국, 브라질 등 호주와 같이 자국 통화 평가절상 압력을 받고 있는 국가에 비해 금융시장이 대폭 개방되어 있어 정부가 취할 수 있는 정책적 수단에 한계가 있어 호주달러의 강세 압력이 더욱 문제가 될 수 있다. 줄리아 길라드 총리도 최근 들어 천연자원 수출 호황에 따른 호주달러 강세 지속으로 호주 경제가 '네덜란드 병(Dutch Disease)9)에 걸릴 수 있다고 공개적으로 경

---

8) "Australia's mining boom masks crisis in economy"(Financial Times, 2011/08/05)
9) 자원 부국이 자원 수출에 따른 외국 자본 유입으로 일시적인 호황을 누리지만 물가와 통화가치 상승으로

고하고 나선 바 있다.[10]

지난 10년 동안 교역 부분에서 호주와 아시아 국가와의 통합이 급진전함에 따라 아시아 지역 국가의 경기변동에 의해 호주 경제가 받는 영향의 정도가 커졌다. 최근의 실증분석 결과에 따르면 분석기간을 1991~2010년으로 했을 경우 미국에서 1%의 GDP 충격이 가해지면 호주 경제성장률에 0.4% 정도 변화하는 반면 신흥 아시아 국가로부터 동일한 충격이 가해질 경우 호주 경제성장률에 미치는 영향은 미미하였다. 그러나 분석기간을 2000년 이후(2001~2010년)로 하였을 경우 신흥 아시아 국가에서 1%의 GDP 충격이 가해지면 호주 경제성장률에 1/3% 정도 영향을 미치는 반면 미국은 더 이상 통계적으로 유의미한 영향력을 가지지 못했다. 따라서 아시아 경제의 성장 둔화와 또 다른 금융위기 발생 시 호주 경제는 이에 대한 영향으로 큰 충격을 받을 수 있으며, 특히 원자재 등 상품 가격 변동에 취약하다는 점이 지적되고 있다(IMF, 2011).

이러한 우려에 대응하여 호주 정부는 최근 자원세를 도입하려는 움직임을 보이고 있다. 전임 총리인 케빈 러드는 호주의 천연자원이 특정 기업이 아닌 호주 국민 모두의 재산임에도 불구하고 천연자원의 개발 및 판매로부터 나오는 이윤이 소수의 거대 광산기업에 집중되어 있다고 비판하면서, 이들 기업들의 초과 이윤에 대한 과세를 통해 세수를 확보한 후 전 국민의 복지 및 취약산업의 경쟁력 향상에

인한 제조업 쇠퇴로 결국 경기침체에 빠지는 현상. 1959년 북해 유전 발견으로 잠시 호황을 누렸던 네덜란드가 제조업 낙후로 1960~1970년대 침체에 빠졌던 사례에서 유래한다. 최근 중국이 물가와 임금 상승을 겪으면서 수출 상품에 인플레이션을 얹어 수출함으로써 브라질 등 자원 부국이나 이를 수입하는 국가에서 '네덜란드 병'이 심화되고 있다.

10) "Gillard's concern at Aussie's impact shows 'Dutch Disease' risk"(Bloomberg, 2011/03/04)

[표 8] 최근 호주 정부의 자원세 관련

구분	케빈 러드(노동당: '07.11~'10.6)	줄리아 길라드(노동당: '10.6~)
명칭	자원초과이득세 (RSPT: Resources Super Profit Tax)	광물자원임대세 (MRRT: Mineral Resources Rent Tax)
부과대상 자원	모든 천연자원	철광석, 석탄
부과대상 기업	대형 광산업체 25,000개	320개(자원관련 이득이 연 5,000만 호주 달러 이하 기업 부과대상에서 제외
세율	이윤의 7% 초과분에 대해 40%	이윤 12% 초과분에 대해 30%

1) 줄리아 길라드 정부하에서도 원유와 (석탄)가스에 대해서는 40% 세율로 원유자원임대세(PRRT)부과 예정
자료: 기획재정부. 주요 자원 보유국의 자원세 현황 및 시사점(2011b); 언론기사 종합

사용하겠다는 취지로 자원초과이득세(RSPT: Resources Super Profit Tax) 징수 방침을 지난해 5월 '세제 개편 10년 계획'을 통해 밝혔다.11) 이후 취임한 줄리아 길라드 現 총리는 광산업체 및 국민들의 반발을 의식해 자원초과이득세에 비해 세율 및 과세대상이 다소 완화된 광물자원임대세(MRRT: Mineral Resources Rent Tax)를 2012년 7월부터 부과하겠다고 발표하였다[표 8]. 여전히 광물자원임대세 입법화 과정에 있어 불확실성은 남아 있으나, 노동당 정부 차원에서 자원 관련 세제의 도입 취지 및 필요성에 대해서는 공감하는 분위기이다.

한편 국제통화기금(IMF)은 2011년 4월 보고서에서 외부 요인에 의한 호주 경제 성장의 취약성에 대비하여 다른 해법을 제시하고 있다. 보고서에서 광산개발 붐으로 벌어들인 이익을 낭비할 게 아니라 후세들이 나눠 가질 수 있도록 '국부펀드(SWF: Sovereign Wealth Fund)'를 조성해야 한다고 것이다.12) 즉, 광산개발 붐에 따른 세수 증대로

---

11) 자원초과이득세(RSPT) 부과 방침은 HHP Billion, Rio Tinto 등 호주 대형 광산업체의 반발과 외국인 투자 감소 등에 따른 광업 부문의 침체를 우려한 국민의 반대에 부딪혔다. 이로 인해 케빈 러드 전 총리의 지지율이 급락하였고, 결국 임기 중에 물러나는 결정적인 원인이 되기도 하였다.

12) 국부펀드(SWF)는 정부가 직접 주식·채권 등에 출자하는 투자 펀드이다. 정부가 직접 소유하고 운영하는 투자기관이다. 자금의 원천에 따라 상품에 기초한 국부펀드와 비상품에 기초한 국부펀드 등 둘로 나뉜다.

재정을 확충시켜 이 중 일부를 국부펀드를 조성하고 활용하여 세대 간 부의 균등 배분은 물론 고령화 사회에 따른 장기 재정건전성 확보에 적극적으로 나서야 한다는 것이다. 호주의 대기업 최고경영자(CEO)들도 이러한 의견에 동조하고 나섰다. 2011년 2월 18일 호주 일간 시드니 모닝 헤럴드(Sydney Morning Herald)에 따르면 호주의 건설, 금융, 유통업 등 대기업 CEO들을 대상으로 광산개발 붐에 따른 세수 증가분의 사용 용도를 묻는 설문조사에서 대부분이 국부펀드를 조성해 향후 경제발전의 기초로 삼아야 한다고 응답했다.13) 현재 사상 최고치를 기록하며 오르고 있는 철광석 등 국제상품가격이 향후 글로벌시장에서 변동성을 가질 수밖에 없으며, 경기부침에 능동적으로 대응하기 위해서는 국가적 안전판이 필요하다는 것이다.14)

2) 인구 고령화 가속에 따른 경제성장 둔화 우려 가중

대부분의 선진국에서 인구 고령화가 급속하게 진행되면서 큰 사회적 이슈로 대두되고 있다. 호주도 예외는 아닌데, 1970년에 총 인구 대비 65세 이상 노인 비율이 8.3%에 불과했으나 2010년에는 그 비율이 13.5%로 크게 증가하면서 지난 40년 동안 급속한 고령화를 경험하였다. 이처럼 고령인구(Ageing Population)가 빠르게 증가한 이유는

전자의 대표적 예가 아부다비 펀드로, 원유로 벌어들인 돈이 자금의 원천이다. 후자로는 싱가포르의 테마섹 펀드가 있다. 우리나라도 한국을 금융허브로 만들기 위해 2005년 200억 달러 규모의 한국투자공사(KIC: Korea Investment Corporation)라는 국부펀드를 만들었다. 2007년 5월 세계의 SWF 자산 총액은 2조 5,000억 달러로 헤지펀드 규모를 웃돌고 있다.

13) 연합뉴스 기사를 재인용. "호주 광산 붐 이용, 국부펀드 만드나"(2011/02/18)

14) Economist도 최근 호주 관련 특별 기사를 통해 호주 경제의 호황(Boom)이 종료될 것에 대비하여 국부펀드 도입이 향후 도움이 될 것이라고 보도하였다. "With a bit of self-belief, Australia could become a model nation"(Economist, 2011/05/26)

출산율은 낮아진 반면에 의료기술 발달 및 소득 증가에 따라 기대수명(Life Expectancy)은 크게 늘어났기 때문이다.

1950년대까지 베이비 붐을 타고 증가세를 보이던 호주 가정의 평균 출산율이 1961년에 3.5명을 정점으로 반세기 동안 감소세를 보이면서 2001년에는 1.7명으로 50% 이상 줄었다가 최근에 와서 소폭 증가했다. 그뿐만 아니라 1976년 이후 출산율이 현재 인구를 유지하는 데 필요한 인구 대체율(Replacement Rates)을 하회하고 있다[그림 17].

이에 반해 [그림 18]에서 보듯이 시간이 지남에 따라 기대수명은 크게 늘어났을 뿐만 아니라 중장기적으로도 이러한 추세가 지속될 것으로 예상된다. 1971년에 남성과 여성의 기대수명이 68세와 75세였으나 2010년에는 각각 80세와 84세로 과거 30년 동안 9살 이상 증가했다. 또한 2050년에는 남성과 여성이 각각 88세와 91세까지 살 것으로 호주 정부는 전망하고 있다.

[표 9]는 호주의 중장기 인구 변화 추이 전망치를 보여주고 있다. 절대 인구는 지속적으로 증가해 2050년에는 3,500만 명이 될 것으로 보이나, 출산율이 낮은 수준을 면치 못하는 반면 기대수명이 계속 증

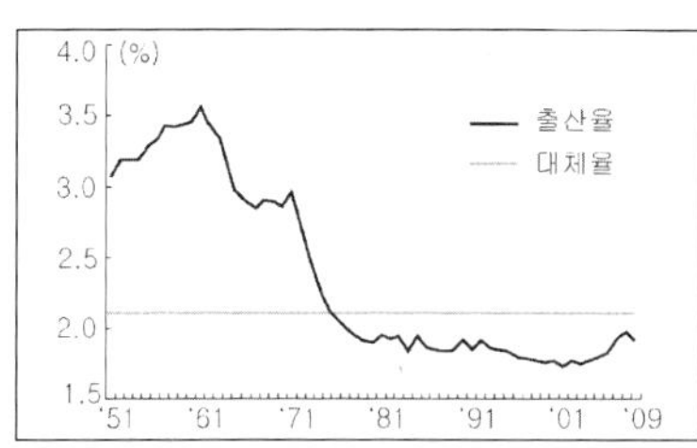

자료: 호주 통계청(ABS)

2010년 이후부터는 추정치
자료: 호주 통계청(ABS), 재무부(the Treasury)

[그림 17] 호주 장기 출산율 추이   [그림 18] 호주 성별 기대수명 추정

[표 9] 호주 연령별 중장기 인구 변화 추이

	연령대	1970년	2010년	2020년	2030년	2040년	2050년
인구수 (2010년 6월 기준, 백만 명)	0~14세	3.6	4.2	4.9	5.4	5.7	6.2
	15~64세	7.9	15.0	16.6	18.2	20.0	21.6
	65~84세	1.0	2.6	3.7	4.8	5.6	6.3
	85세 이상	0.1	0.4	0.5	0.8	1.3	1.8
	합계	12.5	22.2	25.7	29.2	32.6	35.9
전체 인구 대비 비율 (단위: %)	0~14세	28.8	19.1	19.0	18.3	17.4	17.2
	15~64세	62.8	67.4	64.7	62.4	61.3	60.2
	65~84세	7.8	11.7	14.3	16.6	17.2	17.6
	85세 이상	0.5	1.8	2.1	2.7	4.0	5.1

2010년 이후 부터는 추정치
자료: 호주 통계청(ABS) 재무부(the Treasury), Austrialia to 2050: Future Challenges(2010)

가하면서 65세 이상의 노인인구 비율이 40년 후에는 현재와 비교해 두 배가량 증가하는 것으로 전망되고 있다. 따라서 호주는 향후 10년 안에 고령 사회로, 2030년대에는 초고령 사회로 진입할 것으로 전망되고 있다.15)

이와 같은 인구 고령화 추세의 지속은 노동력 감소를 가져와 결국 경제성장을 저해할 뿐만 아니라, 급증하는 노인 인구에 대한 부양 부담 또한 커지면서, 호주의 가계 및 정부의 재정수지(Budget Balance)에도 악영향을 끼칠 것으로 보인다.

생산가능인구(16~64세) 비율이 2010년에는 67.4%였으나 2050년에는 60%가량으로 점차 줄어들 전망이다. 이는 곧 노동공급 측면에 충격을 주어 인건비를 상승시키는 요인으로 작용하게 된다. 기업들은 인건비 상승을 상쇄하기 위해 생산제품 가격을 인상시키면서 다시

---

15) UN에서 정한 기준에 의하면 고령화 사회(Aging Society)는 65세 이상 인구가 총인구에서 차지하는 비율이 7% 이상을, 고령 사회(Aged Society)는 65세 이상 인구 비율이 14% 이상을, 그리고 후기 고령 사회(Postaged Society) 혹은 초고령 사회는 그 비율이 20% 이상일 때를 의미한다.

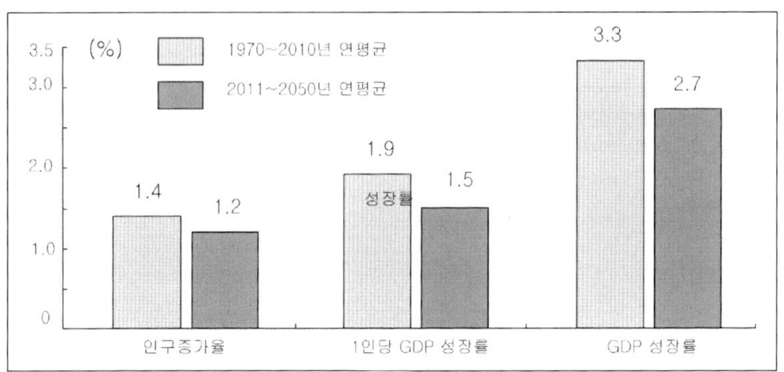

자료: 호주 재무부, Australia to 2050(2010)

[그림 19] 호주 인구증가 및 GDP 성장률 변화 전망

물가를 상승시키는 악순환을 가져오게 된다. 그뿐만 아니라 국내물가 상승은 수출 제품의 가격을 상승시켜 호주 기업들이 수출경쟁력 저하를 가져오게 될 것이다. [그림 19]는 호주의 인구 증가율이 감소함에 따라 이에 대한 영향으로 1인당 GDP 성장률이 둔화할 것임을 보여준다. 지난 40년 동안 호주의 인구증가율은 1.4%였으나 향후 40년 동안 0.2% 감소할 전망이다. 이에 따라 경제성장률 역시 과거 40년 동안 연평균 3.3% 증가했으나 앞으로 40년 동안에는 2.7%로 낮아질 것으로 전망되고 있다. 특히 50년대 베이비 붐 세대가 대거 은퇴하는 시기인 2020년대 중반에는 경제성장률이 상당히 둔화할 것으로 전망되고 있다.

인구 고령화는 노인부양 비용을 상승시켜 가계 및 정부의 재정적 부담을 증가시킬 수밖에 없다. 젊은 세대의 재정적 부담 증가는 가계저축을 낮추고 소비를 감소시킨다. 가계저축이 낮아지면, 기업의 인적·물적 자본 투자 비용의 상승을 초래해 결국 생산적 활동을 제약하는 요인으로 작용한다. 마지막으로 노령화에 따른 정부지출 증가로 정부의 재정불균형(Budget Imbalance)을 야기할 수밖에 없게 될 것이다. 호주 정부에 따르면 노령화에 따른 정부지출 규모는 2003년에 18.7%(GDP 대비)였으나 2044년에는 25.2%로 크게 증가하는 것으로 전망하고 있다. 노령 인구 증가에 따라 건강 및 양로시설 지원 그리고 소득보조 등으로 막대한 예산이 지출될 것으로 보이는 반면 세수는 크게 증가하지 않을 것이기 때문이다. [그림 20]은 노령 인구 증가에 따른 부문별 정부지출 증가 전망치를 나타내고 있다. 이에 따르면 노령 인구의 건강을 위한 정부지출이 2009~2010년에 GDP 대비 4.0%였으나 2049~2050년에는 그 비율이 7.1%로 크게 증가할 전망이다. 이외에도 노령 인구의 양로와 연금소득 보조를 위해서도 현재보다 많은 정부지출이 불가피해 보인다. 그 결과 [그림 21]에서 보듯이 정부재정은 2030년 이후 만성적인 적자를 기록할 뿐만 아니라, 그 규모도 점차 증가하여 2050년에는 재정적자 규모가 GDP의 2.75%에 이를 것으로 전망되고 있다.

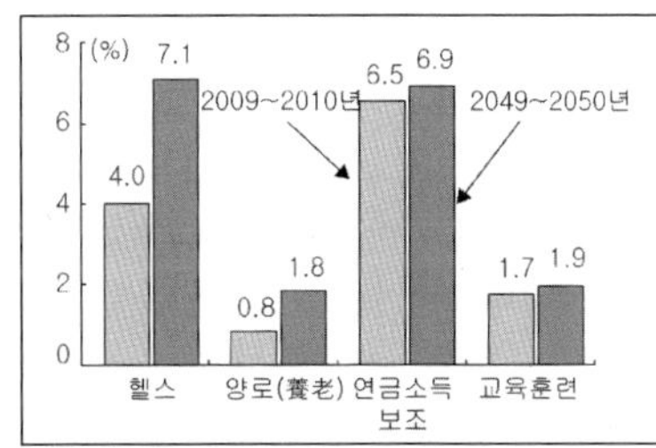

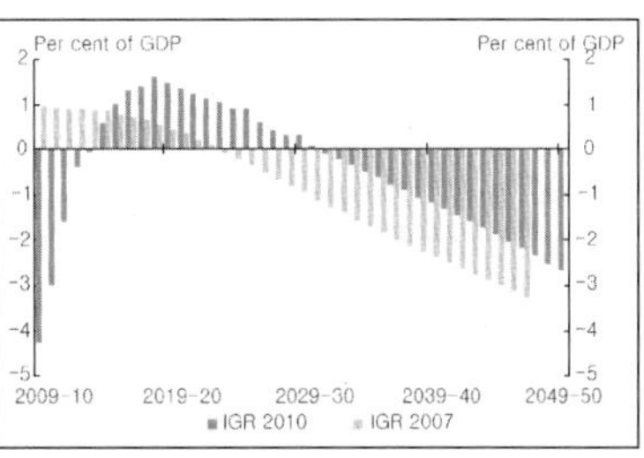

자료: 호주 재무부, Australia to 2050(2010)

자료: 호주 재무부, Australia to 2050에서 재인용(2010)

[그림 20] 부문별 정부지출증가
전망(GDP 대비)

[그림 21] 호주 중장기 재정갭(Gap)
전망

그렇다면 인구 고령화에 따른 중장기 경세 성장률 둔화 및 재정불
균형을 최소화하기 위해 호주가 어떠한 노력을 경주해야 할까? 무엇
보다도 생산성(Productivity)을 향상해야 한다.16) 생산성이란 단위 투
입 노동 당 생산량을 뜻한다. 적은 노동력을 투입해 더 많은 산출물
을 생산해내는 것이야 말로 인구 고령화에 따른 노동력 감소분을 상
쇄해 지속 가능한 경제 성장을 달성하고, 또한 국가 재정도 안정시키
는 최상의 방법이다. 생산성 향상을 위해서는 교육·훈련 강화를 통
해 숙련된 노동 인력을 확보하고 사회기반시설인 인프라를 효율적으
로 구축해야 한다. 연방정부는 향후 5년 동안 이전 5년에 비해 교육
재정을 50% 증액하여, 학생들에게 더 많은 대학교육 기회를 제공하
고 71만 개의 추가적인 직업교육 및 장소를 제공하고 교사들의 자질
을 높이는 등의 교육개혁을 추진하고 있다.

호주는 80년대 이후 공공부문의 인프라 투자가 지속적으로 감소하
면서 투자 부족현상을 겪고 있다.17) 따라서 도로, 철도, 항만뿐만 아
니라 브로드밴드(Broadband: 초고속 인터넷) 등 인터넷 기반에 대한
투자를 강화하여, 생산활동에 투입되는 시간적·물리적 비용을 줄여
효율성을 극대화하는 데 주력해야 할 것이다. IMF의 실증분석 결과
에 따르면 공공 인프라를 1% 증가시킬 경우 OECD 국가의 평균 생산
량이 약 0.2%가량 증가했다(Kamps, 2006). 마지막으로 고령자들이 은
퇴 후에도 직업을 가질 수 있는 사회적 환경을 조성하고, 이를 위한
정책적 배려를 통해 고령 노동력의 경제활동 참가율을 높이는 데에

---

16) 호주의 생산성 증가율은 1990년대에 2.1%였으나, 2000년대 들어 1.4%로 둔화되는 모습을 보이고 있다.

17) 호주경제개발위원회(CEDA, 2005)에 따르면 도로, 철도 등 호주의 주요 인프라 분야에 약 250억 호주달
러 규모의 투자가 부족한 반면 향후 교통혼잡비용 및 에너지 수요는 급증하면서 이에 따른 사회적 비용이
크게 증가할 것으로 추정하고 있다.

도 힘써야 할 것이다.

3) 기후변화에 더욱 적극적으로 대응해야 할 필요성이 증대

인구 고령화와 함께 호주 경제의 지속 가능한 성장을 가로막는 최
대 위협 요소로 기후변화가 지적되고 있다. 호주의 평균 기온은 1950
년 대비 약 0.9℃ 정도 상승해 세계 평균 기온보다 다소 높은 것으로
나타났다. [그림 22]에서 보듯이 1950년 이후 기온이 지속적으로 상승
하고 있으며, 특히 1980년 이후부터는 1960~1990년 동안의 평균 기
온인 21.8℃를 상회하는 횟수가 크게 늘어났다. 호주의 강수량 역시
1950년 이후 큰 변화를 겪고 있다[그림 23]. 호주의 북서부 내륙 지역
은 10년마다 연평균 강수량이 30mm 이상 증가했으며 연안 지역은
50mm 이상 증가했다. 반면에 같은 기간 동안 남서부와 동부 연안지
역은 매 10년 마다 강수량이 대폭 줄어들어 점차 건조한 지역으로 변
해가고 있다(CSIRO, 2007).

호주는 지구 온난화의 주범으로 지목 받고 있는 이산화탄소 배출

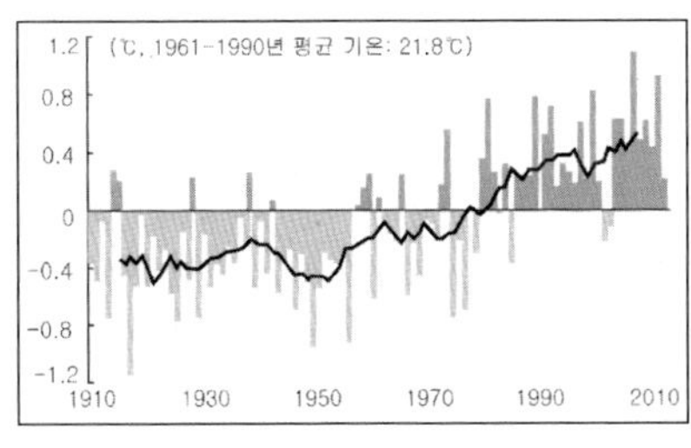

실선은 10년 평균(10-year running average)
자료: 호주 기상국(ABM)

[그림 22] 호주 평균기온(1961~1990년) 편차

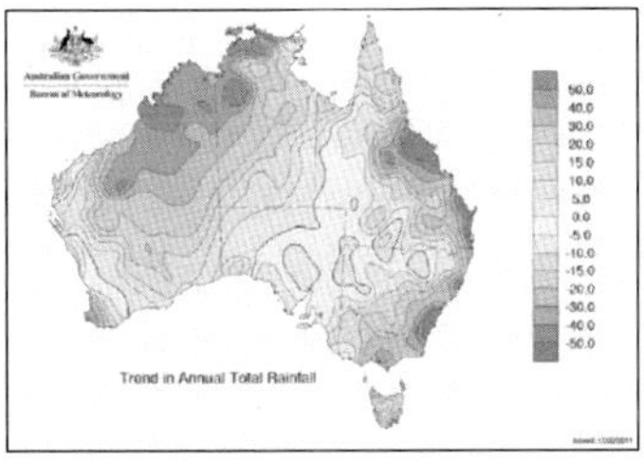

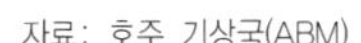

자료: 호주 기상국(ABM)

[그림 23] 1950년 이후 연평균 강수량 추이

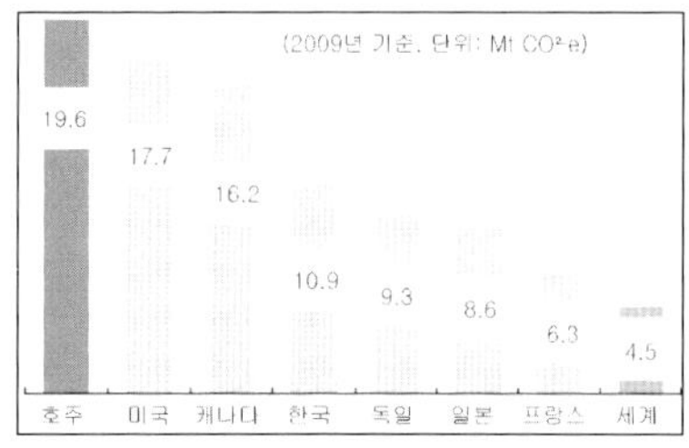

자료: 미 에너지정보청(EIA)

[그림 24] 주요국의 연간 1인당 CO2배출

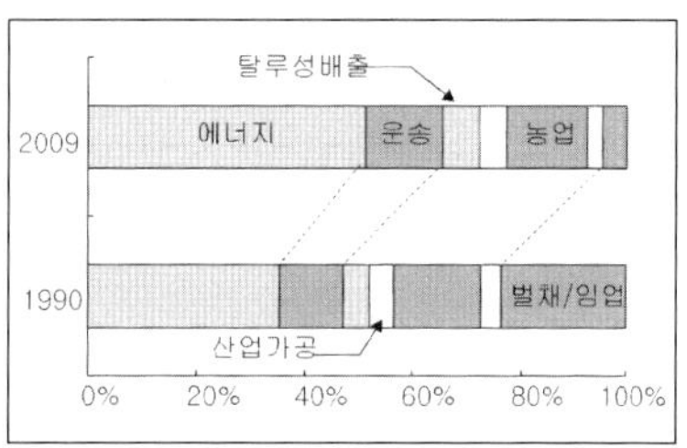

자료: 호주 기후변화국(DCC)

[그림 25] 부문별 온실가스 배출 비중

량이 다른 국가에 비해 높을 뿐만 아니라, **OECD** 국가 중에서는 최고 수준을 기록하고 있다. 2009년 기준으로 호주의 연간 1인당 이산화탄소 배출량은 19.6 Mt CO^2-e로 미국보다 높을 뿐만 아니라 세계 평균인 4.5 Mt CO^2-e에 비해서는 5배에 육박하고 있다[그림 24]. 보통 절반이 넘는 온실가스 배출이 전력 발전 등 에너지 부분에서 나오는데, 호주는 전력발전에서 석탄을 비롯한 전통적인 화석연료에 크게 의존하고 있기 때문이다.18)

이상기후 현상이 나타나면서 홍수나 가뭄, 사이클론 등으로 인한 막대한 인적·물적 피해 사례도 속출하고 있다. 1995년에는 호주 동부와 남부 지역을 휩쓴 100년 만의 최악의 가뭄으로 강제절수 조치가 취해졌고, 2009년에는 호주 남동부 빅토리아 주에서 가뭄과 폭염·강풍과 같은 기상이변이 발생한 가운데 대형 산불로 200여 명의 인명 피해와 함께 326Km^{2}의 임야가 소실됐다. 그뿐만 아니라 2011년 초 북동부 지역에서 120년 만의 대홍수로 피해면적이 독일과 프랑스를

---

18) 2009년 기준으로 호주의 부문별 온실가스 배출 비중은 에너지, 농업, 운송 부문이 각각 51%, 15%,14% 이다[그림 25]. 또한 2008년 기준으로 연료별 전력 발전 비율은 역청탄(Black Coal)과 갈탄이 각각 55% 와 21%로 전체의 76%를 차지하고 있으며 가스와 수력, 석유가 각각 15%, 6%, 2%로 그 뒤를 잇고 있다.

합친 면적에 필적하는 100만 Km^{2}에 달하고, 특히 퀸즈랜드 주 탄광 가운데 70% 이상이 침수되었다(손영환, 2011). 보험회사인 IAG 따르면 지난 40년 간 호주에서 보험금으로 지급된 재산 손실액 규모 기준으로 최대 20건 중 19건이 날씨 혹은 기후 관련 사건이었다(PMSIC, 2007).

더욱 큰 문제는 중장기적으로 온실가스 배출량이 계속해서 늘어남에 따라 평균기온 상승 등 기후변화가 지난 50년 동안 보다 더욱 빠른 속도로 진행될 것이라는 전망이 잇따르고 있다는 것이다. 호주 기후변화국(DCC)의 온실가스 배출량 전망에 대한 최신 보고서에 따르면 호주가 교토의정서의 목표를 달성하고, 에너지 효율화 및 석탄 등 전통적인 화석 연료 의존도를 줄이기 위한 행동을 보여준다고 해도 그 노력이 현재 수준에서 머무른다면, 2020년과 2030년의 온실가스 배출량이 2009년 대비 각각 20%와 40%씩이나 증가할 것으로 전망하고 있다[표 10]. 증가분 중 상당 부분이 견조한 해외 수요에 의한 에너지 자원의 추출·가공과 화석연료의 직접연소에 의해 발생하는 온실가스가 차지할 것으로 보고 있다(DCC, 2011).

지구 온난화 효과의 지속으로 호주 지표면의 평균 기온이 2030년에 최고 1℃, 2070년에는 최고 2℃까지 상승할 것으로 전망되고 있으며, 낮 기온이 40℃ 이상 올라가는 빈도도 대폭 증가할 것으로 보인다. 예를 들어 롱리치(Longreach)[19]의 경우 낮 기온이 40℃ 이상 올라가는 빈도가 현재 연간 22일이나 2030년에는 두 배로 증가하고 2070년에는 그 빈도가 세 배로 증가할 전망이다. 또한 호주 주변의 해수면도 향후 80년 동안 평균 매년 1.2mm 정도 상승할 것으로 보이며 지

---

19) 퀸즈랜드 주 중서부에 위치한 지역으로 주요산업은 가축업이며, 최근에는 관광업이 발달하고 있다.

[표 10] 호주 중장기 온실가스 배출 전망

(단위: Mt CO2-e)

	1990년	2000년	2009년	2020년(f)	2030년(f)
에너지	195	251	295	332	402
운송	62	75	83	97	104
탈루성배출	29	35	39	69	83
산업가공	24	26	29	40	48
농업	87	94	86	94	104
폐기물	19	15	15	16	18
벌채, 임업	132	62	29	42	45
합계	548	558	577	690	803

(f)는 추정치
자료: 호주 기후변화국(DCC), Australia's Emissions Projections(2011)

역적 차이는 있으나 홍수나 가뭄, 사이클론 등 이상기후 현상이 발생하는 빈도도 더욱 잦아질 가능성이 크다.

만약 온실가스 배출량을 줄이려는 노력을 더욱 적극적으로 추진하지 않을 경우 지구 온난화 및 기후변화 가속화로 천해의 자연환경 파괴뿐만 아니라 경제, 보건 등 분야를 막론하고 막대한 피해를 볼 것이다. [표 11]은 온실가스 감축이 농업, 관광 등 각 부문에 얼마나 영향을 미칠 것인가를 보여준다. 온실가스 감축 노력이 전혀 없을 경우 100년 후 호주는 재앙 수준의 피해를 보게 될 것으로 전망되고 있다. 농업의 경우 머래이-다알링 유역(Murray-Darling Basin)의 농산물 생산량의 경제적 가치가 현재 수준 대비 92% 감소할 뿐만 아니라 산호초 지역 파괴로 관광 산업이 더 이상 설 자리를 잃게 된다. 그뿐만 아니라 사이클론 발생 및 해수면 상승으로 대부분의 해안가 건물이 침수되고, 폭염 및 가뭄으로 퀸즈랜드 주에서는 매년 4,000명 이상의 사망자가 발생할 것으로 보인다.

[표 11] 기후변화가 호주 각 부문에 미치는 영향 추정

부문	온실가스 농도(Greenhouse Gas Concentrations)		
	감축 無	550ppm CO2-e 수준	450ppm CO2-e 수준
관개농업 (Murray-Darling Basin)	·과일, 곡물 등 생산량 92% 감소	·생산량 20% 감소	·생산량 6% 감소
관광 (Great Barrier Reef & Alpineareas)	·Great Barrier Reef의 자연환경 대량 파괴/ Reef의 지역 산호초 소멸 ·눈(snow) 관련 관광 소멸	·산호 관련 관광 소멸 가능성	·산호초 현 수준보다 2배 정도 대량 표백 (mass bleaching)
상수도 인프라	·도시 지역의 물 공급 비용 최고 34% 증가	·물 공급 비용 최고 5% 증가	·물 공급 비용 최고 4% 증가
해안가 건물	·침수위험 高(폭풍이나 해수면 상승으로 인한 침수)	·침수위험 中	·침수위험 低
기온 변화 관련 사망자	·Queensland주에서 매년 4,000명 이상 사망 ·최악의 경우(10% 확률) 매년 9,500명 이상 사망	·Queensland주에서 매년 80명 이하 사망	·현 수준 보다 사망자 수 감소(약간의 온난화는 추위 관련 사망자 수를 감소시킴)

기후변화가 부문에 미치는 효과는 2100년을 기준으로 추정
자료: Carnaut, R, Garnaut Climate Change Review(2008)

이렇게 기후변화가 호주 경제에 몰고 올 파장이 확산되면서 위기의식을 느낀 연방정부의 대응도 한층 빨라지고 있다. 특히 2007년 노동당 정부가 들어서면서 기후변화에 대한 대응에 보다 전향적인 자세를 견지하고 있다.

호주는 미국과 함께 교토의정서(Kyoto Protocol)에 반대하던 대표적인 국가였으나, 노동당의 케빈 러드 총리가 2007년 취임하자 곧 교토의정서에 서명을 하고 같은 해 12월 호주 의회 비준을 거쳤다. 호주 정부의 기후변화에 대한 대응책은 크게 탄소 오염 감축, 이미 발생하고 있는 기후변화에 적절히 대응, 국제협력 강화 이 세 가지 축으로

구성되어 있으며, 이 중 가장 활발하게 논의되고 있는 부분이 온실가스 감축이다(KOTRA, 2009).

현 집권당인 노동당의 기후정책의 핵심목표는 이산화탄소 배출량을 2020년까지 2000년 대비 5~25%, 2050년까지 60% 감축하는 것이고, 이를 달성하기 위한 핵심 정책이 탄소배출권거래제도(CPRS: Carbon Pollution Reduction Scheme) 도입이다. 그러나 당초 CPRS 법안이 의회에 제출되고 2010년부터 시행될 예정이었으나 야당의 반대 및 글로벌 경기침체로 인해 아직 시행되지 않고 있다.[20]

4) 호주 경제의 중장기 시나리오

호주는 안정적인 정치체제와 더불어 1980년대 금융부문의 개방 등으로 기존 농축산업 중심의 산업구조를 고도화시키면서 견조한 성장세를 이어왔다. 더욱이 1990년 들어서는 노동시장 개혁[21]을 통해 생산투입요소의 효율성을 제고시키는 한편 중국의 비약적 발전에 따른 편익을 향유하면서 신경제 호황을 구가했다. 그뿐만 아니라 대외적으로 신흥국의 빠른 경기회복에 따른 천연자원 수출 호조와 내부적으로 연방정부의 과감한 경기부양책과 건전한 금융시스템으로 인해 1930년대 대공황 이후 최악이라는 글로벌 금융위기의 여파 속에서도 호주 경제는 선전하고 있다.

그러나 과거의 성공이 미래의 성공을 보장하지는 못하는 것처럼

---

20) CPRS 법안은 2009년 6월 상정되었으나 야당의 반대로 통과가 무산되고 8월 13일 재상정되었으나 상원에서 42:30으로 부결되었다.

21) 노사관계 조율 기능의 분권화(중앙통제에서 개별 기업으로) 유도, 고용제도의 유연화, 아웃소싱 등을 통한 경쟁유도 및 비용절감 등이 주 내용이다(우상현, 2004).

호주 경제의 미래도 산업의 편중, 인구 고령화, 기후변화 등 새로운 도전에 직면하고 있으며, 이를 해결하기 위해 지속적인 변화의 필요성이 제기되고 있다. 이러한 변화의 필요성을 단적으로 표현한 사람이 케빈 러드 전 총리이다. 그는 2008년 호주 2020 서밋(Australia 2020 Summit)[22] 폐막연설에서 "2020년 어느 날, 현재 우리가 행동하지 않았음을 후회하고 싶지 않다"라고 호소한 바 있다.

[그림 26]은 호주가 직면한 대내외적 도전에 얼마나 지혜롭게 대처하느냐에 따라 경제가 중장기적으로 걸어갈 경로를 시나리오 플래닝(Scenario Planning) 기법을 통해 보여 준다. 호주 경제의 지속 가능한 발전 여부를 결정지을 중요한 두 축은 중국 등 신흥국의 경제 발전 지속 여부와 내부적으로 산업구조의 다변화 성공 여부가 될 것이다.

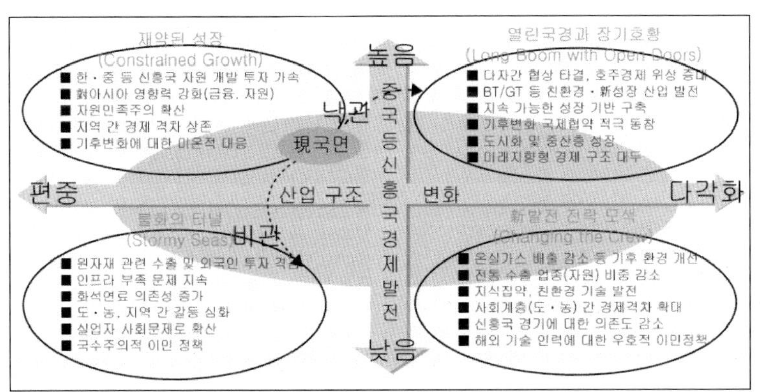

자료: 필자 작성

[그림 26] 호주 경제의 중장기 시나리오

22) 호주의 국가적 장기 전략 도출을 위해 2008년 4월에 개최된 행사로 사회 전분야 대표 1,000여명이 참석하여 호주 경제, 생산성, 호주 정부의 미래, 기후변화, 지속성장 등 10개의 핵심 아젠다에 대해 토론 및 아이디어를 도출했으며, 여기서 채택된 서밋 옵션(Summit Option)은 정부 정책에 반영되고 있다.

현재 호주 경제는 '제약된 성장(Constrained Growth)' 국면에 있다고 볼 수 있다. 즉 신흥국이 빠른 경제 발전을 거듭하는 가운데 호주의 산업구조가 농축산물과 광업 등 1차 산업에 편중되어 있다. 이 국면에서는 중국 등 신흥국이 자국의 경제성장에 따른 자원수요 확보를 위해 對 호주 자원 투자를 가속화하고 있는 가운데, 호주 정부는 금융·자원 분야에서 對 아시아 영향력을 증가시키려 하고 있으며, 기후변화에 대한 대응에 있어 그 필요성은 인식하고 있으나 행동에 있어서는 다소 미온적으로 대처하고 있다. 그뿐만 아니라 현 국면에서는 광물자원 매장이 풍부하거나 관광산업이 발달한 서호주와 퀸즈랜드 주는 상대적으로 빠르게 발전하는 반면, 자본 및 노동의 자유로운 이동의 제약에 따라 기타 지역의 발전은 상대적으로 더딘 투 트랙 경제(Two track economy)의 양상을 보이고 있다.

향후 중국 등 신흥국의 경제 발전이 지속되고 호주도 부단한 노력을 통해 편중되어 있는 산업을 다각화시키는 데 성공할 경우 호주 경제는 낙관 시나리오인 '열린 국경과 장기호황(Long Boom With Open Doors)' 국면에 진입할 것이다. 여기서는 신흥국경제의 발전으로 도시화의 빠른 진척 및 중산층이 폭발적으로 증가하면서 호주에 대한 자원 수요가 지속되는 가운데, 기후변화에 대한 국제노력에 적극 동참하고 BT(Bio Technology) 등 친환경 미래성장 산업을 통한 미래지향형 경제 구조로 재편되면서 호주 경제가 안정적인 장기 성장 경로에 접어들고, 정치·외교적으로도 위상이 증대될 것이다.

반대로 신흥국의 경제 발전이 지지부진해지고, 이와 더불어 국내적으로 미래 주도형 산업 구조로의 재편 노력을 게을리한 채 현실에 안주할 경우 호주 경제는 비관 시나리오인 '불황의 터널(Stormy Seas)'

속으로 빠져들 수 있다. 신흥국 경제가 경착륙하게 되면서 호주에 대한 자원 수요 및 투자가 급감하게 된다. 설상가상으로 호주 역시 과거의 편중된 산업 구조 및 화석연료 의존적인 발전 구조를 답습하면서 경제가 침체되고, 이상기후 및 자연재해 빈도 증가로 인한 천문학적인 인적·물적 피해가 발생하게 된다. 경제가 침체되면서 실업률이 크게 치솟을 뿐만 아니라, 자국민 보호하는 명목하에 보호주의 무역 정책 및 국수주의적인 이민정책이 호주 정치권에서 유행하게 될 것이다.

마지막으로 산업 고도화 및 다각화에 성공하는 등 내부적인 개혁에 성공하나, 신흥국의 성장이 정체될 경우 호주 경제는 '신 발전 전략 모색(Changing the Crew)' 국면에 처하게 될 것이다. 이 국면에서는 호주 정부 및 민간부문의 노력으로 지식집약 및 친환경 산업이 발전함에 따라 산업 고도화가 성공적으로 진행될 것이다. 그러나 신흥국의 경제 성장이 둔화되면서, 호주 경제의 중요한 축인 천연자원 수출이 둔화되고 전체적으로 '열린 국경과 장기호황' 국면보다는 저성장을 면치 못할 것이다. 이러한 문제점을 타개하기 위해 호주 정부는 완화된 이민정책을 통해 내수경기 확대 및 인건비 절약을 추진해 나갈 것이다.

5. 한-호 경제 관계

1) 한-호주 교역 및 투자 현황

[그림 27]에서 보듯이 한국과 호주의 교역관계는 1980년대 이후 꾸준하게 증가세를 보이다가 2000년대 들어 비약적으로 발전하여 2010년에는 양국 간 교역 규모가 271억 달러에 이르고 있다. 2010년 기준으로 우리나라의 對 호주 수출은 66.4억 달러를 기록하였으며, 호주는 우리나라의 14번째 수출대상국이다. 특히 글로벌 금융위기 여파가 한창이던 2009년에도 對 호주 수출이 전년 대비 1.4% 증가하면서, 우리나라의 15대 수출국 가운데 유일하게 수출 규모가 늘어나기도 하였다. 한편 對 호주 수입은 204.6억 달러를 기록, 2010년 기준으로 호주는 중국, 미국, 일본, 사우디아라비아의 뒤를 잇는 5번째 수입대상국이다.

우리나라는 對 호주 수입 규모가 수출을 상회하는 만성적인 무역적자 구조를 나타내고 있다. 1990년대 이래로 호주에 대한 수출은 비교적 완만하게 증가한 반면 수입 규모가 매년 크게 증가하고 있다. 2009년 글로벌 금융위기 여파로 인한 수입 감소로 무역수지 적자가 잠시 감소(95억 달러)했으나, 경기 회복과 함께 수입도 다시 늘어나면서 2010년 무역수지 적자는 사상 최고치인 138억 달러에 이르렀다.23) 이는 2006년의 66억 달러에 비해 2배 이상 증가한 액수로, 국제원자재 가격 급등 및 이에 대한 수입수요 증가에 주로 기한다. 따라서 기

---

23) 2010년 기준 對 호주 무역적자가 우리나라의 총 무역흑자(412억 달러)에서 차지하는 비중은 무려 35.6%에 이른다.

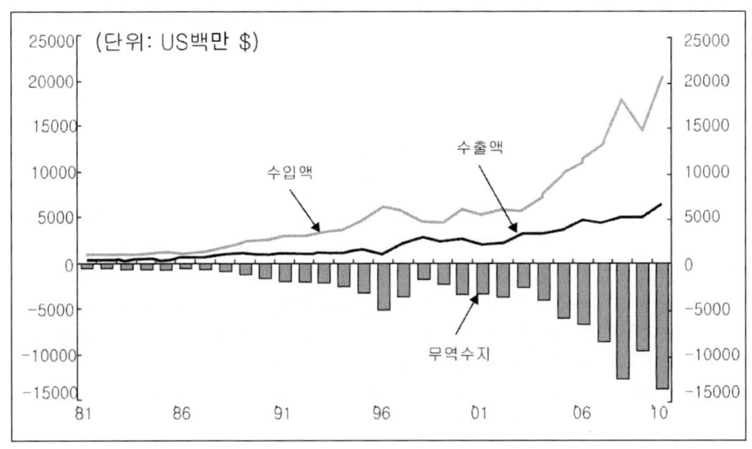

자료: 한국무역협회(KITA)

[그림 27] 한국의 對 호주 수출입 및 무역수지 추이

하급수적으로 확대되고 있는 對 호주 무역수지 적자 해소를 위한 개선책 마련이 시급한 상황이다.

우리나라의 對 호주 주요 수출 품목은 자동차 및 관련 부품, 무선전화기, 컬러 TV 등으로 상위 10대 품목의 수출액이 2010년에 41.9억달러로 호주 전체 수출액의 63.0%에 달하고 있다[표 12]. 대부분이 국내 주력 수출상품인 전기·전자 및 기계류 등이 주류를 이루고 있으며, 유사 제품을 수출하는 중국 업체들과의 경쟁이 심화되고 있는 상황이다. 주요 수입 품목은 유연탄, 철광, 원유 등 천연자원과 가축육류 등 1차 산품이 큰 비중을 차지하고 있으며 상위 10대 품목의 수입액이 호주 전체 수입액에서 차지하는 비중은 78.9%이다. 따라서 양국간 무역구조는 우리나라가 제조업이 취약한 호주에 공산품을 수출하고 광물자원 및 축산품을 수입하는 상호 보완적인 무역 형태를 띠고

[표 12] 한국의 대 호주 10대 수출입 품목

(2010년 기준, 단위: US백만 $, %)

순위	수출품목	금액	비중	순위	수출품목	금액	비중
1	승용차	1,994.5	30.0	1	유연탄	4,950.0	24.2
2	경유	791.9	11.9	2	철광	4,304.0	21.0
3	무선전화기	317.0	4.8	3	원유	2,452.9	12.0
4	선박	234.0	3.5	4	동광	1,023.0	5.0
5	휘발유	190.2	2.9	5	알루미늄과/금속 스크랩	800.2	3.9
6	금	148.8	2.2	6	당류	657.6	3.2
7	자동차부품	144.3	2.2	7	가축육류	651.6	3.2
8	컬러 TV	142.1	2.1	8	기타금속광물	492.6	2.4
9	인쇄용지	120.8	1.8	9	천연가스	449.9	2.2
10	화물자동차	103.4	1.6	10	금	374.7	1.8

자료: 한국무역협회(KITA)

있다. 또한 우리나라는 천연자원의 수입이 큰 비중을 차지하는 가운데 2000년대 들어 국제 원자재가격이 급등하면서, 대 호주 무역적자가 빠르게 증가하게 된 주요 원인이 되었다.

2011년 3월 기준으로 우리나라의 대 호주 직접투자는 30.9억 달러를 기록하였다. 그러나 호주에 대한 직접투자액은 미국, 중국, 베트남, EU 등 다른 국가에 대한 직접투자액에 비해 많지 않은 편이며 투자금액 기준으로 우리나라의 12번째 투자대상국이다. 또한 대 호주 투자의 경우 신고금액 대비 실제 집행 비율이 32.2%에 불과해 다른 국가에 비해 낮을 뿐만 아니라 전 세계 투자 평균인 67.8%에 비해서도 절반 정도에 불과한 실정이다. 업종별로 살펴본 우리나라의 대 호주 투자는 전체 투자의 60% 이상이 광업 부문에 집중되어 있으며, 광종별로는 유연탄, 철광 등 우리나라의 6대 전략 광종(鑛種)24)을 중심으

---

24) 유연탄, 우라늄, 철, 동, 아연, 니켈

로 투자가 이루어지고 있다.

　[그림 28]은 한국의 연도별 對 호주 전체 투자 추이를 보여준다. 전체투자 규모는 서서히 증가하다가 1998년에 처음으로 1억 달러를 넘어섰다. 그러다가 아시아 외환위기를 경험하면서 한동안 투자가 축소되었다가 경기회복과 함께 서서히 확대되다가 2000년대 중반에 비약적으로 증가하면서 2008년에는 사상 최고치인 5.8억 달러를 기록하였다. 특히 대 호주 중 광업에 대한 투자가 급격히 증가한 것을 [그림 29]를 통해 쉽게 확인할 수 있다. 2006년까지만 해도 우리나라의 대 호주 광업 부문에 대한 투자가 2,494만 달러에 머물렀으나, 2008년에 5.3억 달러를 기록하면서 불과 2년 사이에 투자 규모가 20배 이상 증가하였다. 이처럼 2000년대 중반 이후 한국의 대 호주 광업투자가 증가한 이유는 앞서 밝혔던 천연자원에 대한 전략적 중요성이 부각된 것 외에도, 여타 자원 부국에 비해 투자에 대한 안정성과 투명성이 뛰어나다는 점, 그리고 세계적으로 자원 민족주의 움직임이 일어나고 있는 상황에서 호주는 자국 에너지·광물자원 개발에 외국자본의 적극적인 참여를 희망하고 있기 때문이다(김한성 외, 2008).

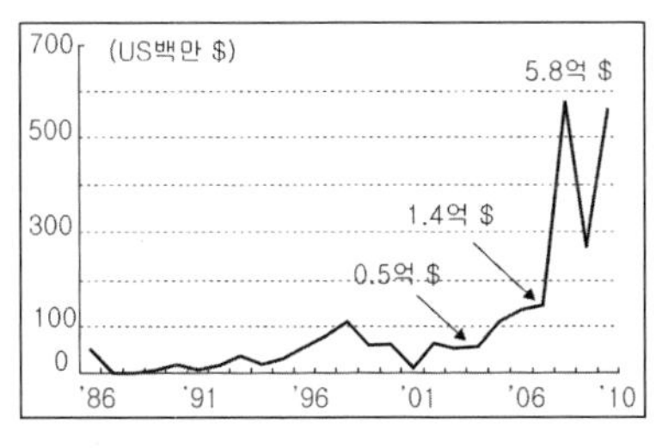

자료: 수출입은행(해외투자총계)　　　　자료: 수출입은행(해외투자총계)

[그림 28] 對 호주 전체투자 추이　　　[그림 29] 對 호주 광업 부문 투자 추이

2) 한-호주 FTA 추진 현황 및 경제적 효과

한-호주 FTA 협상에 관한 논의는 2006년 12월 호주에서 개최된 양국 정상회담에서 존 하워드 당시 총리의 제안으로 시작되었다. 이 자리에서 양국 정상은 FTA 타당성 조사를 위한 공동연구 개시에 합의하였고, 이어서 우리 측에서는 대외경제정책연구원(KIEP), 호주에서는 ITS Global의 참여로 연구가 진행되었다. 양측은 2007년 5월부터 2008년 10월까지 세 차례에 걸쳐 민간공동연구 회의가 개최되었고, 2008년 4월 연구 보고서가 완성되었다. 2009년 3월 양측 정상은 한-호주 정상회담에서 FTA 협상 공식 개시에 합의하고 2009년 5월부터 1차 협상을 추진하였다. 현재는 2010년 5월 캔버라에서 개최된 5차 협상까지 마친 상태이다. 2011년 4월 한-호주 정상회담에서 양국은 수교 50주년을 맞는 올해 FTA 타결을 위해 노력하기로 합의하는 등 잰걸음을 보이고 있다.

당초 우리나라는 농업부문 개방에 대한 우리 국민들의 민감한 반응과 호주의 지리적 고립성과 작은 경제규모 등으로 인해 호주와의 FTA 체결에 다소 소극적 자세를 보였다. 그러나 한-미 FTA와 한-EU FTA가 진전되면서 농업부문 개방에 따른 민감성이 완화되고, 또한 태국-호주의 FTA가 발효되고 중국-호주와의 FTA 협상 진행으로 호주시장에서의 우리나라 공산품의 가격경쟁력 하락이 우려되면서, 호주와의 FTA 체결 필요성이 커지게 되었다. 더욱이 향후 천연자원의 전략적 중요성이 커지면서 이에 대한 안정적 공급 또한 호주와의 FTA 체결을 앞당기려는 주요 요인으로 작용하였다(김한성, 2009).

한-호주 민간공동연구에 따르면, 한-호주 FTA는 양국 모두에 GDP와 후생증대 효과를 가져다줄 것으로 보인다. [표 13]에서 제시했듯이 FTA 체결로 우리나라는 2020년 기준으로 0.05%의 GDP 증대와 0.02~0.07%의 후생증가 효과를 기대할 수 있고, 호주는 0.04~0.18%의 GDP 증대와 0.24~0.14%의 후생증가를 누릴 것으로 추정된다. 또한 GDP 증가액은 우리나라가 296억 달러, 호주는 227억 달러에 이를 전망이다[표 14]. 양국 FTA가 체결되면 우리나라는 상품시장, 투자시장, 서비스시장 개방을 통해 각각 91억 달러, 63억 달러, 141억 달러 규모의 경제적 효과를 기대할 수 있을 것으로 보인다. 한편 우리나라의 對 호주 수출과 수입은 각각 4.2억 달러, 8.8억 달러 가량 증가할 것으로 기대된다. 품목별로는 섬유, 기계장비, 전자장비, 자동차부품 등 우리나라의 주력품목의 대 호주 수출이 크게 늘어나고, 비철금속을 비롯, 육류, 낙농유제품, 와인, 설탕 등 현재 고관세 적용제품에 대한 대 호주 수입이 크게 증가될 전망이다.

[표 13] 한-호주 FTA 체결에 따른 GDP 및 후생증대 효과

구분 (2020년 기준)	한국 측 KIEP TFP 모형		호주 측 MMC 모형	
	한국	호주	한국	호주
GDP(%)	0.05%	0.18%	0.05%	0.04%
GDP(US백만 $)	-	-	670	450
후생(%)	0.02%	0.24%	0.07%	0.14%
후생(US백만 $)	67.9	752.6	-	-

자료: 김한성(2009)

[표 14] 한-호주 FTA 체결에 따른 경제적 효과(2007~2020년)

구분 (단위: US백만 $)	한국		호주	
	GDP	GNP	GDP	GNP
상품시장 개방에 따른 경제적 효과(A)	9,119	9,701	7,677	16,270
투자시장 개방에 따른 경제적 효과(B)	6,296	5,780	5,173	4,817
시비스시장 개방에 따른 경제적 효과(C)	14,143	14,044	9,827	9,083
총 경제적 효과(A+B+C)	29,588	29,525	22,677	30,169

자료: 김한성(2009)

한-호주 FTA 체결은 경제적 이익뿐만 아니라 우리나라의 외교력 강화에도 도움이 될 것으로 기대된다. 호주와의 경제협력을 통해 국제사회에서의 호주의 명성을 활용하여, 국제 정치, 경제적 이슈에 대한 우리나라의 지지를 확립시키는 데 기여할 것으로 보이기 때문이다.

〈참고문헌〉

기획재정부(MOSF). 2011a. "한・호주 수교 50주년 그 경제적 성과." 『대외경제
　　연구』

기획재정부(MOSF). 2011b. "주요 자원 보유국의 자원세 현황 및 시사점." 보도
　　자료

김한성・배희연. 2007. "한국의 주요국별・지역별 중장기 통상전략: 대양주."
　　『KIEP 중장기 통상전략연구』 07-05: 대외경제정책연구원.

김한성・배희연. 2008. "호주정부의 국부펀드 심사 강화에 따른 한국의 호주
　　자원시장 진출 전망." 『KIEP 오늘의 세계경제』 08-11: 대외경제정책연
　　구원

김한성. 2009. "한・호주, 한・뉴질랜드 FTA 경제적 효과와 필요성." 대외경제정
　　책연구원.

박현수. 2010. "호주 금융산업의 현황 및 주요 특징." 『글로벌 주요 이슈』. 산
　　업은행경제연구소.

백유진・이재호. 2010. "호주의 주요 산업." 『KIEP-KOTRA 유망국가 산업연구』
　　10-01.

손영환. 2011. "호주경제의 홍수 영향과 향후 전망." 『Issue Analysis』. 국제금융
　　센터

코트라(KOTRA). 2009. "호주의 기후변화 대응동향." 『Global Issue Report』 09-13.

CSIRO(Commonwealth Scientific and Industrial Research Organization). 2007.
　　"Climate Change in Australia: Technical Report 2007." Melbourne

DCC(Department of Climate Change and Energy Efficiency). 2011. "Australia's
　　Emissions Projections 2010."

Department of the Treasury. 2010. "Australia to 2050: Future Challenges, Intergenerational
　　Report 2010."

DFAT(Department of Foreign Affairs and Trade). 2010. *Trade at a Glance 2010*.
　　Canberra

Ellis C. and Christine L. 2010. "Structural Change in the Australian Economy."
　　RBA Bulletin, September Quarter.

FIRB(Foreign Investment Review Board). 2011. *Annual Report 2009-2010*.

Garnaut Ross. 2008. *The Garnaut Climate Change Review: Final Report*. Cambridge:

Cambridge University Press.

Geoscience Australia. 2009. *Australia's Identified Mineral Resources 2010.*

IMF. 2011. *Regional Economic Outlook: Asia and Pacific, Managing the Next Phase of Growth.* Washington, DC

Kamps C. 2006. "New Estimates of Government Net Capital Stocks for 22 OECD Countries 1960-2001." *IMF Staff Papers, 53(1),* Washington DC.

Phil G, Matt S, and Siddharth S. 2010. "Australia's Current Account Deficit in a Global Imbalance Context." *Economic Roundup Issue 1,* Department of the Treasury.

PMSIC(Prime Minister's Science, Engineering and Innovation Council). 2007. "Climate Change in Australia: Regional Impacts and Adaptation-Managing the Risk for Australia." *Independent Working Group,* Canberra.

World Economic Forum(WEF). 2009. *The Financial Development Report 2009,* New York: World Economic Forum US Inc.

2. 한호 자유무역협정과 직접투자

서정수

1. 들어가는 말

두 가지의 상호 대조적인 기류가 21세기의 세계경제를 특징짓고 있다. 하나는 무차별적 무역규제 철폐를 통한 자유무역을 추구하는 세계화이며, 다른 하나는 지역주의 혹은 지역무역협정(RTA: Regional Trade Agreements)의 하나로 간주되는 자유무역협정(FTA: Free Trade Agreement)이다. 세계화는 1948년 창설된 GATT(General Agreement on Tariffs and Trade) 정신을 이어받은 WTO(World Trade Organization)를 중심으로 전 세계 자유무역을 추구하는 기류이다. 반면에, FTA는 자유무역을 추구하지만 양자 혹은 제한적 다자의 협정체결 당사자 간에만 이루어지는 지역주의의 성격을 가지고 있다. 분명 FTA와 WTO 모두 자유무역을 추구한다는 취지는 같지만 FTA가 협정체결 역외국에 대해서는 기존의 교역장벽을 그대로 적용하는 차별적인 보호주의 성격을 가지고 있는 반면(권영민, 2011), 세계화는 무차별적인 원리를 추구하고 있기 때문에 FTA가 정확하게 WTO의 정신에 합치하는지는 불분명한 상태이다. 얼핏 보면 상호대립적이라고 할 수 있는 두 가지 기류가 공존하고 있다는 것은 분명한 사실이며 나아가 FTA로 대표되는 지역주의는 1995년 WTO 출범 이후 오히려 증가되는 추세를 보이고 있다. WTO 자료에 따르면 2010년 7월 31일 현재 전 세계에는 총 474개의 지역무역협정이 있는 것으로 통보되었고 이 중에서 FTA와 부분무역협정이 90%를 차지하고 있다(Fiorentino et al., 2006).

한국과 호주 양국 모두 자유무역주의를 추구하고 있으며 나아가 전 세계적으로 확산되고 있는 FTA를 적극적으로 추진하고 활용하고 있는 선두주자들이다. [표 1]에서 보는 바와 같이 2011년 현재 한국과 호주는 각각 많은 수의 국가 혹은 지역과 FTA가 체결되어 있거나 협상을 진행 중이다.

이와 같이 각국의 적극적인 노력과 FTA가 확산되고 있는 전 세계 시류에 편승하여 한국과 호주 양국은 FTA 체결을 위해 수년간 노력을 기울이고 있다. 2006년 한호 정상회의에서 한국과 호주 FTA(이하 한호 FTA)에 대한 민간연구와 공동회의를 개최하기로 한 합의가 도

[표 1] 한국과 호주의 FTA 체결현황

국가명	기체결	협상 중	검토 중
한국	ASEAN, EFTA, 인도, 싱가포르, 칠레, EU, 페루, (서명/타결) 미국	GCC, 뉴질랜드, 멕시코, 캐나다, 콜롬비아, 터키, 호주	MERCOSUR, SACU, 러시아, 베트남, 이스라엘, 일본, 중국, 중미, 한중일, 인도네시아, 말레이시아
호주	PACER, 뉴질랜드, 뉴질랜드-ASEAN, 미국, 칠레, 태국, 싱가포르, 파푸아뉴기니	한국, GCC, 아랍에미리트, 말레이시아, 일본, 중국	PIF, TPP P4, 멕시코, 인도, 인도네시아

출처: FTA 종합지원 포털(http://fta.korea.kr/kr/situation/fta/03/index02.jsp)

출되었다. 2008년 4월 양국 간 FTA는, 상호보완적인 경제구조와 역동적인 무역 및 투자를 바탕으로 상호 밀접한 경제관계를 형성하고 있는 양국경제에 더욱 도움이 된다는 민간차원의 FTA 타당성 조사 결과가 발표되었다(ITS Global and KIEP, 2008). 2009년 3월 한국의 이명박 대통령과 당시 호주수상인 캐빈 러드 총리가 자유무역협정의 협상을 개최하기로 합의하였다. 2009년 5월 호주 수도 캔버라에서 제 1차 협상이 개최되었고 2010년 5월까지 다섯 번의 공식협상을 마쳤다 그 후 2011년 7월까지 네 차례의 실무회의를 포함해서 지속적인 접촉을 통해 타결을 위한 마무리 작업이 진행되고 있는 중이다[표 2 참조].

일반적으로 FTA는 개방을 통해 경쟁을 심화시킴으로써 생산성 향상에 기여할 뿐만 아니라 직접투자의 유입을 촉발한다는 인식과 더불어 경제 전반에 이익이 된다는 관점이 지배적이다(고준성 외, 2006; OECD, 2006; Cuevas et al., 2005).[1] 한호 FTA도 이러한 맥락에서 상호보완적인 경제구조를 바탕으로 농업부문, 자동차를 비롯한 제조업

[표 2] 한호 FTA의 추진경과

2006년	2006. 12. 9	호주를 국빈방문한 우리 측 정상은 회담 통해 양국간 FTA 타당성 조사를 위한 공동연구 개시에 합의 2007년 초 공동연구 개시하여 2007년 말까지 완료 목표
2007년	2007. 5	한·호주 FTA 민간공동연구 회의 개최
	2007. 8	한·호주 FTA 민간공동연구 회의 개최
	2007. 1	한·호주 FTA 민간공동연구 회의 개최
2008년	2008. 4	한·호주 FTA 민간공동연구보고서 완료
	2008. 4. 22	한·호주 FTA 라운드테이블회의 개최(서울)
	2008. 8. 11	호주 케빈 러드 총리 방한 중 FTA 예비협의 개최 합의
	2008. 1	한·호주 FTA 민간공동연구 회의 개최
	2008. 10. 13~15	제1차 한·호주 FTA 예비협의(서울)
	2008. 12. 16	제2차 한·호주 FTA 예비협의(화상회의)

출처: 기획재정부 FTA 종합지원 포털

부문, 서비스 부분, 금융 및 투자부문에서 긍정적인 영향을 가져다줄 것으로 관련 연구들은 평가하고 있다(ITS Global and KIEP, 2008). 이와 같은 일반적인 견해를 바탕으로 본 장에서는 한호 FTA가 영향을 미칠 많은 영역 중에서 직접투자와 관련된 부분의 분석을 중점적으로 시행하고자 한다. 양국 간 직접투자의 형태2)를 중점적으로 비교 분석하고 분석결과를 바탕으로 한호 FTA 및 양국 간의 직접투자와 관련된 문제점을 검토하고, 한호 FTA가 해결책을 제시할 수 있는지 논의함으로써 한국과 호주 양국 간의 경제관계 이해를 증진하는 데 기여하고자 한다. 이를 위해 제2절에서는 먼저 한국과 호주의 경제관계 즉 무역통상관계를 간단하게 조명한다. 특히, 이 절에서는 한국과 호주의 상품교역관계를 비교 분석하여 상호교역관계가 어떤 보완적인 측면을 보이는지 조명해본다. 제3절에서는 한국과 호주의 직접투자에 대한 개괄적인 발전형태와 동향에 대해 분석한다. 제4절에서는 직접투자 중에서 한국과 호주가 실행하고 있는 직접투자를 국가별 및 산업별로 분석을 시행한다. 제5절에서는 교역관계 중에서 상품교역과 투자 중에서 직접투자에 대한 분석의 결과를 정리하여 문제점을 토의하고 발전방향을 제시하여 제6절에서는 결론을 내린다.

---

1) 물론 FTA가 산업구조 조정과 경제사회적 형평성에 미치는 부정적인 영향이 많은 것도 사실이지만 대부분의 타당성 조사는 전반적으로 역내국의 경제, 교역 및 투자활동을 촉진하는 것으로 보고한다.

2) 흔히 국내로 유입되는 직접투자인 경우에는 외국인직접투자(Foreign Direct Investment)라고 칭하고, 해외로 유출된 직접투자인 경우에는 해외직접투자(Overseas Direct Investment)라고 부른다.

2. 한국과 호주 양국교역관계의 발전

2010년 현재 한국의 대 호주 수출은 약 66억 달러, 수입은 약 205억 달러로 총 교역금액이 271억 달러에 달하고 있으며 약 128억 달러의 무역수지 적자를 기록하고 있다. 같은 기간 호주가 한국의 대외무역에서 차지하고 있는 비중은 수출 약 1.4%, 수입은 약 4.8%에 달한다. [그림 1]에서 보는 바와 같이 1965년 한국의 대 호주 수출은 1.2백만 달러에 불과하였으나 1980년에는 2.3억 달러로 증가하였으며 1990년에는 9.9억 달러, 2000년에는 약 26억 달러로 높은 증가율을 기록하였다. 한국의 호주로부터의 수입도 1965년의 3.7백만 달러에서 1980년 6.8억 달러로 증가하였고, 1990년 25.9억 달러 그리고 2000년에는 59.6억 달러를 기록하였다.

[표 3]에 제시된 바와 같이 한국의 전 세계 교역증가율과 대 호주 교역증가율을 10년 단위로 계산하였을 때, 1965~2010년 기간 한국의 대 호주 수출증가율 평균은 25.7%로 한국의 전 세계 시장 평균 수출증가율 20.5%를 훨씬 상회하였다. 같은 기간 한국의 대 호주 연평균 수입증가율은 24.4%로 연평균 수출증가율보다는 낮지만 한국의 전 세계 연평균 수입증가율 18.1%를 훨씬 상회하는 수준을 기록하였다. 즉, 한국과 호주의 교역관계는 지속적으로 심화되어 왔다고 할 수 있다.

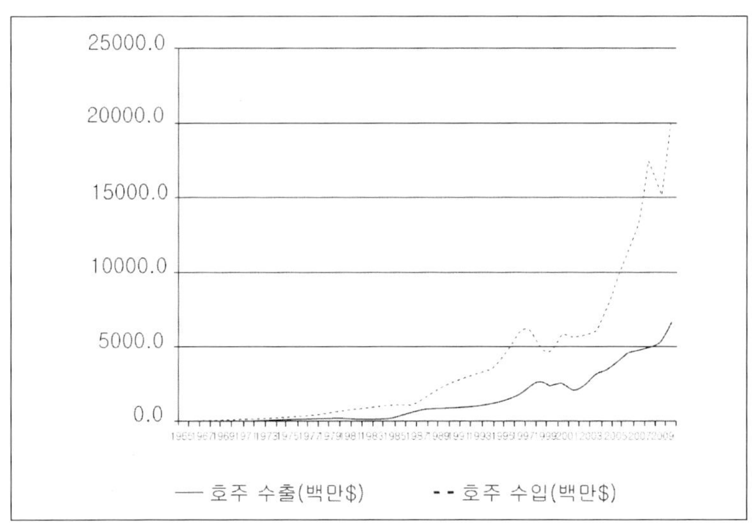

자료: 통계청

[**그림 1**] 한국의 대 호주 교역액(1965~2010)

[**표 3**] 한국의 교역증가율

기간	전 세계		호주	
	수출증가율	수입증가율	수출증가율	수입증가율
1960~1969년	37.5%	41.3%	20.8%	41.7%
1970~1979년	39.2%	28.9%	64.4%	52.0%
1980~1989년	15.8%	12.2%	21.6%	14.9%
1990~1999년	9.0%	8.8%	10.0%	8.7%
2000~2010년	12.2%	13.7%	10.5%	15.8%
1965~2010년	20.5%	18.1%	25.7%	24.4%

자료: 통계청 자료 재정리

1965~2010년 기간 동안 한국의 대 호주 교역에서 특이한 점은 한국이 지금까지 지속적으로 양자 간 교역에서 무역적자를 기록하고 있다는 점이며, 특히 무역적자의 폭은 2000년대 이후 더욱 확대되는

양상을 보이고 있다.3) 이런 한국의 대 호주 교역에서 심화되고 있는 무역적자에 대해 우려의 목소리가 생겨날 수도 있으나 이는 불공정한 무역의 관행 혹은 덤핑 등과 관련된 통상정책의 산물이라기보다 한국과 호주의 상호보완적인 경제구조에 기인하는 것이라는 점을 인식할 필요가 있다(Harvie, 2004). 즉, 자원 빈국인 한국은 자원 풍부국인 호주로부터 원유, 철광석, 알루미늄, 석탄, 천연가스 등 원자재 수입의존도가 높기 때문에 호주와의 교역에서 무역수지 적자를 보이는 것은 당연한 것이라고 생각할 수 있다.

[표 4]와 [표 5]는 각각 1991~2010 기간 동안 한국의 전 세계 및 대호주 상품수출을 국제표준무역분류(SITC) 제1단위에서 보여주고 있다. 이들 표에서 보는 바와 같이 한국의 수출은 흔히 제조업 제품에 해당된다고 할 수 있는 SITC 5에서부터 SITC 8까지의 품목들에 집중되어 있음을 알 수 있다. 한국의 전 세계 시장으로의 수출상품 중 이들 제조업 제품이 차지하는 비중은 최저 87.9%에서 최고 93.6%를 기록하여 위의 기간 동안 평균 91.3%를 차지하고 있다. 이와 같이 제조업의 높은 비중은 한국의 대 호주 수출에서도 그대로 반영되어 나타나고 있다. 즉, 같은 기간 제조업 제품의 비중은 최저 68.4%에서 최고 96.7%를 기록하여 제조업의 비중은 평균 87.0%에 달하고 있다. 특이한 점은 한국의 전 세계 수출에서 이들 제조업 제품이 차지하는 비중은 안정적인 것으로 나타나는 반면 호주에서는 이 비중이 상대적으로 높은 변동을 기록할 뿐만 아니라 시간적으로도 비중이 점점 하락하는 추세를 보여주고 있다. 즉, 제조업의 비중은 1991년의 96.7%에

---

3) 무역적자는 총 교역금액 대비 최소 25%에서 최고 77%에 달하기도 하였다.

서 2010년에는 79.5%로 급격히 하락하였다. 그 이유는 같은 기간 동안 SITC 3에 속하는 광물성 연료, 윤활유 및 관련 물질의 수출이 1991년 12백만 달러 정도에서 2010년 약 11.0억 달러로 급격히 증가한 데 기인한다. 이에 따라 이 품목이 대 호주 수출에서 차지하는 비중도 같은 기간 1.2%에서 16.5%로 상승하였다.

[표 4] 한국의 전 세계 품목별 수출(1991~2010)

(백만 $)	식품 및 산동물 (SITC 0)	음료 및 담배 (SITC 1)	비식용 원재료 (연료제외) (SITC 2)	광물성 연료, 윤활유 및 관련물질 (SITC 3)	동식물 성 유지 및 왁스 (SITC 4)	화학물 및 관련 제품 (SITC 5)	재료별 제조제품 (SITC6)	기계 및 운수장비 (SITC 7)	기타 제조제품 (SITC 8)	달리 분류 되지 않은 상품 및 취급물 (SITC 9)
1991년	2,158	117	989	1,509	2	3,190	16,079	29,982	17,643	202
1992년	2,119	77	1,073	1,742	7	4,454	18,492	32,547	15,883	237
1993년	2,060	72	1,160	1,852	6	4,921	20,686	36,951	14,233	294
1994년	2,295	102	1,430	1,746	8	6,339	22,949	47,067	13,504	573
1995년	2,656	147	1,790	2,472	21	8,944	27,568	65,646	13,382	2,433
1996년	2,724	193	1,608	3,866	23	9,148	26,959	67,584	12,237	5,372
1997년	2,656	185	1,780	5,349	38	10,666	29,097	68,109	12,032	6,252
1998년	2,420	160	1,541	4,595	31	10,235	28,584	65,090	12,421	7,235
1999년	2,609	165	1,558	5,811	15	10,755	27,916	77,954	13,919	2,984
2000년	2,402	211	1,829	9,376	17	13,780	30,380	100,275	12,433	1,564
2001년	2,205	262	1,586	8,009	17	12,519	26,790	86,695	11,247	1,109
2002년	2,115	346	1,634	6,552	21	13,762	26,993	99,598	10,466	984
2003년	2,164	447	2,001	6,902	23	16,936	30,130	121,142	12,063	2,010
2004년	2,466	490	2,492	10,531	23	23,136	36,954	159,991	14,766	3,025
2005년	2,468	521	2,839	15,709	19	27,745	41,023	173,492	20,292	310
2006년	2,354	606	3,314	20,920	24	31,806	46,559	192,360	26,630	891
2007년	2,653	682	4,189	24,631	26	37,545	52,041	216,730	32,239	771
2008년	3,047	792	5,105	38,455	45	42,710	59,560	233,688	37,233	1,382
2009년	3,247	831	3,989	23,786	29	37,415	48,114	206,334	36,907	2,881
2010년	3,920	1,012	5,629	32,580	52	48,951	60,430	263,903	46,860	3,046

[표 5] 한국의 대 호주 품목별 수출(1991~2010)

(백만 $)	식품 및 산동물 (SITC 0)	음료 및 담배 (SITC 1)	비식용 원재료 (연료제외) (SITC 2)	광물성 연료, 윤활유 및 관련물질 (SITC 3)	동식물 성 유지 및 왁스 (SITC 4)	화학물 및 관련 제품 (SITC 5)	재료별 제조제품 (SITC6)	기계 및 운수장비 (SITC 7)	기타 제조제품 (SITC 8)	달리 분류 되지 않은 상품 및 취급물 (SITC 9)
1991년	13.5	2.8	4.1	11.9	0.0	53.5	326.2	408.7	169.2	0.0
1992년	15.4	0.1	6.4	26.9	0.0	58.7	504.3	330.0	152.8	0.0
1993년	17.3	0.1	4.5	28.1	0.0	80.0	341.8	591.3	121.6	0.0
1994년	11.7	0.2	7.7	24.2	0.0	100.8	391.1	579.5	116.6	0.0
1995년	17.5	0.2	10.8	38.7	0.0	121.2	418.5	848.7	112.6	1.0
1996년	13.6	0.6	7.7	11.2	0.1	119.9	405.1	1,143.9	103.0	2.6
1997년	15.4	0.3	5.6	22.7	0.3	143.8	478.4	1,318.9	88.6	136.5
1998년	18.3	0.3	10.2	31.5	0.7	127.1	452.5	1,245.3	84.5	820.7
1999년	19.3	0.7	9.1	73.9	0.2	147.8	474.4	1,276.5	97.7	326.5
2000년	19.4	1.0	12.7	97.8	0.4	162.7	462.0	1,428.1	98.4	323.5
2001년	18.9	1.3	21.8	54.1	0.5	144.9	368.8	1,155.2	78.6	329.2
2002년	20.0	0.9	18.3	65.4	0.4	164.6	406.9	1,234.1	80.4	348.6
2003년	22.1	1.2	20.2	58.1	0.6	196.8	478.8	2,251.2	135.7	107.5
2004년	26.0	2.4	32.2	126.0	0.4	246.7	585.4	2,219.3	123.8	16.2
2005년	39.3	2.5	30.0	278.9	0.2	290.2	689.0	2,386.5	93.4	2.2
2006년	51.5	3.2	57.2	712.3	0.2	311.0	732.6	2,683.9	104.7	35.5
2007년	63.0	5.0	46.7	345.4	0.3	358.7	829.9	2,799.1	103.1	140.0
2008년	65.6	5.8	61.2	919.1	0.3	417.8	924.7	2,496.6	90.6	189.6
2009년	74.7	5.8	42.2	975.8	0.4	344.3	645.8	2,717.2	92.5	344.4
2010년	68.2	7.2	40.4	1,096.3	0.7	411.4	860.3	3,895.8	109.7	151.7

출처: 한국무역협회(www.kita.net)

[표 6]과 [표 7]은 각각 1991~2010 기간 동안 한국의 전 세계로부터의 수입과 호주로부터의 수입을 SITC 1단위에서 품목별로 각각 보여주고 있다. 이 기간에 한국이 해외로부터 가장 많은 수입을 하고 있는 품목은 SITC 6인 재료별 제조업제품으로 한국 총 수입액의 평균 33.4% 정도를 차지하였으며 그 뒤를 이어 SITC 3의 광물성 연료, 윤활유 및 관련 물질이 약 21.9% 그리고 SITC 7의 기계 및 운송장비

가 평균 13.7%로 3위를 기록하고 있다.

하지만 같은 기간 동안 호주로부터의 수입에 있어서는 SITC 3인 광물성 연료, 윤활유 및 관련 물질이 같은 기간 수입액의 약 32.5%를 차지하여 1위를 기록하였다. 그 뒤를 이어 연료를 제외한 비식용재료 SITC 2가 평균 24.0%를 기록하였고 SITC 6 재료별 제조업 제품이 12.4% 그리고 SITC 0의 식품 및 살아 있는 동물이 평균 11.6%를 기록

[표 6] 한국의 전 세계 품목별 수입(1991~2010)

(백만 $)	식품 및 산동물 (SITC 0)	음료 및 담배 (SITC 1)	비식용 원재료 (연료제외) (SITC 2)	광물성 연료, 윤활유 및 관련물질 (SITC 3)	동식물성 유지 및 왁스 (SITC 4)	화학물 및 관련 제품 (SITC 5)	재료별 제조제품 (SITC6)	기계 및 운수장비 (SITC 7)	기타 제조제품 (SITC 8)	달리 분류 되지 않은 상품 및 취급물 (SITC 9)
1991년	3,931.6	228.0	8,903.1	12,747.9	245.7	8,285.5	28,248.0	13,461.9	5,097.9	375.2
1992년	4,096.8	243.4	8,317.5	14,636.1	250.9	7,681.4	28,904.5	11,962.1	5,208.6	474.0
1993년	3,998.9	262.7	8,875.9	15,052.6	259.0	8,228.1	28,416.8	12,069.9	6,147.9	488.3
1994년	4,761.3	348.6	9,404.5	15,414.5	323.5	9,762.8	37,408.2	15,936.4	8,164.6	823.7
1995년	5,925.7	534.5	11,713.3	19,012.9	393.2	13,156.3	49,436.5	21,270.4	10,803.4	2,872.6
1996년	7,264.6	664.8	10,965.2	24,283.6	369.4	13,230.7	54,674.9	20,947.0	12,061.5	5,877.7
1997년	6,517.2	660.4	10,423.9	27,380.9	358.7	13,110.2	48,721.6	19,249.0	11,561.1	6,633.4
1998년	4,604.0	300.1	7,274.5	18,195.1	304.7	9,240.0	31,245.5	11,111.6	6,479.4	4,556.7
1999년	5,551.3	378.7	8,413.8	22,874.9	359.2	11,311.6	43,608.9	15,080.0	8,778.3	3,395.6
2000년	6,496.7	529.2	9,912.2	38,076.6	286.0	13,492.4	59,078.9	18,290.9	12,021.5	2,296.8
2001년	6,789.3	564.0	9,052.3	34,069.3	269.3	12,921.3	47,911.0	16,683.8	11,166.6	1,670.9
2002년	7,620.3	693.9	9,178.5	32,431.2	339.3	14,156.3	53,307.7	19,241.5	13,358.6	1,799.0
2003년	8,331.1	629.6	10,146.5	38,629.7	389.3	16,482.0	62,655.1	22,369.6	16,234.0	2,959.7
2004년	9,280.4	553.0	13,535.3	50,278.5	543.5	20,654.5	75,361.6	30,825.2	19,852.9	3,577.6
2005년	9,956.0	540.3	15,353.8	67,500.9	618.9	24,502.4	82,533.4	35,849.4	23,434.3	948.8
2006년	11,357.9	589.4	19,664.5	86,706.7	629.2	27,573.0	92,919.6	42,313.9	26,684.0	1,146.4
2007년	13,630.4	755.6	24,071.8	96,503.6	750.0	32,432.5	107,499.3	51,932.9	27,572.4	1,697.2
2008년	16,405.5	859.2	28,272.1	142,514.8	1,095.1	36,658.2	114,541.8	64,983.5	28,644.1	1,100.4
2009년	13,438.4	762.8	20,310.1	91,669.2	847.8	31,504.9	96,881.6	43,250.4	23,292.6	1,126.8
2010년	16,335.1	859.8	30,632.2	122,596.2	1,006.9	41,147.7	123,316.7	56,142.6	31,597.6	1,577.3

[표 7] 한국의 대 호주 품목별 수입(1991~2010)

(백만 $)	식품 및 산동물 (SITC 0)	음료 및 담배 (SITC 1)	비식용 원재료 (연료제외) (SITC 2)	광물성 연료, 윤활유 및 관련물질 (SITC 3)	동식물성 유지 및 왁스 (SITC 4)	화학물 및 관련 제품 (SITC 5)	재료별 제조제품 (SITC6)	기계 및 운수장비 (SITC 7)	기타 제조제품 (SITC 8)	달리 분류 되지 않은 상품 및 취급물 (SITC 9)
1991년	460.8	0.2	981.6	630.3	13.8	52.4	511.2	100.6	55.5	203.1
1992년	451.9	0.7	974.3	760.9	13.0	44.7	416.3	97.3	67.1	259.5
1993년	495.3	3.6	926.3	816.7	12.4	52.8	459.6	192.6	67.6	319.7
1994년	515.7	2.4	961.9	852.7	11.2	68.7	582.2	215.5	66.7	505.5
1995년	461.5	2.0	1,103.9	989.2	2.6	83.0	651.0	327.5	74.2	1,102.4
1996년	583.1	1.7	1,014.6	1,163.6	13.5	117.7	631.2	325.8	86.4	2,334.3
1997년	568.1	1.2	1,077.0	1,287.2	19.7	105.1	629.3	387.8	78.7	1,739.8
1998년	486.7	0.4	991.0	1,310.2	11.7	59.0	486.6	194.5	42.5	1,032.2
1999년	556.5	1.4	1,134.7	1,142.1	10.7	123.0	642.8	242.1	49.8	769.3
2000년	631.5	2.9	1,136.6	1,952.4	9.1	104.1	725.9	309.6	57.0	1,029.6
2001년	531.6	2.8	1,282.4	1,875.9	9.7	110.4	713.3	234.3	54.6	719.2
2002년	664.7	4.4	1,242.5	2,083.4	10.5	124.7	738.0	303.6	79.4	722.3
2003년	690.3	8.1	1,294.4	1,826.1	9.4	212.6	853.9	336.4	72.7	612.0
2004년	1,001.6	36.7	1,507.7	2,922.6	11.6	145.4	1,040.9	350.5	74.5	346.2
2005년	1,185.4	19.4	2,037.3	4,400.6	11.3	196.7	1,304.5	406.3	81.4	216.2
2006년	1,481.1	24.9	2,873.6	4,643.8	12.9	291.4	1,404.6	375.0	81.1	121.0
2007년	1,496.8	35.7	3,474.6	5,433.5	12.3	411.7	1,646.5	484.2	90.5	146.7
2008년	1,642.0	15.0	4,809.3	9,022.2	30.8	337.1	1,446.5	443.0	79.7	174.7
2009년	1,387.6	11.3	3,522.8	7,433.2	39.7	410.8	1,293.6	304.7	66.5	285.9
2010년	1,834.6	10.6	6,587.2	9,037.6	55.4	305.2	1,774.8	384.4	90.1	376.3

출처: 무역협회(www.kita.net)

하였다. 눈에 띄는 점은 SITC 0, 2 및 3에 속하는 3개의 품목군이 전체 대 호주 수입액의 약 68.1%를 차지하고 있으며 이들 3가지 품목군의 비중은 2005년 이후부터 지속적으로 증가하고 있다는 점이다. 2008~2010년 3년 동안 평균 수입액의 85.0%가 이들 3가지 품목군이 차지하였을 정도로 이들 3가지 품목군의 증가가 두드러지고 있다.4)

---

4) SITC 3에서 호주가 한국의 수입에서 차지하는 비중은 최근 들어 증가하는 추세를 보이기는 하여도 1991~2010

특히, SITC 3에 속하는 품목들의 비중이 더 크게 증가하고 있으며 2008년과 2009년에는 호주로부터 수입되는 전체 금액의 절반 정도가 이 품목에 의해 이루어졌다는 점을 고려해 보면 한국의 대 호주 수입은 전형적으로 자원 빈국이 자원 풍부국인 호주로부터 천연자원을 수입하는 상호보완적인 관계라고 할 수 있다.5)

3. 한국과 호주의 직접투자 동향(1980~2009)

한국과 호주는 직접투자 면에 있어서 상이하면서도 동일한 경향을 보이고 있다.

한국은 직접투자에 대해 정책적으로 제한적이면서도 차별적인 입장을 비교적 최근까지 견지했다. 한국은 외국인이 실행하는 직접투자에 대해서는 제한적인 정책을 유지했으나 1990년대 말 아시아 금융위기 이후에는 외국인에 의한 직접투자에 대해 기존의 제한적인 입장에서 탈피하여 한국으로 유입되는 직접투자를 선호하고 장려하는 입장을 취하고 있다(Seo, 2003). 한국이 해외에 실행하는 직접투자는 1968년 인도네시아에의 직접투자를 시초로 시작되었으며 일본이 그러했던 것처럼 더욱더 공격적인 입장을 취하였다(Hill and Jongwanich,

---

년 기간 동안 호주의 SITC 3 수입 시장 점유율은 평균 5.7%에 머물고 있다. SITC 2, 즉 연료를 제외한 비식용 원재료에 있어서 호주가 차지하는 비중은 평균 13.0%에 달하고 있으며 이의 비중이 최근 들어 더욱 증가하는 양상을 보여주고 있다. 반면 SITC 0에 있어서 호주의 비중은 같은 기간 큰 변동 없이 평균 약 10.3%를 차지하고 있다.

5) 1991~2010년까지의 피어선 상관계수 분석을 시행한 결과 한국의 전 세계 수출과 대 호주 수출은 평균상관 계수 0.963을 기록함으로써 두 지역으로의 수출이 거의 동일하다고 볼 수 있겠다. 반면 같은 기간 한국의 수입에 있어서 피어선 상관계수는 0.436 정도로만 나타나고 있어 한국이 호주로부터 수입하는 품목은 전 세계로부터의 수입 품목과 많은 차이를 보여 교역구조를 통해 양국의 경제가 상호보완적인 관계라는 것을 간접적으로 추론해 볼 수 있다.

2009). 특히, 1980년대 중반 이후 한국이 원화절상과 노동집약적인 산업에서의 비교우위 상실 그리고 정치적 민주화 바람에 편승한 불안정한 노동관계 등으로 인해 해외에 실행하는 직접투자의 본격적인 물꼬를 튼 이후, 1990년대 중반 OECD 가입을 대비한 자본계정의 자율화를 기조로 직접투자를 적극적으로 추진해왔다.6)

호주의 직접투자 기조는 1970년대 후반까지는 외환관리 수단을 통해 철저하게 관리되었으며 환율관리 정책의 일환으로 직접투자를 활용하기도 하였다(Treasury, 1999). 하지만 1980년대 시행된 무역 및 미시경제 개혁과 밀접하게 연관하여 진행된 외국인에 의한 투자 전반에 대한 자율화 조치 이후 직접투자는 자율적인 정책기조를 유지하고 있다. 하지만 전반적인 자율화 기조 속에서도 외국인이 호주에 실행하는 직접투자에 대해서는 국가이익(national interest)을 추구하고자 다소 선별적인 입장을 취하고 있다(Tisdell, 2004. 9).7)

[표 8]은 1980~2009년 한국과 호주의 직접투자 현황을 UNCTAD 자료를 이용하여 작성한 것이다. 이 기간에 잔존투자액 기준으로 보았을 때 양국 모두 해외에서 실행하는 직접투자와 외국인에 의한 직접투자 모두 급격하게 증가하였으나 특히, 외국인에 의한 직접투자의 증가가 해외에서 실행한 직접투자의 증가율을 훨씬 상회하고 있는 것으로 나타난다.8) 비교적 적은 직접투자 금액에서 시작한 한국은

---

6) Moon(2007)과 Seo and Suh(2006)는 1986년 이후를 한국이 해외에 시행하는 직접투자에 대한 정책이 자율화된 시기라고 분류하고 있다.

7) 국가이익을 고려한 외국인 직접투자에 대한 선별적인 승인제도 자체가 비자율적이거나 혹은 정책결정의 투명성을 저해한다는 의견이 제시되기도 한다.

8) 해외직접투자 혹은 외국인직접투자는 신고금액, 잔존투자금액과 국제수지표의 자본계정을 통해 측정하는 등 기준 데이터의 사용과 적용이 다소 복잡하다. 그럼에도 직접투자를 최대한 효과적으로 사용할 수 있는 자료를 분야별로 선정하여 사용하기로 하고 이에 따라 분석의 대상이 되는 기간에 다소 차이가 발생하기도 한다.

1980년 해외로 나가는 직접투자액이 11.4억 달러를 기록하였으나 2000년에는 381.1억 달러로 급격하게 증가하였고 2009년 현재 1107.7억 달러를 기록하여 무려 투자액이 97배 이상으로 증가하였다. 호주가 해외에 실행한 직접투자액은 1980년 247.8억 달러에서 2000년 1188.6억 달러로 급격하게 증가하였고 이는 2009년 다시 3280.9억 달러로 증가하여 1980~2009년 기간에 호주가 해외에 실행한 직접투자액은 13배 이상의 증가율을 기록하였다.

같은 기간 외국인에 의한 직접투자의 증가는 양국 모두 해외에 실행하고 있는 직접투자보다 월등히 높은 증가율을 기록하고 있다. 외국인에 의한 한국 내 직접투자는 1980년 1.3억 달러 정도에 머물렀으나 1990년 23.0억 달러로 18배 가까이 증가하였다. 1990년대에 들어와서도 외국인에 의한 직접투자는 지속적으로 증가하였는데 특히, 아시아 금융위기 이후의 증가가 눈에 띈다. 아시아 금융위기에서의 회복세와 금융위기 동안 진행된 외국인이 실행하는 직접투자에 대한 정책자율화로 2000년에는 직접투자금액이 268.3억 달러를 기록하여 1990년 직접투자금액 대비 11배 이상으로 급증하였다. 2009년에는

[표 8] 한국과 호주의 직접투자 현황(1980~2009)

연도	한국(백만 U$)		호주(백만 U$)	
	해외에 시행하는 직접투자	외국인에 의한 직접투자	해외에 시행하는 직접투자	외국인에 의한 직접투자
1980	1138.6	127.0	24775.8	4982.6
1990	5185.6	2300.9	73643.6	30506.7
2000	38109.8	26833.2	118858.2	95978.5
2005	104880.0	38680.0	242167.4	208901.3
2009	110770.0	115620.0	328090.4	343632.4

출처: UNCTAD

2000년 대비 약 3배 이상 증가한 1156.2억 달러를 기록하였다. 따라서 1980~2009년 기간 동안 외국인에 의한 한국 내 직접투자는 비교적 낮은 시작점을 가지고 있기도 하였지만 투자 잔존 총액 면에서 무려 910배 이상 증가한 놀라운 기록을 보여주고 있다.

같은 기간 외국인에 의한 호주로의 직접투자 증가율도 한국의 증가율에는 미치지 못하지만 1980년 49.8억 달러 규모에서 1990년 305.1억 달러로 6배 이상 증가하였는데 이는 1980년 이루어진 호주의 산업구조 개혁 등 호주경제 전반의 자율화 바람과 밀접한 관련을 가지고 있다. 2000년 외국인에 의한 호주의 직접투자금액은 959.8억 달러를 기록하였고 2005년에는 2089.0억 달러 2009년에는 3436.3억 달러를 기록하여 2009년 외국인에 의한 호주의 직접투자는 1980년 대비 약 69배 이상 증가한 것이다.

한국수출입은행이 제공하고 있는 통계자료를 사용하여 2010년 말 현재 한국이 해외에 실행한 직접투자 총액 1658.7억 달러를 국가별로 구분해 보면 미국이 330.4억 달러로 최대 투자대상국으로 전체 금액의 19.9%를 차지하고 있다. 뒤를 이어 중국이 19.7%인 326.6억 달러를 기록하고 있고 홍콩이 총 누적투자액 112.1억 달러로 6.8%의 비중을 차지하고 있다[그림 2]. 반면 호주는 25.7억 달러로 전체 금액의 1.6%를 기록하고 있다.

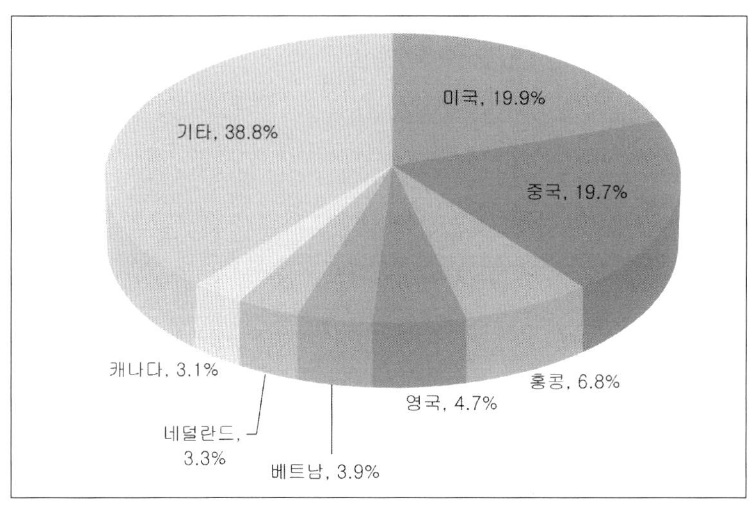

출처: 수출입은행

[그림 2] 한국이 전 세계에 실행한 직접투자 누적액의 국가별 분포(1980~2010)

1962~2010년 외국인에 의한 한국 내 직접투자는 신고 기준으로 49,671건에 누적 신고금액은 1735.9억 달러에 이르고 있는데9) 누적 신고금액을 국가별로 살펴보면 [그림 3]과 같이 미국이 25.2%인 437.8억 달러로 1위를 차지하고 있고, 일본이 259.8억 달러로 15.0%를 차지하고 있으며 유럽의 네덜란드가 11.5%인 200.3억 달러를 투자하고 있다. 뒤를 이어 영국(107.0억 달러, 6.2%) 독일(92.4억 달러, 5.3%)이 각각 4위와 5위를 기록하고 있으며 아시아 국가 중에서는 말레이시아(71.5억 달러, 4.1%) 및 싱가포르(66.9억 달러, 3.9%)가 눈에 띤다[그림 3]. 같은 기간 호주는 394건에 19.1억 달러를 투자하여 전체 금액의 1.1%를 차지하고 있는데 이들 직접투자의 대부분이 아시아 금융위기

---

9) 지식경제부 외국인직접투자 통계자료 참조.

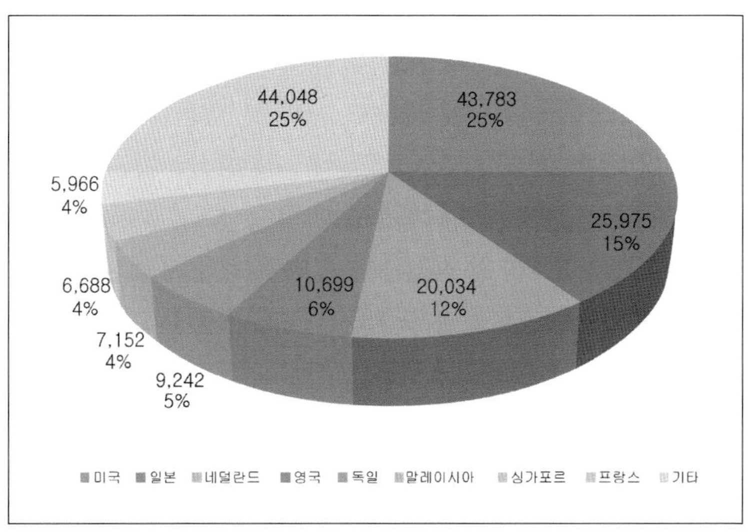

출처: 지식경제부 외국인직접투자 통계자료 재정리

[그림 3] 외국인에 의한 한국으로의 직접투자의 국가별 분포(1962~2010: 신고금액기준)

이후 이루어진 것이다.

2010년 호주가 해외에 실행한 직접투자 잔존액은 3617.8억 호주달러를 기록해 2001년의 2189.7억 호주달러 대비 약 1.7배 정도 증가한 수준이며 이 투자금액 중 약 74.2%가 OECD 국가에 집중되어 있다 [그림 4]. 이들 국가 중 호주의 최대 직접투자 상대국은 미국으로 전체 금액의 25.8%에 해당하는 934.2억 호주달러를 기록하고 있으며 영국은 720.5억 호주달러, 19.9%로 2위를 차지하고 있다. 뉴질랜드는 389.5억 호주달러, 10.8%, 캐나다가 234.5억 호주달러, 6.5%를 기록하여 각각, 3위와 4위를 기록하고 있다. 아시아 국가 중에서는 중국이 67.0억 호주달러로 1.9%, 싱가포르가 62.6억 호주달러로 1.7% 그리고 홍콩이 50.9억 호주달러로 1.4%의 비중을 각각 차지하고 있다. 2010

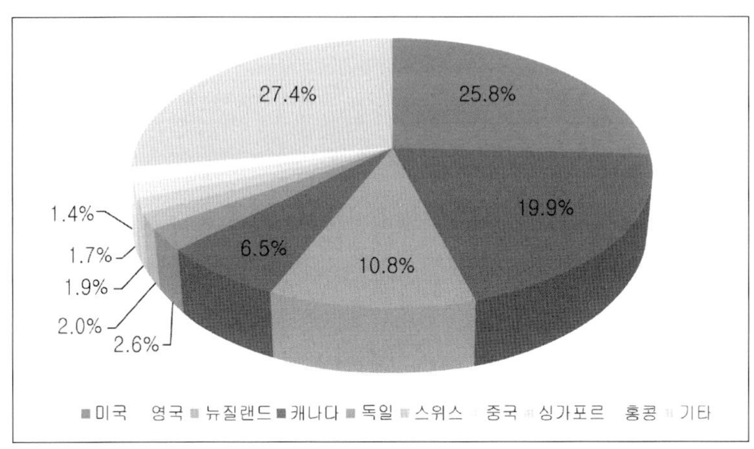

출처: 호주통계청(ABS, 2011)

[그림 4] 호주가 전 세계에 시행한 직접투자 잔존 금액의 국가별 분포(2010년 기준)

년 현재 호주의 대 한국 직접투자 잔존액은 7.0억 호주달러 0.2%인데 이는 인도네시아(33.1억 호주달러, 0.9%) 및 말레이시아(32.4억 호주달러, 0.9%)에도 못 미치는 수준이다.

2010년 현재 외국인이 호주 내에 실행한 직접투자는 잔존금액 기준으로 4736.7억 호주달러에 이르고 있는데 이는 2001년의 2183.0억 호주달러에 비해 약 2.2배가량 증가한 것이며 그 대부분이 선진국에 의해서 이루어진 것으로 OECD 회원국이 전체의 73.4%인 3478.9억 호주달러를 기록하고 있다(ABS, 2011). 개별 국가에는 미국의 직접투자 규모는 전체 잔존금액의 25.4%에 해당하는 1200.9억 호주달러로 1위의 자리를 차지하고 있으며 영국이 11.1%인 525.3억 호주달러, 일본이 10.4%인 494.2억 호주달러로 각각 2위와 3위를 차지하고 있다[그림 5]. 아시아 국가 중에서는 싱가포르가 실행한 직접투자액이 202.4억 호주달러로 전체의 4.3%를 차지하고 있다. 특히 눈에 띄는 것은 중국의 괄목할 만한 성장이다. 예를 들면 2006년 5.5억 호주달러의 직접투자액에 머물렀던 중국은 2000년대 중반 이후 에너지 자원과 지하자원 등 광산업에 공격적인 직접투자를 감행하여 2010년에는 직접투자금액이 무려 23배 증가한 128.2억 호주달러, 약 2.7%의 비중을 차지하고 있다. 한편 호주로의 직접투자액이 2001년 2.8억 호주달러에 머물고 있던 한국의 직접투자액은 2010년 20.8억 호주달러로 7배 이상 증가하였으나 전체 비중 면에서 있어서 0.4%의 미미한 수준에 머물고 있다.

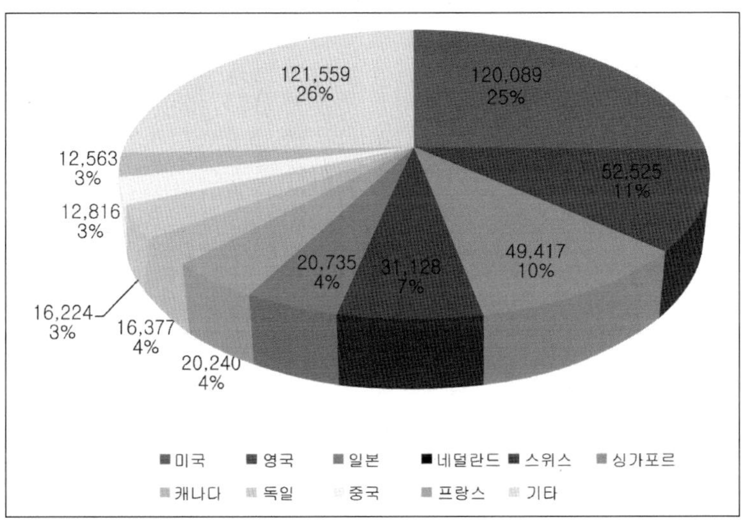

출처: 호주통계청(ABS, 2011)

[그림 5] 외국인이 실행한 호주의 직접투자 국가별 분포
(2010년 잔존기준: 백만 호주달러)

4. 호주와 한국의 양국 간 직접투자 분석

제3절에서는 호주와 한국이 전 세계에 실행한 직접투자와 외국인이 양국 내에 실행한 직접투자의 동향과 국가별 분포에 대해 간단히 알아보았다. 이 절에서는 양국 간 직접투자 상황 특히 산업별 분포 실태를 조금 더 심층적으로 분석해 논의함으로써 한호 FTA가 미칠 영향에 대해 추론해 보고자 한다.

[그림 6]은 1980~2010년까지 한국이 호주에 실행한 직접투자의 추이를 보여주고 있다. 이를 살펴보면 전반적으로 한국의 대 호주 직접투자도 한국의 전 세계 직접투자 추세와 비슷한 양상[10]을 보이기는 하지만 한국과 호주의 양국 간 직접투자는 교역관계의 발전에는 못 미치고 있다(Bishop, 2001). 한국이 전 세계 시장에 실행한 직접투자가 1986년 이후 가속화되기 시작한 반면에 호주시장에 실행한 직접투자는 1990년대 중반 특히 1996년 이후 발생하기 시작하였다. 예를 들면, 1992년 한국은 16건의 신고에 총 11백만 달러를 투자하였고 이는 1997년 78건에 74백만 달러로 급격히 증가한 후 1998년에는 45건에 109백만 달러로 급상승하였다. 1990년대 중반 이후 한국이 호주에 실행한 직접투자는 주로 에너지 자원과 천연자원의 안정적인 공급을 목적으로 행해진 것이다(Kwon and Oh, 2001). 하지만 아시아 금융위기의 여파로 한국이 호주시장에 실행한 직접투자액은 1999년에는 총 33건에 59백만 달러로 급감하였고 2001년에는 33건에 11백만 달러로

---

10) 한국의 대 호주 해외직접투자 동향은 약간의 시간적인 차이가 존재하기는 하였어도 1980~2010년 기간에 한국이 전 세계 실행한 직접투자와 0.8734의 높은 상관계수를 보이고 있어, 한국이 전 세계에 실행한 직접투자와 호주에 실행한 직접투자는 비슷한 발전방향을 보여주고 있다.

곤두박질하였다. 한국경제가 아시아 금융위기로부터 회복을 시작한 2002년부터 다시 대 호주 해외직접투자는 상승하기 시작하여 같은 해 30건에 62백만 달러를 투자하였다. 이런 투자증가 추세는 국제 자원시장에서 원자재 가격이 폭등 현상을 보이기 시작한 2000년대 중반부터 가속화되기 시작하였다. 즉, 2005년 76건에 1.1억 달러를 기록하였고 2008년에는 142건에 5.9억 달러 그리고 2010년에는 110건에 5.6억 달러를 투자하였다. 2000~2010년 기간에 한국은 호주에 20.3억 달러의 직접투자를 실행하였는데 이는 전체 한국의 해외직접투자금액 대비 비중의 약 1.5% 차지하는 것이다. 2000년대 들어 에너지 자원과 지하자원의 공급이 한국경제의 중요한 과제로 떠오르고 있기 때문에 절대적인 금액 면에서는 투자액이 증가하고 있기는 하여도 전체 직접투자액의 증가로 인해 호주가 차지하는 비중은 크게 변동을 보이지 않고 있다.

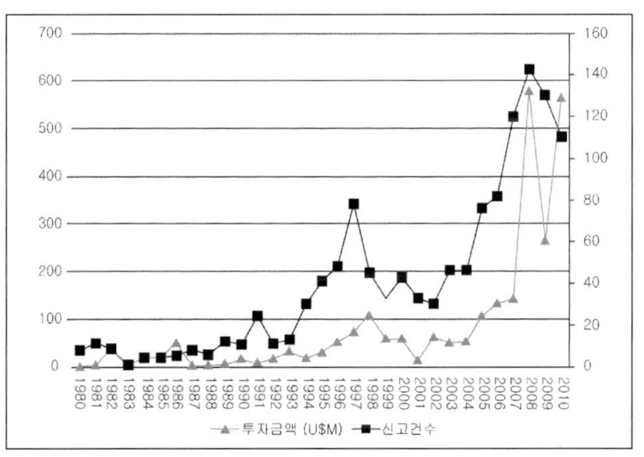

출처: 한국수출입은행

[그림 6] 한국이 호주에 실행한 직접투자 추이(1980~2010)

[표 9]는 1980~2010년까지의 한국이 호주에 실행한 직접투자의 산업별 분포를 보여준다. 2010년까지 총 2574.7백만 달러의 투자액 중에서 가장 비중이 높은 분야는 광업으로서 총 투자액의 57.2%가 이산업에 집중되어 있다. 서비스업은 총 투자액의 33.6%를 차지하고 있으나 제조업은 6.1%에 불과한데 이는 한국이 전 세계 시장에 실행한 직접투자가 서비스업(45.8%) 및 제조업(39.2%)에 집중된 형태와 완연히 다른 모습이다[표 10]. 이와 같은 투자형태는 어느 정도 예견되었다고 볼 수 있다. 교역형태에서와 마찬가지로 호주는 석탄, 철광석, 천연가스 등 지하자원에 비교우위가 있고 호주가 비교우위를 가지고 있는 이들 업종에 많은 직접투자가 집중되고 있으며 한국도 이런 면에서는 예외가 아니라고 할 수 있다.

[표 9] 한국이 호주에 실행한 직접투자의 산업별 분포(2010년까지의 누적)

업종대분류	신고건수	신규법인 수	신고금액(US $M)	송금횟수	투자금액(US $M)
농업, 임업 및 어업	3.9%	2.6%	1.7%	3.5%	3.1%
광업	21.3%	9.0%	60.9%	40.7%	57.2%
제조업	16.6%	19.2%	5.5%	10.7%	6.1%
서비스업	58.0%	69.3%	31.8%	45.1%	33.6%
도매 및 소매업	20.2%	26.7%	8.0%	14.6%	15.6%
금융 및 보험업	1.8%	0.5%	3.8%	0.9%	8.5%
부동산업 및 임대업	11.2%	8.2%	15.5%	9.3%	5.4%
기타서비스업	24.8%	33.8%	4.6%	20.2%	4.1%
기타산업	0.2%	0.0%	0.0%	0.0%	0.0%
	1,260	547	5,913	2,677	2,575

[표 10] 한국이 전 세계에 실행한 직접투자 산업별 분포(2010년까지의 누적)

	신고건수	신규법인 수	신고금액(US $M)	송금횟수	투자금액(US $M)
총계	111,965	51,179	244,346	178,969	165,866
농업, 임업 및 어업	1,786	806	1,617	3,459	942
광업	2,241	585	46,404	8,351	24,047
제조업	58,046	25,409	89,212	100,975	64,941
서비스업	49,382	24,216	107,044	66,010	75,876
도매 및 소매업	16,273	8,494	27,382	21,644	22,653
금융 및 보험업	1,277	556	19,861	1,183	13,530
부동산업 및 임대업	6,020	2,446	19,536	8,596	11,311
기타 서비스업	25,812	12,720	40,266	34,587	28,381
기타 산업	510	163	69	174	60

출처: 한국수출입은행 자료를 재정리

　　한국이 호주 내에 실행한 직접투자의 산업별 분포를 아시아 금융위기 이전과 그 이후의 시간을 구분하여 산업별 분포 형태의 차이와 변화가 발생하는지 관찰하였다. 아시아 금융위기 이전의 시기에 해당하는 1980~1999년까지는 [표 11], 그리고 2000~2010년의 기간은 [표 12]에 제시하였다.

[표 11] 한국의 호주 내 직접투자(1980~1999)

업종대분류	신고건수	신규법인 수	신고금액(U$M)	송금횟수	투자금액(U$M)
농업, 임업 및 어업	6.0%	3.8%	2.3%	4.2%	5.4%
광업	28.6%	11.4%	79.1%	58.8%	40.8%
제조업	20.6%	24.3%	2.8%	10.0%	7.1%
서비스업	44.1%	60.5%	15.8%	26.9%	46.7%
도매 및 소매업	25.2%	34.6%	10.8%	15.8%	33.6%
금융 및 보험업	0.2%	0.5%	1.8%	0.1%	7.1%
부동산업 및 임대업	1.2%	1.6%	0.6%	0.7%	0.6%
기타 서비스업	17.6%	23.8%	2.7%	10.4%	5.5%
기타 산업	0.7%	0.0%	0.0%	0.0%	0.0%
계	433	185	2,376	1,066	610

출처: 한국수출입은행 자료 재정리

[표 12] 한국의 호주 내 직접투자(2000~2010)

업종대분류	신고건수	신규법인 수	신고금액(U$M)	송금횟수	투자금액(U$M)
농업, 임업 및 어업	2.8%	1.9%	1.4%	3.0%	2.4%
광업	17.4%	7.7%	48.7%	28.7%	62.3%
제조업	14.5%	16.6%	7.3%	11.2%	5.8%
서비스업	65.3%	73.8%	42.6%	57.0%	29.5%
도매 및 소매업	17.7%	22.7%	6.1%	13.9%	10.0%
금융 및 보험업	2.7%	0.6%	5.1%	1.4%	9.0%
부동산업 및 임대업	16.4%	11.6%	25.4%	15.0%	6.9%
기타 서비스업	28.5%	39.0%	5.9%	26.7%	3.7%
기타 산업	0.0%	0.0%	0.0%	0.0%	0.0%
계	827	362	3,538	1,611	1,964

출처: 한국수출입은행 자료 재정리

1980~1999 기간과 2000~2010 기간에 한국의 대 호주 해외직접투자의 산업별 분포형태에는 현저한 변화가 발생한 것으로 관찰된다. 아시아 금융위기 이전 한국의 대 호주 투자는 433건에 누적 투자금액이 6.1억 달러에 불과한 실정이었다. 투자가 이루어진 산업 중에서는 도매 및 소매업을 중심으로 한 서비스업이 전체 투자액의 절반에 가까운 46.7%를 점유하고 있었고 뒤를 이어 광업이 40.8%의 비중을 보이고 있다. 호주가 상대적으로 자원 풍부국임에도 한국의 대 호주 직접투자가 도매와 소매업에 많이 집중된 이유는 한국의 수출을 직간접적으로 지원하기 위한 것이다. 고임금과 제조업의 발달이 상대적으로 빈약하여 비교우위가 낮다고 생각되는 호주의 제조업은 전체 투자금액의 약 7.1%의 비중을 점유하고 있다.

아시아 금융위기 이후의 기간인 2000~2010에 한국의 대 호주 직접투자는 전기 대비 3배 이상 증가한 19.6억 달러의 투자가 이루어졌고 증가한 많은 투자가 2000년대 들어 전 세계 자원가격의 급등과 이로 인한 증폭되는 자원시장의 불안정성과 이를 극복하기 위한 자원 자주 개발의 노력으로 광업에 집중되는 현상을 보이고 있다. 즉, 광업은 2000~2010년 기간에 투자액의 62.3%를 흡수하였고 서비스업 중에서는 도매 및 소매업의 비중이 급격하게 하락한 10% 선에 머물고 있으며 서비스업 전체가 30% 미만의 비중을 차지하고 있다. 특히, 2006년에 이루어진 한국의 대 호주 해외직접투자의 81%가 재벌기업에 이루어진 것이라는 점은 눈여겨볼 필요가 있다.

이 시점에서 한국의 호주 내 직접투자의 산업별 형태가 외국인들에 의한 직접투자의 산업별 분포형태와 어떤 상관이 있는지를 알아보는 것은 향후 양국 간 직접투자의 발전을 예측함에 있어서 중요하다. [표 13]은 2006/7~2009/10 회계기간 동안 외국인들이 호주 내에 실행한 직접투자 잔존 금액을 산업별로 보여주고 있는데 금융보험업이 전체 외국인투자 금액의 전반 이상 57%를 차지하면서 압도적으로 높은 비중을 차지한다. 뒤를 이어 광업이 전체 투자 잔존금액의 약 11% 정도를 차지하고 있으며 제조업도 위 기간 동안 약 6.5%의 비중을 기록하다.

[표 13] 호주의 외국인투자 산업별 분포

회계연도	광업	제조업	전기수도가스 사업	도소매업	금융보험업	기타산업	미분류	총계(백만 호주달러)
2006~2007	9.5%	6.4%	0.9%	2.6%	57.7%	7.4%	13.9%	1663001
2007~2008	10.2%	6.2%	0.9%	2.6%	57.6%	7.9%	12.2%	1741115
2008~2009	11.8%	6.7%	0.8%	2.7%	58.5%	8.1%	9.1%	1792394
2009~2010	11.6%	6.5%	0.8%	2.7%	55.9%	10.4%	9.9%	1973470

출처: 호주통계청(ABS Catalogue No. 5302.0 Table 84를 요약인용)

전 세계로부터 최근 유입되고 있는 직접투자가 호주의 금융보험업에 집중되고 있는 점과 비교할 때 한국의 최근 호주 내 직접투자가 광업에 집중되고 있다는 점은 주목할 만한 차이이다. 호주가 한국의 해외광업투자에 있어서 매력적인 이유로는 무엇보다도 풍부한 자원 매장량이라고 할 수 있다. 우라늄, 니켈 아연, 희토류, 탄탈 등은 경제적 매장량이 세계 1위에 달하고 있으며 철광석, 석탄, 동, 보크사이트, 금, 망간 등도 세계 6위권 이내에 들어가는 수준이다. 상대적으로 호주로부터의 수입량이 적기는 해도 천연가스 매장량과 석유 매장량에 있어서는 인도네시아 및 말레이시아와 비슷한 수준을 기록하고 있다. 두 번째 이유로는 정치적 경제적 안정성에 근거하여 투자에 대한 안정성과 투명성이 뛰어나며 건실한 인프라 기반을 보유하고 있다는 점이다. 특히 인프라 측면을 보면, 호주에서의 자원개발은 도로, 철도, 항만 등 기간시설의 확충이 동반하여 이루어지고 있기 때문에 건실한 인프라 기반의 구축으로 인한 생산비용이 절감될 가능성이 크다고 하겠다(김한성, 2006; 김한성 외, 2007). 세 번째로는 호주 정부의 적극적인 투자유치정책을 들 수 있다. 광활한 토지에 비하여 인구가 2,100여만 명에 불과해, 인구 규모가 절대적으로도 적은 편에 속하며 특히, 고령화의 진입으로 노동력이 부족이 심화되고 있기 때문이다. 네 번째로는 호주가 보유하고 있는 광산개발 기술력이라고 할 수 있다. 호주는 세계 광산기술개발 소프트웨어 시장에서 시장점유율 60%를 보유하고 있는 것으로 알려졌을 정도로 광산개발 기술력이 뛰어나기 때문에 광업에 대한 투자는 광산개발 엔지니어의 훈련과 기술전수에도 막대한 파급효과를 누릴 수 있다.

외국인들에 의한 한국 내 직접투자는 [표 14]에서 보는 바와 같이

[표 14] 한국 내 외국인 직접투자의 산업별 분포(1962~2010)

업종대분류	신고건수	신고금액	
		금액(백만 미국달러)	(%)
농·축·수산·광업	303	446	0.30%
제조업	15182	69871	40.30%
화공	2195	12063	17.30%
전기·전자	4552	23273	33.30%
운송용기계	1479	10158	14.50%
서비스업	33405	96587	55.60%
도·소매(유통)	21077	22445	23.20%
금융·보험	2065	30692	31.80%
부동산·임대	1076	10215	10.60%
비즈니스서비스업	4474	10134	10.50%
전기 가스 수도 건설업	781	6682	3.80%
기타			
총계	49671	173585	

출처: 산업자원부 외국인 투자 통계 DB

신고기준으로 서비스업이 965.9억 달러를 기록하여 55.6%를 차지하고 있으며 제조업이 698.7억 달러로 40.3%를 기록하여 직접투자는 이들 2개의 산업군에 집중되어 있다. 서비스업 가운데서는 금융보험업, 유통을 포함한 도매 및 소매업, 부동산 및 임대업과 비즈니스 서비스업 등이 높은 비중을 차지하고 있다. 제조업 중에서는 전기 및 전자, 화학공업 그리고 운송용 기계 순으로 높은 비중을 보이고 있다.

같은 기간 호주의 한국 내 직접투자는 [표 15]에서 보는 바와 같이 한국 내 외국인에 의한 투자와는 상당히 다른 산업형태를 보인다. 총 신고금액 19.1억 달러 가운데에서 서비스업이 15.8억 달러를 기록하여 82.7%를 차지하고 있으나 제조업은 3.2억 달러 16.7%에 불과하다.

[표 15] 호주의 한국 내 직접투자의 산업별 분포(1962~2010)

업종대분류	신고건수	신고금액	
		금액(천 달러)	(%)
농·축·수산·광업	1	20	0.0%
제조업	114	320026	16.7%
서비스업	273	1582180	82.7%
전기 가스 수도 건설업	6	10986	0.6%
기타			
총계	394	1913212	

출처: 산업자원부 외국인 투자 통계 DB

　　이런 직접투자의 형태는 [그림 7]에 주어진 바와 같이 한국이 자원 빈국인 점을 고려할 때 호주가 전 세계에서 실행한 직접투자의 산업별 분포와 매우 유사하다고 할 수 있다. 호주 통계청에 의하면 2010년 6월 말 현재 호주의 해외직접투자 잔존액은 11,902억 호주달러에 이르고 있는데 이 중 약 72%인 8589.4억 호주달러가 서비스 산업에 투자되어 있다. 뒤를 이어 광업이 1471.0억 호주달러로 12%의 비중을 차지하고 있으며 제조업은 67.1억 호주달러로 6%에 머물고 있다. 서비스업 중에서는 금융보험업이 서비스업 투자액의 96.6%로 압도적인 지위를 차지하고 있으며 다른 서비스업이 차지하는 비중은 상대적으로 미미한 편이다.11) 실제로 한국에 투자하여 영업하는 호주기업은 2011년 현재 총 111개 업체가 등록되어 있으며, 이들 중 12개 기업을 제외한 약 99개의 기업이 아시아 금융위기 기간 혹은 그 이후에 신고 설립되었다.

---

11) 호주의 통계청에 해당하는 ABS(Australian Bureau of Statistics)가 제공하는 국제수지표의 외국인투자 통계를 이용하여 산업의 대분류에 의한 투자통계만을 가지고 분석하였기 때문에 분석이 제한적이다.

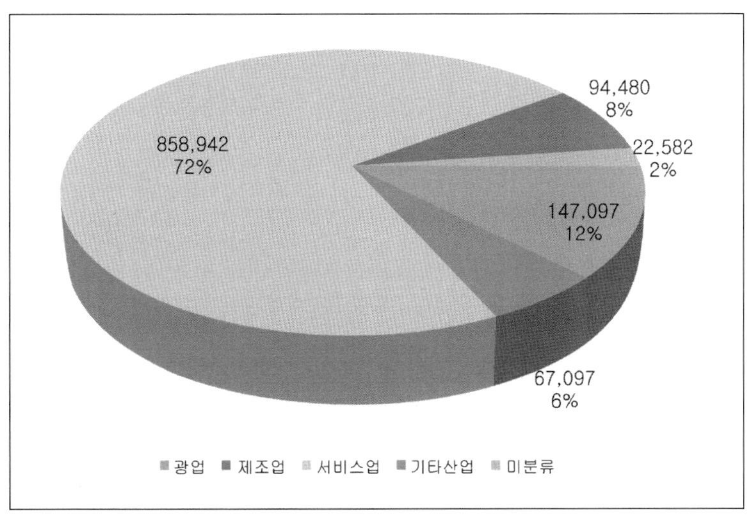

출처: 호주통계청(ABS Catalogue No. 5302.0 Table 84를 재편성하였음)

[그림 7] 호주의 해외에 실행한 직접투자 2010년 회계연도 말 잔존금액 기준
(백만 호주달러)

5. 토의

앞에서 한국과 호주 간의 교역과 직접투자관계를 분석에서 본 바
와 같이 한국과 호주는 경제구조적인 면에서 상호보완적인 관계를
가지고 있기 때문에 양국 간의 교역에 이런 측면이 강하게 반영되어
있고 이를 통해 양국 간의 교역이 점진적으로 심화되어 왔다. 그럼에
도 한호 자유무역협정의 체결이 단시간에 긍정적이고 막대한 경제적
인 영향을 가져다줄 것이라고 보기는 어렵다. 그 이유는 근본적으로
한국과 호주 양국 모두 자유무역의 신봉자로서 일방적 혹은 다자간
의 협상을 통해 관세 혹은 비관세 장벽의 인하 등 자유무역을 위한
노력을 지속적으로 경주하고 있기 때문이다.

한국의 입장에서 보면 농업 혹은 축산업 분야가 민감한 분야로 인식되고 있는데 이 분야는 호주가 상품교역에서 우수한 경쟁력을 가지고 있는 산업이기 때문이다. 하지만 농업과 축산업 분야도 이미 한칠레 자유무역협정을 통해 어느 정도 검증을 받은 분야(송송이, 2011)이기 때문에 한호 FTA가 한국의 농업과 축산업에 더 막대한 피해를 가져다줄 것이라기보다 오히려 타국 농산물들과의 자유스러운 경쟁을 유발하면서 소비자 가격의 하락을 유도할 수 있을 것이다. 또한 한호 FTA로 인한 농업피해가 크지 않을 것이라고 보는 이유는 한호 FTA 협상에는 한국이 지금까지 진행한 여타의 FTA 협상들과 달리 농업부문에 대한 내용을 구체적 명시적으로 다루고 있다는 것이다. 즉, 농업부문을 FTA 협상에 구체적으로 명시하였다는 것은 생산성이 높은 호주의 농업부문이 한국의 농업부문을 일정부문 보호하며 상생하려고 하는 노력을 반영하는 것이다. 다른 한편 호주가 제조업 분야 중 민감하게 생각하고 있는 섬유와 신발 산업은 이미 호주 정부의 지원 및 보조의 일환으로 보호되고 있음에도 불구하고 이들 산업의 관세가 하락하는 추세에 있을 뿐만 아니라 나아가 한국의 산업구조도 이미 이 산업 분야에서 어느 정도 탈피하여 고부가가치 산업을 바탕으로 한 교역의 형태를 보여주고 있기 때문에 한호 FTA를 통한 관세의 하락이 가져다주는 경제적인 효과는 생각보다 미미할 수 있다.

앞서 분석한 바와 같이 양국의 해외직접투자는 최근 들어 늘어나는 추세기는 하여도, 교역관계의 심화에는 미치지 못하는 소원한 편이라고 할 수 있다. 양국의 외국인투자에 대한 정책이 한국에서는 아시아 외환위기 이후, 호주에서는 이미 1980년대 이후 상당히 자율적인 기조라는 점을 고려할 때, 양국 간 해외 직접투자의 저조는 경제적인 요인보다는 비경제적인 요인들에 기인한다고 볼 수 있다.

한국의 입장에서 볼 때 호주의 국익을 우선시하여 투자건 별로 결정을 달리할 수 있는 투자정책은 다소 투명성이 결여되어 있는 것으로 보일 수 있다. 이는 한국의 대 호주 직접투자를 저해하는 요인으로 인식될 수 있다 하지만 이런 사항이 한호 FTA 체결을 통해 해결될 것이라고 보기는 어렵다. 즉 한국이 원하는 에너지 및 지하자원 투자에 걸림돌로 인식될 수도 있다. 나아가 한국의 입장에서 호주를 단순히 자원만을 위한 투자대상이라고 하는 시각을 제고할 필요가 있다. 본문에서 살펴본 바와 같이 외국인에 의한 호주 내 직접투자는 광업도 많은 비중을 차지하고 있지만 오히려 금융 및 보험업의 비중이 가장 높다는 점을 눈여겨볼 필요가 있다. 한국이 해외에 실행하고 있는 직접투자가 제조업뿐만 아니라 오히려 최근에는 금융 보험업 등에도 활발하게 이루어지고 있다는 점은 양국 간 직접투자 활성화에 기여할 수 있기 때문에 고무적이다. 또한 한국의 금융기업 혹은 관련기업들에 호주는 투자수익 측면과 더불어 선진화된 금융기법을 전수받을 수 있기 때문에 주요 투자대상국으로 부각될 수 있다. 호주가 해외에 실행하고 있는 직접투자는 금융이 압도적인 위치를 차지하고 있기 때문에 금융선진화, 동북아 금융허브 등의 정책을 추구하고 있는 한국은 매력적인 시장으로 인식될 수 있을 것이다. 최근 들어 호주의 직접투자가 금융에 집중되고 있다는 점은 이런 측면을 충분히 반영하고 있다고 할 수 있다.

그럼에도 상대적으로 호주의 한국에 대한 직접투자가 적은 것은 Kwon(2003)이 지적한 바와 같이, 아마도 한국의 사회, 문화 특히 기업과 노사관계 문화가 호주기업으로 하여금 한국 내 직접투자를 망설이게 할 수 있기 때문이다. 이는 오랜 양국 간의 친화적인 관계에도 상호의 이해 부족에 근거한다고 볼 수 있겠다. 한호 FTA는 이런 상호 간 이해부족 혹은 오해의 소지를 해소할 수 있는 좋은 기회가 될 것이다. 이를 통해 양국의 보완적인 경제 및 교역구조뿐만 아니라 기술생산적인 면에서의 상호보완관계도 가능하다고 인식할 필요가 있다. 즉, 호주의 의학분야, 환경 및 녹색 분야 혹은 교육분야의 첨단 기술 개발잠재력과 한국의 이들 첨단기술을 상업화할 수 있는 효율적인 생산기술이 상호보완적인 관계를 이룰 때 양국 모두 부가가치가 높은 생산활동을 추구하면서도 상호동반적인 관계를 형성할 수 있을 것이다. 나아가 한국은 동북아에서 중국시장 및 일본시장 진출을 위한 주요한 교두보 역할을 할 수 있다는 사실은 호주의 한국 내 직접투자 진출을 촉진할 것으로 생각된다. 이런 맥락에서 호주와 미국의 FTA 체결 이후 미국으로부터의 호주 내 직접투자가 늘었다는 것을 고려해 볼 때 한호 FTA를 통해 이와 유사한 결과를 초래할 수 있을 것이다.

6. 결론

최근 세계경제는 전 세계적 자유화 기조가 급격하게 추진되고 있으며 동시에 자유무역협정의 체결을 통한 블록화 및 지역무역주의의 팽창 등 비슷하면서도 상이한 성격의 자유무역주의 기조가 공존하고 있다. 앞선 절에서 우리는 한국과 호주 간의 교역이 1960년 초반 이후 지속적으로 증가하였고 또한 양국교역관계는 심화되고 있음을 알 수 있었다. 이는 자원 풍부국인 호주와 천연자원 및 에너지자원 빈국인 한국의 상호보완적인 관계가 만들어 낸 자연스러운 현상이라고 할 수 있다. 상호보완적인 경제관계를 유지하는 한국과 호주는 최근 들어 지식기반 경제구조하에서 둘 다 고부가가치 산업의 육성에 중점을 두고 있기 때문에 서로 충돌할 가능성이 있다는 우려의 목소리가 제기될 수 있다. 그럼에도 호주의 연구·개발(R&D) 능력과 이를 상업화할 수 있는 생산기술을 보유한 한국은 한호 FTA를 통해 서로가 'win-win' 하는 고부가가치 산업의 육성이 가능하게 된다.

한호 FTA는 단기간에 막대한 경제적 효과를 유발하기보다는 장기적으로 상호동반자 관계에서 발생하는 이익이 더 클 것이다. 즉, 한호 FTA의 체결은 단기 측면의 경제적인 효과보다도 장기적이고 동태적인 측면에서 양국의 경제, 기업 및 비즈니스 문화 그리고 노사문화를 올바르게 이해해 나가는 지렛대가 될 수 있을 것이다. 나아가 양국에 대한 올바른 이해가 더 큰 통합시장에서 경쟁을 통한 효율성 추구와 더불어 양국 간의 직접투자를 가져오는 계기가 될 것이다. 한국과 호주는 장기적이고 동태적 맥락에서 한호 FTA가 가져다줄 이익을 향유하기 위해서는 개방적이고 융통성 있는 경제구조와 경제정책의 투명성을 유지하여야 한다.

참고문헌

국문

고준성 · 이성봉 · 김관호. 2006.『한미 FTA와 투자』대외경제정책연구원.
권영민. 2011. "한미 FTS는 새로운 경기규칙이다."『월간 전경련』January 554: 22-23.
김한성. 2006. "호주 자원개발 확대에 따른 전략적 중요성."『KIEP오늘의 세계경제』06-06.
김한성 · 배희연. 2007. "호주의 자원개발 현황과 한국의 진출전략."『KIEP오늘의 세계경제』07-39.
송송이. 2011. "한－칠레 FTA 7년의 평가."『Trade Focus』10:14, 국제무역원.

영문

Australian Bureau of Statistics(ABS). 2011. "International Investment Position, Australia Supplementary Statistics 2010."Catalogue No. 53520.0.

Bishop, B. 2001. "Barriers to foreign direct investment in Korea and Australia."in Kwon, O.Y. and Shepherd, W. (eds). *Korea's Economic Prospects: From Financial Crisis to Prosperity*. London: Edward Elgar Publishing.

Cuevas, A., Messmacher,M., and Werner, A. 2005. "Foreign Direct Investment in Mexico since the Approval of NAFTA." *World Bank Economic Review*, 19(3): 473-488.

Fiorentino, R.V., Verdeja, L. and Toquebeuf, C. 2006. "The Changing Landscape of Regional Trade Agreements: 2006 Update." *Discussion Paper* No.12. Geneva.

Harvie, C. 2004. "The Australian-Korea Economic Relationship and Prospects for an FTA."*The Journal of the Korean Economy*. 5(2). 171-206

Hill, Hal and Jongwanich, Juthathip. 2009. "Outward Foreign Direct Investment and the Financial Crisis in Developing East Asia." *Asian Development Review*, 26(2): 1-25.

ITS Global and KIEP. 2008. *Australia-Republic of Korea Free Trade Agreement Feasibility Study*. April.

Kwon, O.Y. and Oh, I.S. 2001. *Korean Direct Investment in Australia: Issues and Prospects*. Centre for Korean Studies, Brisbane: Griffith University. Australia.

Kwon, O.Y. 2003. *"Foreign Direct Investment in Korea: A Foreign Perspective."* *Major Research Paper,* 2003 − 14. Korea Economic Research Institute.

Moon, H.C. 2007. "Outward Foreign Direct Investment by Enterprises from the Republic of Korea." In *Global Players from Emerging Markets: Strengthen Enterprise Competitiveness through Outward Investment*. New York and Geneva: United Nations. 93-106.

OECD. 2006. *Analysis of the Impact on Investment Provision in Regional Trade Agreements*. Paris: OECD.

Seo, J.S. 2003. "Real Exchange Rate and Inward FDI in the Crisis-Ridden Korea." In Suh, C.S. and Tcha, M.J. eds. *Korean Economy at the Crossroads*. Rutledge. (Chapter 8).

Seo, J.S. and Suh, C.S. 2006. "An Analysis of Home Country Trade Effects of Outward Foreign Direct Investment: The Korean Experience with ASEAN, 1987-2002." *ASEAN Economic Bulletin,* 23(2): 160-170.

Tisdell, Clem. 2004. "Australia's Economic Policies in an Era of Globalisation, Economic Theory, Applications and Issues." *Working Paper* No. 30. The University of Queensland.

Treasury. 1999. *Foreign Investment Policy in Australia: A Brief History and Recent Developments*. The Treasury, Canberra, Australia. Accessed 2011/06/20. <http://www.treasury.gov.au/documents/195/pdf/round5.pdf>.

은용수

1. 여는 말

미국과 소련의 양극대결로 점철되었던 40여 년간의 냉전 시대가 20세기 후반 종식된 후 국제환경은 큰 변화를 겪게 된다. 냉전 체계의 종식은 소련연방의 붕괴만을 의미하는 것이 아니라 새로운 국제환경의 조성을 의미하기 때문이다. 아시아태평양 지역은 그러한 변화와 역동성을 고스란히 보여주는 현장이다. 미국의 지배적 패권(hegemony)은 중국의 급속한 경제, 군사적 성장이라는 도전을 받고 있으며, 일본은 재무장[이른바 "정상국가화(normal statehood)"]을 위한 지속적인 시도를 꾀하고 있다. 아시아태평양 지역에서 벌어지는 강대국 간 힘의 정치와 경쟁구도는 이 지역의 안보를 불안케 하는 요인이다. 아론 프리드버그(Friedberg, 1993. 94, 2000), 토마스 크리스텐센(Thomas Christensen, 1999), 케네스 왈츠(Waltz, 2000), 존 미어샤이머(Mearsheimer,

2001) 등 많은 국제정치학자가 아시아태평양 지역을 분쟁의 "발화점"
으로 묘사한 가장 큰 이유는 이 지역의 불균형적인(혹은 "과도기적"
으로 변환하는) 지역질서 때문이다.

아시아태평양 지역의 중약국(small and middle powers)의 고민도 바
로 여기서 비롯된다. 강대국에 비해 외교적 역량이 떨어질 수밖에 없
는 이들은 강대국 간의 대결, 특히 미국과 중국과의 경쟁관계에서 위
험한 줄타기 외교를 하거나 안정된 편들기 외교를 하는 경향이 있었
다. 호주도 예외는 아니다. 오히려 호주의 경우 앵글로색슨이라는 문
화적 특성과 동아시아에 위치한 지리적 특성이 상충하여 다른 중약
국에 비해 그 고민의 정도가 더욱 컸다. 호주의 이중노선(dual-track)
외교정책은 이러한 환경에 대한 자구책인 것이다(Taylor, 2007). 한편
으로는 미국과의 군사동맹을 유지, 발전시키면서도 다른 한편으로는
동아시아 지역국가(특히 중국)와의 외교 및 무역관계를 확대해 오면
서 호주는 자국의 이득을 극대화하기 위한 외교정책과 전략을 지속
적으로 실행해 왔다. 정도의 차이가 있을 뿐 노동당 정부와 보수당
정부를 망라하고 호주는 역사와 지리(문화와 지역) 사이에서의 "타협
점"을 추구해 온 것이다(Tow, 2006a, 88).

본 글에서는 호주의 이러한 노력과 고민, 그리고 한계를 일반 독자
의 눈에 맞춰 살펴보고자 한다. 따라서 역사적 분석을 중점으로 논의
를 이어가면서 현상에 대한 이론적 해석을 덧붙이려 한다. 우선, 앞서
간략히 서술한 아태지역의 정세와 관련하여 그 변화와 현주소를 좀
더 깊게 짚어보는 것으로 글을 시작한다. 이를 통해 호주가 어떤 외
부환경에 처해 있는지를 알아본다. 본론에서는 논의의 초점을 호주의
외교관계에 맞춰 호주-미국, 호주-중국 관계를 특정 정부를 뛰어넘어

역사적으로 조사해 본다. 즉 노동당 정부와 보수당 정부를 아울러 호주-미국, 호주-중국관계를 분석할 것이다. 이를 통해 호주의 외교정책 및 실제 행위가 어떤 양상을 띠고 있는지 파악할 수 있을 것으로 기대된다. 결론에서는 호주의 이중노선 외교정책과 그에 따른 전략과 전술을 분석하고 그것의 시사점을 논하는 것으로 본 글을 마무리한다.

2. 아시아태평양지역의 현대 국제정치환경:[1] 냉전과 냉전 후의 변화

호주의 국제관계와 외교정책 행태를 파악하기 위해서는 호주가 어떤 국제환경에 속해 있는지를 알아보아야만 한다. 외교는 국가가 속한 국제환경에 대한 반응 혹은 대응이라 할 수 있기 때문이다. 소극적 반응이든 적극적 대응이든, 혹은 창조적 대안이든, 외교정책은 국가를 둘러싼 국제체제 및 외부조건에 대한 결정과 선택이라 할 수 있다.

20세기 초반부터 반세기 가량 지속된 냉전이라는 국제환경은 호주를 비롯한 전 세계 국가의 외교 및 안보정책의 메뉴를 단순화한 가장 큰 요인이었다. 미국과 소련 사이의 무력 및 이념 대결로 인해 국제사회는 양극화되었으며, 전쟁의 가능성과 전쟁을 위한 준비는 당시 국제정치의 지배적인 양상이었다(Jervis, 2002). 따라서 당시 외교정책은 경쟁적이고 위협적인 전략과 전술로 표출되었다고 할 수 있다. 예

---

[1] 본 글에서 아시아태평양 지역은 동아시아 국가와 태평양 지역에 위치하면서 동아시아 지역 관계에 영향력을 행사하는 국가를 포함하는 것으로 개념 정의한다. 좀 더 자세히 서술하자면, 아시아태평양지역은 동아시아 지역에 소속된 중국, 러시아(극동러시아 지방), 한국, 북한, 일본, 몽고, 브루나이, 미얀마, 동티모르, 인도네시아, 라오스, 말레이시아, 싱가포르, 말레이시아, 태국, 베트남과 함께 태평양 지역에 위치한 호주, 뉴질랜드, 미국으로 구성되는 것으로 본다.

를 들어 미국의 자본주의 진영에 속한 나라는 상호동맹과 제휴를 통해 소련 및 중국의 공산주의 진영을 대상으로 "봉쇄와 억지(containment and deterrence)"라는 대결적 외교전략을 구사하였다(Layne, 2006). 아래서 살펴보듯, 호주 역시 1951년 미국과 군사동맹을 맺고 아시아태평양 지역에서의 공산진영(중국 및 북베트남)의 영향력을 "봉쇄"하고 "억지"하기 위한 정책에 동참하게 된다(Wesley, 2007).[2] 냉전 시기 중 1950~1960년대는 특히나 자본주의 진영과 공산주의 진영 사이의 대치와 경쟁이 고조된 시기였다. 유럽에서는 미국과 소련 간의 대립이, 아시아태평양에서 미국과 중국 간의 대립각이 깊어지게 된다 (McDougall, 2007, 14-15). 양측의 대결은 1950년 발발한 한국전쟁을 통해 직접충돌로 이어지게 되었으며, 미국이 1963년 베트남 전쟁에 참전하면서 또다시 (간접적) 충돌이 발생하였다. 이런 가운데 중국과 소련 사이에 세력다툼이 발생하면서 중소 관계는 유화적 관계에서 적대적 관계로 바뀌게 되었고 동시에 일본은 경제 강국으로 재도약했다. 그러나 일본의 경제부흥은 군사력 강화로 이어지지 않았고,[3] 국가의 교전권을 영구히 포기함을 명기한 이른바 "평화헌법"을 갖추고 있었기에 당시 아시아태평양 지역의 "힘의 정치"에서 일본이 차지하는 비중은 제한적이었다(Beeson, 2001, 44-55).

1970~1980년에 들어서면서 아태지역의 국제정치에 중대한 변화가 발생한다. 미국과 중국 간 화해무드(데탕트, Détente)가 조성된 것이다. 당시 리처드 닉슨 미 행정부는 중국과의 관계 회복을 꾀했으며,

---

2) 그러나 한편으로 호주는 중국과의 관계수립을 위한 나름의 노력을 동시에 진행했다. 이에 대한 논의는 아래에서 좀 더 자세히 다뤄질 것이다.

3) 시게루 요시다(Shigeru Yoshida) 당시 일본 총리의 이른바 "요시다 독트린(Yoshida Doctrine)"을 기점으로 일본 정부는 국가정책 목표를 군사력 증강이 아닌 경제발전에 맞추게 된다.

이를 통해 소련과의 경쟁구도에서 유리한 고지를 점하려 했다. 중국이 1950년 후반 무렵부터 소련을 동맹국이 아닌 경쟁국으로 여기고 있었다는 점을 노린 것이다. 미국과의 유화적 관계를 중국이 갖게 될 경우, 중국은 미국이 아닌 소련과의 경쟁대결에 더욱 집중할 것으로 미국 정책결정자들은 계산한 것이다. 이러한 전략적 사고의 일환으로 닉슨 대통령은 1972년 베이징을 방문하였고, 양측은 상하이 코뮈니케(Shanghai Communiqué)를 발표하면서 양국의 공식적 외교관계 수립에 노력한다는 것을 천명한다.4) 이와 같은 강대국의 관계변화와 함께 1970~1980년대에 이뤄진 아태지역[특히, 동아시아 지역]의 경제발전이 맞물리면서, 이 지역의 중약국(small and middle powers)은 외교정책 운용에 있어 좀 더 큰 유연성을 갖게 되었다. 그러나 여전히 미·소 간 힘과 이념의 대결은 지속되었기에 그 한계는 여전하였다.

아무도 예상치 못한 국제정치 역학의 변화가5) 1989년을 기점으로 시작된다. 소련연방이 무너진 것이다. 이로 인해 기존의 외교정책은 재고되어야만 하는 환경이 마련된다. 무엇보다 강대국 간의 전면전·총력전(total war)의 가능성은 낮아졌다. 에반 루어드의 말을 빌리자면, 이 일은 국제정치 역사상 "가장 큰 변화를 가져온 단일 사건"이었다(Luard, 1986, 77).

냉전의 종식은 국제정치학상 많은 함의와 시사점을 내포하고 있다. 우선 전 세계적 차원에서 보자면, 냉전체제의 붕괴는 아이러니하게도 불안정한 외교정치환경의 도래를 의미한다고 볼 수 있다. 비록 냉전

---

4) 그럼에도 미국은 1979년이 되어서야 중국과 공식적 외교관계를 수립하였다.

5) 당시 국제관계를 연구하는 많은 학자들은 냉전의 종식을 예측하지 못 하였다. 이 대한 원인을 균형 잡힌 시각으로 논한 글로는 Gaddis(1992/93) 논문을 참조할 것.

의 종식으로 미국과 소련 간의 전면적 대결, 즉 전쟁 발발의 가능성
은 낮아졌으나, 지역적 차원에서의 전쟁 및 분쟁의 가능성은 오히려
더 커졌다고 할 수 있다. 즉 기존의 양극 대결구도가 무너지면서(다
시 말해, "힘의 균형"이 깨지면서) 국제체제의 불안정성은 커지게 되
었고 이와 맞물려 국가의 외교행위에 대한 예측성도 떨어지게 되었
다. "힘의 균형"이 이뤄졌던 양극체제의 냉전 시기에 만일 어느 한 쪽
이 전쟁을 일으킬 경우 그것에 수반되는 이득은 비용보다 크지 않거
나 오히려 작을 수 있고,6) 따라서 미국과 소련 어느 쪽도 섣불리 전
쟁을 고려하지 않았던 것이다. 또 두 세력으로 "힘의 균형"이 이뤄졌
다는 것은 대부분의 국가가 각 세력권에 맞춰서 행동하는 경향이 있
다는 뜻이며, 이는 상대의 외교행위에 대한 예측을 가능케 한다는 의
미이기도 하다. 이런 맥락에서 "오인(misperception)"에서 비롯된 전쟁
발발 가능성은 힘의 균형이 이뤄졌던 냉전 시기에 비교적 낮았다고 할
수 있다.7) 요컨대 양극적·균형적 국제정치 체제가 붕괴하였다는 것
은 그 체제가 수반하고 있던 이른바 "안정화 효과(stabilizing effects)"가
감소 혹은 상실했다는 것을 의미한다. 이는 외교정책 결정자들이 고
려해야만 하는 변수들도 더욱 복잡해지고 다각적으로 변하게 되었다
는 것을 시사하는 것이다.

이러한 불안정한 국제정치구조와 역동적 변화는 아시아태평양이
라는 지역적 차원에서 더욱 극명하게 드러난다. 무엇보다 이 지역은
정치경제제도 및 문화 정체성의 차원에서 유사함의 정도가 낮다고

---

6) 미소 양국은 엄청난 양의 핵무기를 서로 보유하고 있었고, 따라서 양국의 전쟁은 한 쪽의 절대적 승리로
끝나기보다는 양국 모두의 피해로 이어짐을 의미하는 것이기도 하였다(Jervis, 2009, 189-200).

7) 이러한 이유로 일부 국제정치 이론가(예를 들어 케네스 월CM 및 존 미어샤이머 등)는 양극체제의 국제정치
환경이 다극체제보다 안정과 평화유지에 더욱 유리한 환경이라고 주장하기도 한다. 자세한 논의는 Waltz의
1979년도 논문 pp.161-193 참조할 것.

할 수 있다. 1950년대부터 지속된 유럽경제공동체(European Economic Community)가 1993년 유럽연합(European Union)으로 확대되면서 유럽 국가 간 정치, 경제, 문화적 통합의 정도가 높아진 반면, 아시아태평양 지역의 국가는 여전히 상이한 제도와 이념을 고수하고 있다. 동아시아 지역 관계 전문가인 데이비드 강(David Kang)은 "부의 축적과 안보 보장이라는 (근대국가의) 기본적 가치 이외에 아시아를 공통으로 관통하는 매개체는 없다"라고 말한다(Kang, 2004, 170-180). 이런 맥락에서 아태지역을 "하나의 지역"으로 묶는 것이 과연 적절한 것인가라는 의문이 제기되기도 한다.8)

복잡한 지역주의 현실에 더해 아태지역을 둘러싼 국력(힘)의 불균형과 강대국 간 경쟁구도는 이 지역정세를 더욱 불안정하게 만든다. 미·소간 대결에서 승리하기 위한 전략적 고려의 산물이었던 미국의 중국을 향한 데탕트는 소련의 붕괴로 그 목적을 잃게 된다. 즉, 미·중간 화해무드의 바탕이 되었던 외부조건인 냉전이 종식되면서 데탕트의 필요성도 사라진 것이다. 이는 미국과 중국 사이에 경쟁과 대립의 "가능성"이 높아졌다는 말로 풀이될 수도 있다(McDougall, 2007, 34). 실제로 냉전체제가 무너진 직후 발간된 미 국방성 전략보고서에서

---

8) 예컨대 한국, 미국, 호주, 일본 등은 자유민주주의를 추구하는 반면 중국, 북한, 라오스, 미얀마 등은 일당권위주의체제(single-party authoritarian regime) 혹은 군사독재체제에 의해 통치되고 있다. 또, 같은 자유민주주의 체제 내에서도 미국과 한국은 대통령제를 운용하고 있으나 호주, 뉴질랜드, 일본 등은 의회제도를 실행하고 있다. 동시에 다양한 인종적 배경과 서구기독교 문화, 힌두 문화, 이슬람 문화, 불교문화, 유교 문화가 혼재되어 있다. 더욱이 일본의 식민통치에 따른 역사적 피해로 인해 생긴 관련국 간의 적개심은 아직까지 깊게 뿌리 박혀 있으며, 민족주의적 국민 정서 역시 눈에 띄게 감지된다. 물론 아태지역 국가 간 경제 및 정치적 통합을 높이려는 시도가 없었던 것은 아니다. 관련하여 ASEAN, ASEAN+3, APEC, EAS 등 아태지역 내 협력증진을 위한 지역기구들(regional institutions) 역시 존재한다. 그러나 이들은 유럽연합과 달리 지역통합을 위한 구심점 역할을 수행하고 있지 못하고 있다. 더 근본적으로는 아태지역의 지역주의(regionalism)를 어떻게 정의할 것인가를 놓고도 혼재적(나아가 대립적) 논의가 미국-중국의 경쟁구도와 연동하여 형성돼 있다. 예를 들어, 미국을 포함한 "열린 지역주의"와 미국(혹은 호주 등 유럽문화 국가)이 배제된 "닫힌 지역주의"를 놓고 학술적, 정책적 논쟁은 계속되고 있다(Buzan, 1998; Acharya, 2000; Beeson, 2003)

미국은 아시아태평양 지역의 주요 정책목표를 러시아(舊 소련)를 견제하는 것이 아닌 "지역의 새로운 패권국이 등장하는 것을 막는 것"으로 규정했다(US Department of Defense, 1992, 2). 냉전 후 현재까지 미국의 세계전략은 주요지역에서 지배적 역할을 수행하는 것이고(Layne, 2006), 현재 미국은 아태지역에서 패권을 쥐고 있지만(Ikenberry 외, 2009), 동시에 중국은 급속하게 경제력과 군사력을 확장하고 있으며(Fravel, 2008), 이를 미국은 "가장 큰 잠재적 도전"으로 인식하고 있다(US Department of Defense, 2006, 29). 더불어 2001년 미국 본토에서 발생한 9·11 테러 이후 미국은 "선제공격(pre-emption)"을 자국 안전보장의 중요한 수단으로 주창하면서 기존보다 더 독단적이고 강경한 대외정책을 운용했고, 중국은 미국을 견제하기 위한 목적으로 러시아와 중앙아시아 국가로 구성된 상하이 협력기구(Shanghai Cooperation Organisation)를 2001년 설립했다(Bailes 외, 2007). 한편 일본은 그간 유지해온 "평화헌법"을 수정하여 국가 교전권을 재확보하려는 시도를 늘리고 있으며, "국제문제에 좀 더 적극적이고 활동적으로 개입"하려 한다(Inoguchi, 2003, 8-14). 요약하자면, 국제적 차원에서 미국은 패권을 쥐고 있다고 할 수 있지만 아시아태평양이라는 지역적 차원에서 미국의 패권적 지위는 중국의 성장으로 점차 도전받고 있는 것이다. 국제정치학자들이 종종 아태지역의 정치환경을 "다극적"이고 복잡한 질서로 묘사하는 이유도 바로 여기에 있다(Friedberg, 1993/94; Ross, 1999; Kerr 외, 2007).

　우리는 지금까지 현대의 국제정치환경이 어떻게 지속과 변화를 거쳐 왔는지를 아시아태평양 지역에 초점을 두고 살펴보았다. 비교적 짧은 기간 동안 급변한 지역정세와 이 지역의 강대국 간 "힘의 정치"

가 호주를 포함한 비강대국들의 외교정책결정에 상당한 영향을 끼쳤다는 것은 의심의 여지가 없다(White, 2002; Bell, 2005). 그러나 이것이 약소국들의 외교정책은 외부환경에 의해 "결정"된다는 것을 시사하는 것은 아니다. 기실 동일한 국제환경에서도 상이한 외교정책이 추구되는 사례는 어렵지 않게 확인될 수 있다(Eun, 2011). 호주는 아태지역의 강대국인 미국과 중국 모두와 우호적 관계를 유지하기 위한 이중노선 정책을 추구해왔다. 아래에 이어지는 글에서는 이와 관련하여 좀 더 자세한 논의를 하고자 한다. "호주의 국제관계에 있어 가장 중요하다"고 여겨지는 두 나라인 미국과 중국(Wesley, 2007, 68-69), 이들 국가와 호주는 어떠한 외교관계를 유지해 오고 있으며, 어떠한 외교관계를 추구하려 하는지를 역사적으로 고찰해보자.

3. 호주의 외교관계: 호주에 가장 중요한 두 강대국과의 관계

1) 호주-미국 관계

"미국과의 동맹이 없었다면 호주는 아시아태평양 지역에서 영향력 없는 '미미한' 국가로 전락했을 것이다"라는 외교안보문제 전문가 폴 딥(Paul Dibb, 2007, 33)의 발언은 호주의 외교 및 안보에 미국이 차지하는 전략적 중요성을 간명하고도 솔직히 보여준다. 딥의 가정법을 현실에 맞춰 바꿔 말하자면, 호주는 미국과의 동맹을 통해 전략적으로 밀접한 관계를 유지하고 있고, 이는 호주의 국력을 높이는 절대적 요소로 작용한다는 의미이다. 즉 호주는 세계 초강대국인 미국의 지원을 통해 적대국으로부터의 위협에 적절히 대처할 수 있으며, 밀접한 동맹관계를 통해 미국이 보유한 군사정보 및 무기개발 기술에 대한 접근이 가능하다. 때문에 호주는 지역 및 국제 문제에 대해 목소리를 낼 수 있다. 이런 논리는 호주의 정부나 학계에서만 통용되는 것은 아니다. 70% 이상의 호주 국민 역시 호주-미국 동맹이 "가장 중요" 하거나 "상당히 중요" 하다고 느끼고 있다(Cook, 2005, 8-14). 다시 말해 호주는 미국이 수행하고 있는 아태지역에서의 역할을 긍정적으로 보고 있으며 이것이 호주 자국의 외교 및 안보에 긍정적으로 작용한다고 보는 것이다. 이는 양국이 문화적으로 유사하다는 점과 함께(Johnson 2007), 냉전이라는 국제안보환경을 관통하면서 체득한 호주의 외교 및 안보인식의 반영이라 할 수 있다(Ball, 2001; Tow 외, 2002; Edward, 2005).

호주의 외교 및 안보관계에 있어 가장 큰 역할을 하는 미국과의 군사동맹(공식명칭: 호주-뉴질랜드-미국 조약, ANZUS Treaty)은 1951년 체결되었다.9) 이 조약/동맹은 호주와 미국이 공통의 혹은 개별의 안보위협에 처했을 때 상호 협력하여 대처함을 명시하고 있다. 1940년 후반부터 맺어진 국가 간의 동맹은 냉전의 산물이라 할 수 있고, 호주-미국 동맹(혹은 한국-미국 동맹) 역시도 그 역사적 배경은 냉전의 양극대결이다. 제2차 세계대전 후 자본주의 진영에서는 공산주의와 공산권 국가의 확산을 가장 큰 "위협"으로 여겼으며, 호주 역시도 아시아에서의 공산주의를 자국 안보의 "위협"으로 인식하게 되었다(Ball,

---

9) 원문은 호주가 맺은 각종 조약을 온라인으로 문서화한 웹사이트에서 살펴볼 수 있다.http://www.austlii.edu.-au/au/other/dfat/treaties/1952/2.html(검색일: 2011. 5. 17). 참고로 1986년, 뉴질랜드는 자국 영해에 핵잠수함 및 핵무기 탑재 항공모함의 주둔을 거부하는 결정을 내리면서 삼자 간 방위조약에서 이름만 남고 실질적인 역할은 하지 않게 되었다.

2001, 255-257). 특히 1949년 중국 본토의 공산화와 1960년 초반 중국
의 지원을 받은 북베트남의 남베트남 통일은 이른바 공산주의 "도미
노 이론"의 현실화를 보는 듯한 현상들이었다. 한 나라의 정치체계 붕
괴 및 변형에 따른 파급효과는 주변국으로 강하게 옮아간다는 "도미
노 이론"은 당시 미국과 호주 모두가 공유하고 있던 안보인식이었다.
미국과 호주의 한국전쟁 및 베트남 전쟁 참전은 이런 공산주의 확산
의 도미노 효과를 막기 위한 행위였다고 할 수 있다(Edward, 2005). 더
욱이 당시 소련은 동유럽뿐 아니라 극동아시아 지역에서까지 그 영향
력을 행사하고 있었다. 소련은 인도양에 군함을 파견시켜 놓고 있었
으며 베트남에 군사기지를 확보하고 있었다. 이런 배경으로 호주는
소련과 중국에 대해 커다란 안보위협을 느끼게 되었으며, 이는 호주
를 미국에 의지(혹은 귀속)하게 하는 메커니즘으로 작동하게 된다. 서
호주대학(UWA) 마크 비슨(Mark Beeson) 교수의 말을 빌리면, 호주는
당시 미국을 "위대하고 강력한 친구"이자 "현명한 안보 보장자"로 여
겼던 것이다(Beeson, 2003a; 2003b, 393).

　이렇게 하여 제2차 세계대전 이후 호주의 외교 및 안보정책은 미
국을 중심으로 하는 지역안보구조(이른바 자전거 바퀴의 "축과 살"과
같은 모양의 안보체계, hub-and-spokes security architecture)에 속하게
되면서 운신의 폭이 좁아지게 되었으며, 이와 관련하여 호주의 대중
국 외교정책도 미국과 중국 사이의 관계 변화에 연동하는 측면이 있
었다. 이는 냉전으로 인한 자본주의 진영과 공산주의 진영 간의 긴장
이 가장 팽팽했던 1950~1960년대 사이에 더욱 그랬다.10)

---

10) 그러나 동시에 호주는, 미국과 함께 중국과의 관계 유지 및 발전을 위한 노력을 냉전이 종식된 이후는 물
　　론, 냉전 시기에도 기울여왔다. 자세한 논의는 아래에서 이어질 것이다.

　냉전의 종식은 호주에게 새로운 "기회"를 제공한다. 공산주의 진영의 몰락으로 도래한 새로운 국제환경에서 그간 유지해온 "봉쇄와 억지(containment and deterrence)" 전략은 유용성 차원에서 그 효용가치를 잃게 되었다. 미국을 호주의 유일한 "안보 보장자"로서 인식하게 하였던 냉전의 구도가 사라지면서 호주는 아시아태평양 지역의 핵심 행위자인 중국과의 관계 수립 및 발전의 필요성을 (재)확인하게 된다. 비록 냉전 종식 후 미국은 중국을 소련을 대치하는 "잠재적 위협"으로 여기고 있으나(US Department of Defense, 2006, 29) 호주는 지리적, 경제적 차원에서 중국과 유화적 관계를 유지하려고 하였다. 그 결과 호주-중국 관계는 급속히 발전한다.

　그러나 이것이 호주-미국 관계의 악화를 의미하는 것은 결코 아니었다. 냉전 후에도 호주는 여전히 미국을 가장 중요한 우방국으로 인식하고 있으며, 실질적으로도 미국에 대한 호주의 안보 및 무역 의존도는 높게 지속되고 있다(William 외, 2002). 이는 냉전의 양극대결이 종결되면서 미국이 세계 유일의 초강대국이 되었기 때문이기도 하고, 미국과의 양자동맹을 통해 호주가 실질적 이득을 취할 수 있기 때문이기도 하다. 이에 대해 좀 더 구체적으로 살펴보자면, 우선 경제적 차원에서 미국은 냉전 후 국제정치 체제에서 지배적 위치를 차지하고 있다. 예컨대 2006년 미국의 국내총생산(GDP)은 13조 2,450억 달러였고, 이는 전 세계 국가의 GDP에서 22% 이상을 차지하는 비율이었다. 당시 세계 2위의 경제규모를 가지고 있었던 일본은 겨우 7.4%를 차지하는 것에 불과했다(Keene, 2005, 67-69). 2011년 현재, 중국은 가파른 경제성장을 발판으로 일본을 제치고 세계 2위의 경제 대국의 자리를 차지하게 되었으나, 1인당 국민소득(GDP per capita incomes)

을 미국과 비교했을 때 중국은 미국의 20분의 1 정도의 수준밖에 되지 않는다(IMF, 2010). 경제력만이 미국의 지배적 위치를 보장하는 것은 아니다. 국제경제 및 무역과 관련된 규범과 제도가 미국 주도 (혹은 위주)로 결정된다는 점은 시사하는 바가 크다(Latham, 1997; Ikenberry, 2004). 세계화 시대에 이른바 "게임의 룰(rules of the game)"을 미국이 정한다는 것은 그 세계화에 영향을 받는 국가는 미국의 직/간접적인 영향력 아래 놓여 있다는 의미이기도 하기 때문이다. 경제 및 무역규범과 함께 미국을 세계의 지배적 국가가 될 수 있게 하는 또 하나의 요인은 바로 미국의 강력한 군사력이다. 일례로 미국이 국방비 명목으로 지출하는 비용은 중국, 일본, 독일, 러시아, 영국 등이 포함된 강대국 15개국의 국방비를 모두 합친 것보다 크다. 사실 미국의 국방비는 전 세계 국방비의 50% 이상을 차지한다(Shambaugh, 2004. 05, 65-68). 이와 함께 미국은 860개의 해외 군사시설을 세계 각국(46개국)에 설치해두고, "언제, 어디서든" 군사작전을 펼칠 준비를 하고 있다(US Department of Defense, 2004).

이처럼 미국은 냉전 이후에도 군사 및 경제력을 확장해왔고 이를 통해 현재 "국제정치의 패권을 쥐고 있다"고 할 수 있다(Ikenberry 외, 2009, 6-10).[11] 호주는 미국과의 동맹을 통해서 미국의 엄청난 물질적 힘을 활용할 수 있다. 즉 미국과의 밀접한 군사동맹을 통해 호주는 미국 정부가 보유한 고급 군사정보(예컨대 조기경보 시스템 정보 및 인공위성 정보 등)에 접근할 수 있으며, 우방국이 아니면 판매하지

---

11) 즉 2011년 현 시점에서 보자면 경제적, 군사적 차원 모두에서 미국을 대치할 국가가 없다는 뜻이다. 물론 미국이 향후에도 이러한 패권적 지위를 유지할 수 있을까에 대해 의문을 제기할 수 있다. 이에 대한 학술적 논의로 Krauthammer(2002); Bacevich(2002); Cox(2003); Ross 외(2008) 등의 글을 참고할 것.

않는 미국의 첨단무기를 구매할 수도 있다(Ball 2001, 250). 경제적으로는 호주-미국의 친밀한 외교관계를 바탕으로 미국이라는 거대시장을 안정적으로 확보할 수 있는 기회를 얻을 수 있다. 예를 들어 외국인직접투자(FDI) 차원에서 호주에 가장 많은 투자를 하는 국가는 바로 미국이다(Australian Department of Foreign Affairs and Trade, 2001. 9). 나아가 광대한 아시아태평양 지역에 위치한 호주가 자국의 안보 위협에 대처함에 있어 미국과의 군사동맹을 활용할 수 있다는 점은 아태지역에서 호주를 힘 있는 국가로 인식시켜주는 촉매제 역할을 하기도 한다(Dibb, 2003, 2007).

이러한 이유로 냉전 시기와 그 후 변화된 국제환경 속에서도 호주는 미국과의 밀접한 관계를 지속하려는 외교적 노력을 쏟았다고 할 수 있다. 예를 들어, 1980년 초반 호주에서는 자국 내에 있는 미국 군사기밀시설인 파인 갭(Pine Gap) 기지를 철수해야 한다는 여론이 노동당 지지자들을 중심으로 강하게 일었다. 그러나 당시 봅 호크(Bob Hawke)가 이끄는(1983~1991년 집권) 노동당 정부는 호주-미국 동맹의 중요성을 이유로 군사기지를 그대로 유지하였다(Ball, 1988; Tow, 1998).[12] 호주는 또한 냉전 후 미국이 주도한 세 개의 전쟁[1991년 걸프(Persian Gulf War) 전쟁, 2001년 아프가니스탄 전쟁, 2003년 이라크 전쟁]에 모두 적극적으로 동참했다. 호크의 뒤를 이어 집권한 폴 키팅(Paul Keating)의 노동당 정부(1991~1996년 집권)뿐 아니라 존 하워드(John Howard)가 이끄는 보수당 정부(1996~2007년 집권)에서도 호주는 미국 주도의 전쟁에 전투병을 파병하는 등 미국을 적극적으로

---

12) 현재 이 기지는 미국의 미사일 방어체제(MD)의 핵심 역할을 담당하고 있다.

지원하였다. 이는 미국과의 우호적 관계를 유지 및 강화시키기 위한 호주의 전통적인 외교정책의 반영이라 하겠다. 특히 호주 역사상 두 번째로 장기 집권한 존 하워드 정부하에서 호주는 미국을 향해 "절대적 공헌"을 하려 했으며(McPhail, 2007, 3),[13] 국내외의 거센 비난여론에도 불구하고 미국의 이라크 침공 이전부터 "자발적"으로 협조한 바 있다(O'Neil, 2003, 541).[14] 또 하워드 총리는 임기 내에 미국과 자유무역협정(FTA)을 체결하기 위해 워싱턴을 직접 방문하기도 하였으며 그 결과 2004년 5월, 양국 간 자유무역협정이 체결되었다. 이러한 차원에서 전문가들은 "호주가 영국 및 이스라엘과 함께 미국의 최대 우방국 목록에 포함되었다"고 분석하기도 했다(Dibb, 2003, 2007; Lyon, 2005; Edward, 2005). 실제로 커트 캠벨(Kurt Campbell) 미국 국무부 아태지역 담당 차관보는 "호주는 아시아 지역의 영국이다"라고 발언하면서 미국-호주 관계가 더욱 심화발전 되었음을 확인해주었다 (Hartcher, 2005, 11).

하워드의 보수당 정부를 뒤이어 집권한 러드-길라드(Rudd-Gillard) 현 노동당 정부 역시 호주-미국 동맹을 지속적으로 중시한다. 물론 아시아 지역국가(특히 중국)와의 외교 및 경제적 연결고리를 확장하려는 노력이 증대되고 있지만, 미국과의 밀접한 관계유지를 위한 외교적 노력도 현 노동당 정부에서도 강하게 나타난다. 예컨대 2009년도에 노동당 정부가 발행한 국방백서(Defence White Paper)에서는 지난

---

13) 1999년 *The Bulletin*과의 인터뷰에서 하워드는 "호주는 미국의 부사령관(deputy sheriff for the United States) 역할을 아태지역에서 수행할 것"이라고 말하여 동남아 국가의 비난을 산 바 있다. 좀 더 자세한 논의는 Brenchley(1999)을 참조할 것.

14) 참고로 밝히자면, 호주와 달리 캐나다와 독일은 미국과 양자 혹은 다자 군사동맹을 맺고 있음에도 이라크 전쟁에 공개적으로 반대하거나 혹은 공개적으로 지지를 표명하지 않았다.

하워드 정부에서 추구된 외교정책과의 차별화를 시도할 것을 밝히고 있으면서도 "미국과의 동맹에 충실할 것"을 재확인하고 있다. 나아가 백서는 "아시아태평양의 지역안정은 미국의 지역적 참여 및 이 지역 국가가 미국과 맺고 있는 안보동맹을 통해 최상으로 보장 될 수 있다"고 주장하기도 한다(Australian Department of Defence, 2009, 50, 93-96). 이에 윌리엄 토우(William Tow) 호주국립대 교수는 케빈 러드(Kevin Rudd) 노동당 정부하에서의 호주-미국 관계를 "여전히 최상의 관계(Tow, 2006b, 3)"라고 분석한 바 있으며, 유사한 맥락에서 데니스 필립(Dennis Phillips 2008) 시드니 대학 교수는 "호주의 경우 어느 정당이 집권하는 것과 관계없이 미국과의 동맹에 대한 강한 충성도(loyalty)를 의심 없이 보인다"라고 말하기도 했다.

국가 간 동맹 관계를 연구해온 스테판 월트(Stephen Walt) 하버드대학 교수는 "양국이 공통으로 인식하던 안보위협이 사라지면 동맹은 약화되거나 해체된다"라고 말한다(Walt, 1997, 163). 명제같이 들릴 수도 있는 그의 해석은 호주의 경우에 있어서는 적용되지 않는다. 냉전 시대 양국이 공유한 위협(공산주의 확산)은 더 이상 존재하지 않으며, 호주가 아태지역에서 직면한 지역적 위협은 미국이 세계 전략적 차원에서 인식하는 위협과 정확히 일치하지 않음에도 호주-미국 동맹은 지난 50년간 긴밀하게 유지되었고 나아가 심화되었다. 이런 이유로 우리는 향후 양국관계에 대한 긍정적 전망을 할 수 있을 것이다. 그러나 이것이 호주의 미국에 대한 절대적 의존을 의미하는 것은 결코 아니다. 게다가 호주-미국 관계에 부정적 영향을 미칠 수 있는 현상과 요인들 (예컨대 미국과 중국 사이의 세력경쟁과 같은 문제들)

역시 무시할 수 없다. 본 글의 마지막 섹션에서 자세히 다룰 예정인
이런 도전적 이슈들에 호주가 어떻게 대처하는가에 따라 호주-미국
관계의 방향은 달라질 것이다.

2) 호주-중국 관계

앞서 살펴본 바와 같이, 제2차 세계대전 이후 호주의 외교 및 안보
정책에 가장 결정적인 영향력을 행사한 국가는 미국이었다. 그러나
아시아태평양 지역에 자리 잡은 호주는 중국을 무시할 수 없었다. 기
실, 호주는 1949년 국공내전(國共內戰) 후 등장한 중국의 국제무대 등
장 이래로 중국과의 외교관계를 공식적으로 수립하고 그 관계를 확
대하려는 지속적인 노력을 쏟아왔다. 이는 냉전이 종식된 이후 중국
의 급속한 경제성장이라는 배경 아래서 더욱 분명히 드러나지만, 냉
전이 진행되던 기간에도 역시 포착되는 특징 중 하나다. 호주의 외교
정책 전문가인 마이클 웨슬리(Michael Wesley)는 호주의 외교 및 지
역 관계를 움직인 "원동력"은 미국과 중국, 그리고 그들 사이의 관계
였다고 말한다(Wesley, 2007, 61). 물론 냉전 시기 호주의 대(對) 중국
외교정책은 미국의 대중정책과 맞물려 기복을 달리한 측면이 있었다.
예를 들어, 미국의 닉슨 행정부가 중국을 향한 유화정책을 펼친 이후
에야 비로소 호주는 중국을 국가로 공식인정하고 관계정립을 시작했
다(Tubilewicz, 2010). 그러나 좀 더 면밀히 살펴본다면, 중국과의 관계
정상화 및 외교, 무역관계 확대를 위한 호주의 크고 작은 노력은 그
이전부터 존재했음을 알 수 있다. 그리고 이는 냉전이 종식되면서 조
성된 새로운 국제환경에서 본격적인 결실을 맺게 된다.

제2차 세계대전 이후 호주는 일본의 재기(resurgence)를 가장 두려워했으나, 미국-호주 간 군사동맹이 체결되면서 일본에 대한 경계심은 사라지기 시작했다(Dibb, 2007, 34). 대신, 1949년 중국 본토가 공산화되면서 미국의 자본주의 진영에 속한 주변국은 긴장하게 되었고, 결국 전쟁이라는 직접대결로 이어졌다. 호주는 1950년 한국전쟁에 참여하여 북한 및 중국군과 싸웠으며, 1955년 말레이시아에서 중국의 지원을 받는 공산게릴라들과 전투를 벌였고, 1965년 공산화의 확산을 막고 미국을 지원하기 위한 목적으로 베트남 전쟁에 참여하게 된다. 그러나 이런 가운데서도 호주 내부에서는 중국을 인정하고 관계를 수립해야 한다는 목소리도 있었다. 호주의 국익을 위해서는 아시아태평양 지역국가와의 협력적 관계가 필요하며, 이는 중국을 빼놓고 말할 수 없었기 때문이다. "호주가 중국을 공식적으로 인정하는 것은 지혜롭고도 필수적이다"라는 리처드 캐시(Richard Casey) 당시 호주 외무장관의 발언은 이런 맥락에서 이해될 수 있다. 그러나 호주 정치권의 시각은 미국의 대중국 강경책에 밀려 실현될 수 없었다. 존 포스터 덜레스(John Foster Dulles) 당시 미국 국무장관은 1951년 호주를 방문하면서 미국의 강압적 대중정책을 호주가 따라 달라고 요청하기도 하였다. 나아가 호주는 미국과의 군사동맹을 체결함에 있어서 영국을 포함한 3자 동맹을 제안했으나 미국의 반대로 무산되었다. 그 이유는 영국이 미국의 반대에도 중국을 공식적으로 인정하였기 때문이다(Cumpston, 1995; Ungerer, 2007). 결국 미국의 요청과 요구에 따라 호주는 양자 군사동맹을 수립하고, 아시아에서의 공산주의 확산을 막기 위한 외교 및 안보정책을 실행해 왔다. 한국 전쟁 및 베트남 전쟁의 참여는 그 일환이었다.

이처럼 냉전 시기(특히 1950~1960년대) 호주의 지역 관계는 미국을 중심으로 하는 안보(보장)체계라는 큰 틀에서 운용되는 측면이 있었고, 이에 따라 호주의 당시 대중국 외교의 폭은 제한적이었다. 그러나 다른 한편에서 호주는 양극대결의 시기에도 중국과의 외교, 무역 관계 개선을 위한 작업들을 진행했다. 심지어 한국과 말레이반도에서 중국군(혹은 중국의 지원을 받는 게릴라)과 전투가 벌어지고 있던 1950~1960년에도 중국과의 무역거래는 활발히 이뤄졌다. 그 결과 1961년도에는 중국이 영국을 제치고 호주의 가장 큰 곡물수출 시장이 되었고,15) 1967년에 이르러 중국은 호주의 3번째로 큰 수입시장으로 자리매김하게 된다16)(Wesley, 2007, 64).

일견 상충되어 보이는 호주의 이런 대중국 관계는 호주 내에서도 논란거리가 되었으며, 당시 호주의 자유-국가 연합정부(Liberal-Country Party Coalition Government) 내부의 불협화음을 만들어낸 원인이 되기도 하였다(Cumpston, 1995). 특히나 1970년 중국은 국제연합에 정식으로 가입했고, 캐나다는 중국을 공식적으로 인정하였다. 이런 배경하에서 중국은 호주보다 캐나다를 무역상대국으로서 더 선호하게 되었고, 이에 중국을 어떻게 대할 것인가에 대한 호주의 고민은 더욱 깊어갔다. 이런 가운데 중국과의 관계정상화 필요성을 주창한 고프 휘틀람(Gough Witlam) 당시 호주 노동당 대표는 대표단을 구성하여 1971년 베이징을 전격 방문한다. 이로 인해 호주 내에 논란은 더욱 커졌으나, 미국이 닉슨 행정부 아래서 중국과의 해빙무드(데탕트)를 시도하면서 그 논란은 잠잠해지게 된다(William Burr, 2002)17) 결국

---

15) 예를 들어, 1962년 호주에서 생산된 밀 중 30%가량이 중국에 수출됐다.

16) 당시 호주의 가장 큰 수입시장은 일본이었고, 서독과 중국이 그 뒤를 각각 이었다.

1972년 휘틀람이 이끄는 노동당 정부하에서 호주는 중국과의 "공식
적"인 외교관계를 수립하기에 이른다.

호주와 중국 간 공식외교수립 이후, 양국관계는 급속히 발전하였
다. 휘틀람의 노동당 정부는 물론이고 그 뒤를 이은 맬컴 프레이저
(Malcolm Fraser) 보수당 정부(1975~1983년 집권) 역시 호주-중국 간
민간교역의 중요성을 인지하고 있었으며, 이를 위해서는 정부와 정부
간의 긴밀한 관계유지가 필요하다는 것을 잘 알고 있었기 때문이다.
이런 시각은 정도의 차이가 있을 뿐, 프레이저를 뒤이어 들어선 호크-
키팅(Hawke-Keating) 노동당 정부, 존 하워드(John Howard) 보수당 연
합정부, 러드-길라드(Rudd-Gillard) 노동당 정부에서도 지속된다. 시기
적으로는 1970년 후반부터 덩샤오핑이 중국의 개혁개방 정책을 실행
하면서부터 호주-중국 관계는 더욱 밀접해지기 시작했다고 볼 수 있
다(Cumpston, 1995; Goldsworthy, 2001).

1989년은 특히나 호주-중국 관계에 있어 매우 중요한 해라고 할 수
있다. 그 해를 기점으로 냉전체제의 양극대결은 동구권 공산주의 진
영의 몰락으로 막을 내린다. 또 같은 해 중국의 지원을 받던 베트남
군이 캄보디아에서 완전히 철수했다. 이러한 외부환경의 변화로 인해
호주는 중국과의 연대를 깊이 있게 이어갈 수 있게 되었다. 그러던
중 같은 해 6월, 천안문 사태가 발생했다. 민주화를 요구하던 중국 학
생들과 시민을 중국 정부가 군을 동원하여 강제 진압하였고, 그로 인
해 수천 명의 사상자가 발생했다. 중국을 향한 국제사회의 비난은 거
셌으며 호주도 이에 동참했다. 봅 호크(Bob Hawke) 당시 호주 정부는

---

17) 휘틀람의 중국방문 시기에 헨리 키신저(Henry Kissinger) 당시 미국 국가안보 보좌관 역시도 비밀리에 중
　　국을 방문하여 리처드 닉슨 대통령과 덩샤오핑(鄧小平) 중국 국가주석과의 정상외교를 준비했다.

중국 고위인사의 호주 방문 금지, 국제연합의 중국 비난성명 지지 등, 중국에 대한 제재조치를 취했다. 그러나 호주의 대중국 제재는 오래가지 않았다. 6개월도 지나지 않아 호크 정부는 중국과의 양자관계를 다시 정상화시켰으며, 이런 조치에 대해 호크가 속한 노동당이나 반대파인 보수당이나 큰 불만을 표출하지 않았다.18) 양당 모두 호주의 국제관계 및 경제발전에 있어 중국의 중요성을 잘 인식하고 있었기 때문이다. 그리하여 양국 무역관계는 천안문 사태와 뒤이은 제재조치 하에서도 지속되었으며, 1992년에는 중국고위층 인사의 방문금지 조치가 풀려 중국 부총리가 캔버라를 방문하였다(Evans 외, 1995; Goldsworthy, 2001).

이와 같은 호주의 대중국 외교관계 유지 및 발전을 위한 노력은 존 하워드의 보수당 정부(1996~2007년 집권)에서도, 그 뒤를 이은 현 러드-길라드 노동당 정부하에서도 이어지게 된다. 물론 전통적으로 호주의 보수당 정부는 미국을 안보전략적 차원에서 가장 중요한 국가로 여기는 측면이 있다. 또, 앞서 살펴본 바와 같이 하워드 정부는 2003년 이라크 전쟁을 적극 지지하고 동참하는 등 미국의 핵심 외교안보 정책과 그 궤를 같이하기도 했다. 그러나 이것이 중국을 적대시하고 중국의 영향력과 중요성을 간과했다는 것을 의미하는 것은 결코 아니다. 비록 집권 초반부의 하워드 총리는 미국 편향적인 태도를 보였으나,19) 중국과의 우호적 관계 유지 및 발전을 위해 점차적이면

---

18) 이에 반해, 천안문사태 이후 다시 얼어붙게 된 미국-중국 관계는 쉽사리 풀리지 않았으며, 미국의 대중국 재제는 1997~1998년 양국 정상의 상호방문이 있기까지 지속되었다(Cohen, 2010).

19) 하워드 정부가 들어선 1996년, 대만해협 위기가 발생한다. 리덩휘(李登輝) 당시 대만 총통이 대만의 실질적 독립을 추구하면서 국민투표를 시행하려고 하자 이에 반발하여 중국은 미사일 발사와 상륙작선 연습을 실행하였고 이에 대응하여 당시 미국의 클린턴 행정부는 2대의 미 항공모함을 대만해협에 급파하면서 아시아태평양 지역의 긴장은 고조되었다. 이런 가운데 하워드 정부는 미국의 항모 파견에 찬성하고 미국 측을 지지하였고, 중국 정부는 이에 대한 심각한 우려를 표명하게 되었다. 1996년 대만해협 위기에 관한 좀 더 자세한 학술논문으로는 로버트 로스(Robert Ross)의 2000년 글(pp.87-89) 참조.

서도 지속적인 노력을 쏟았다. 예를 들어, 하워드 정부는 중국의 인권 문제에 대해 묵인했고, 대만에 위협이 될 수 있는 중국의 반국가분열법(Anti-secession Law, 2005년 제정)에 대한 어떤 입장도 표명하지 않았다(Wesley, 2007, 72). 이것은 중국의 중요성을 염두에 둔 호주의 계산된 외교전략이라고 할 수 있다. 결국 하워드는 후진타오(胡錦濤) 중국 국가주석을 호주에 초청하는 데 성공하였고, 당시 정상회담(2003년 10월 24일)에서 하워드와 후진타오는 양국관계를 "전략적" 관계로 격상시키는 문제를 논의하였다(Zhang, 2006, 90-109). 이것이 결실을 맺어 2007년 9월, 두 나라는 외무장관급 전략대화를 설치했다. 경제 및 안보문제에 관한 고위급 대화채널이 호주와 중국 간에 마련된 것이다. 그리고 2008년 2월 5일, 케빈 러드 노동당 정부하에서 양국의 전략대화가 각국 장관의 주재로 이뤄졌고, 당시 회의에서 스테판 스미스(Stephen Smith) 호주 외무장관(현 국방장관)은 "하나의 중국 정책(One-China Policy: 대만을 독립국으로 인정하지 않고 중국 본토를 중심으로 합법적인 중국은 하나라는 원칙)"에 대한 지지를 표명하였다.[20] 특히 2007년 11월 24일 호주 총선에서 승리하여 노동당 정부를 세우고 최근까지 호주 총리 자리를 지켰던 러드는 중국 북경대학 국제관계대학원에서 박사 학위를 받았고, 중국어에 능통한 중국 전문가로서 그의 첫 해외순방의 목적지는 중국이었다. 가장 큰 무역대상국으로서 중국은 호주에게 없어서는 안 될 존재가 됐기 때문이다. 물론 러드는 친(親) 대중외교를 추구하면서도 미국의 중요성을 결코 간과하지 않았다. 앞서 지적했듯, 그가 이끄는 노동당 정부하에서 발간된

---

[20] 참고로 호주는 중국과 공식적 외교관계를 수립한 1972년 이래로 "하나의 중국 정책"을 지속적으로 지지해왔다.

국방백서에서 "미국과의 동맹에 충실할 것"을 명확히 밝히고 있다. 러드를 뒤이은 같은 당 출신인 줄리아 길라드(Julia Gillard) 현 호주 총리 역시 한편으로는 미국과의 동맹관계를 중시하면서도 다른 한편으로는 중국과의 관계를 확대, 발전시켜야 한다는 입장을 취하고 있다. 이는 호주가 지난 50년간 지속해온 이중노선 외교정책의 한 부분이라 할 수 있겠다.

[표 1] 세계대전 후 호주의 대미, 대중외교 관련 주요 이슈

총리	정당	재임 기간	대미외교	대중외교	관련 국제사건
로버트 멘지스 (Robert Menzies)	자유 (보수)당	1949~1966	−1950년, 유엔국으로서 한국전쟁 참전 −1951년, 미국과 동맹(ANZUS) 체결 −1965년, 베트남전 참전	양국 무역거래 증진(예: 1961년 중국은 영국을 제치고 호주의 가장 큰 곡물수출 시장이 됨)	−제2차 세계대전(1939~1945) −한국 전쟁(1950~1953) −베트남 전쟁(1955~1975)
고프 휘틀람 (Gough Witlam)	노동당	1972~1975	1975년, 베트남전에 파병된 호주군 철수	1972년, 공식적 외교관계 수립	1972년, 미중 정상회담 개최
봅 호크 (Bob Hawke)	노동당	1983~1991	1990년, 미국 주도의 걸프(Gulf) 전쟁 지지 및 참전	−천안문 사태에 따른 대중국제재 조치 실행 −양국 간 무역거래 지속 및 확대	−1989년, 천안문 사태 발생 −1990년, 베를린 장벽 붕괴
존 하워드 (John Howard)	자유 (보수)당	1996~2007	−2001년, 미국 주도의 아프가니스탄 전쟁 지지 및 참전 −2003년, 미국 주도의 이라크 전쟁 지지 및 참전	−2003년, 양국 정상회담 개최 및 "전략적" 관계수립 합의	−2001년, 미국 9·11 테러 발생 −2002년, 인도네시아 발리 테러 발생
케빈 러드 (Kevin Rudd)	노동당	2007~2010	호-미 군사동맹을 강조한 '국방백서' 발행	−2008년, 양국 간 외무장관급 전략대화 개최 −첫 해외순방지로 중국 선택	2010년, 중국이 일본을 제치고 세계 2위의 경제 대국으로 부상

4. 호주의 이중노선(Dual-track) 외교정책과 시사점

지금까지 살펴본 바와 같이, 호주는 미국과 중국 양측 모두와 우호적인 외교관계를 유지하고 있다. 이것은 호주 정부가 미국과 중국, 각국과 친밀한 관계를 형성하고 발전시키기 위한 외교정책을 지속적으로 추구해왔다는 의미가 된다. 그 밑바탕에는 호주의 국익 증대라는 논리가 자리 잡고 있다. 미국은 세계적 차원에서 패권을 쥐고 있는 초강대국이다. [표 2]가 보여주듯이 미국의 군사력에 대응할 수 있는 국가는 현재 없다.

미국과의 동맹관계 강화를 통해 호주는 미국의 군사정보에 대한 접근 및 최첨단 무기구매라는 실질적 이득을 취할 수 있을 뿐만 아니라, 미국으로부터의 안전보장도 확보할 수 있으며 나아가 아태지역에서 "영향력 있는" 국가로 인식될 수도 있다. 호주의 정책결정자와 학자들이 미국과의 동맹을 호주 외교안보의 "중추"로 여기는 이유도 바

[표 2] 세계 강대국 군사력 비교

(단위: 백억 미국달러, 2006년 기준)

	국방비	전 세계 국방비에서 차지하는 비율(%)	GDP 대비 국방비 지출 비중(%)	국방 관련 연구투자비
미국	528.6	46	4.1	75.5
중국	49.5	4	2	n.a.
일본	43.9	4	1	1.1
독일	36.9	3	1.4	1.1
러시아	34.7	3	4.1	n.a.
프랑스	53	5	2.5	3.9
영국	59.2	5	2.7	4.4

출처: *The 15 Major Spending Countries in 2006*, Stockholm International Peace Research Institute, http://www.sipri.org/contents/milap/milex/mex_data_index.html

로 여기에 있다(Ball, 1988; Dibb, 2007). 그러나 동시에 미국만이 호주 국익에 절대적이라고 할 수 없다. 아래 [표 3]과 [그림 1]에서 볼 수 있듯, 중국은 이미 일본을 제치고 호주 최대의 무역상대국이 됐다. 2011년 현재 중국은 호주의 가장 큰 수출 및 수입시장이다. 1973년 고작 1억 호주달러 가량이던 양국의 무역규모는 2010년, 970억 호주 달러로 급증했다. 현재 호주 수출상품의 25%가량이 중국으로 향한다. 동시에 중국은 호주의 철광석과 천연가스 등 천연자원에 대한 투자 를 늘리고 있다(Australian Department of Foreign Affairs and Trade, 2011, 1). 이와 더불어 호주의 전체 무역 70% 가량이 이뤄지는 동아시 아 지역(미국 제외)에서 중국의 영향력은 경제분야를 넘어 정치안보 분야로 급속히 확대되고 있다(Shambaugh, 2004/05; Zhang, 2006).

[표 3] 호주의 대(對) 중국 무역관계 주요지표

(2010년, 단위: 백만 호주달러)

	수출	수입	총 무역량
	58,340	39,249	97,589
호주의 대외무역에서 중국이 차지하는 비율	25.3%	18.7%	22.1%
호주의 무역상대국 중에서 중국의 순위	1위	1위	1위

출처: 호주 외교통상부 'China fact sheet', http://www.dfat.gov.au/geo/fs/chin.pdf.

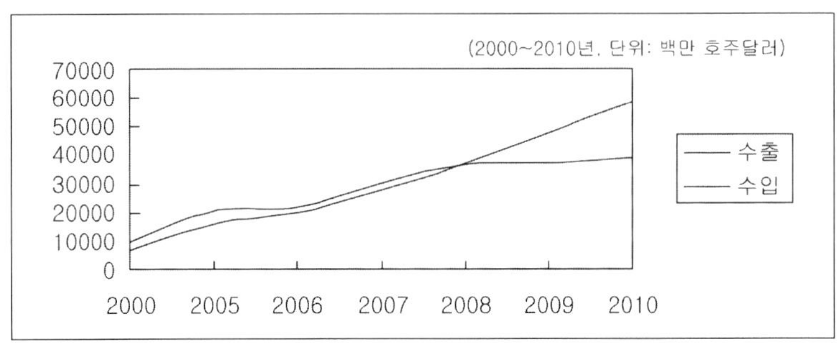

출처: 호주 외교통상부 'Australia's trade with East Asia 2009', 'One Hundred Years of Trade',
http://www.dfat.gov.au/publications/stats pubs/Australia trade with East Asia 2009.pdf.

[그림 1] 최근 호주중국의 무역교류증감

이와 같은 맥락에서 지난 반세기 동안 호주는 이중노선을 걷듯, 혹은 "양다리 춤"을 추듯(Kerr 외, 2007, 169) 미국과 중국 양측과 협력적인 외교(무역)관계를 유지하고 심화시키려 하였다. 앞서 언급했듯, 이런 외교정책의 일환으로 호주는 미국의 핵심적 대외(안보)정책을 적극적으로 지지했다. 비록 호주 본토가 공격을 받거나 혹은 직접적 위협에 처하지 않았음에도, 또한 국내외적으로 비판여론이 거셌음에도, 호주는 1950년부터 최근 2003년까지 미국이 주도한 모든 전쟁(한국 전쟁, 베트남 전쟁, 걸프 전쟁, 아프가니스탄 전쟁, 이라크전)에 전투병을 파병하면서 미국에 적극 동참했다. 이것은 미국과의 밀접한 관계유지를 위한 정책적 결정이었다고 할 수 있다. 이와 동시에 호주는 중국의 중요성을 일찌감치 인지하였다. 이에 미국중국 수교보다 먼저 호주-중국 수교가 맺어졌고, 천안문 사태 후 쏟아지는 국제적 비난과 미국의 계속되는 대중국 제재에도 호주는 중국과의 관계를 정상화시키기도 하였다. 중국과의 협력적 관계유지를 위한 외교전략으로 호주는 또한 중국이 상당히 민감해하는 인권문제에 눈감는 모양새를 취해왔다. 대표적인 예가 하워드 총리의 경우였다. 장기간의 재임 기간에 중국의 인권상황에 대해 비판하는 발언을 하지 않았으며, 당시 호주 정부는 국제연합 인권위원회(UNHRC)가 주도하는 대중국 비난 결의에도 참여하지 않았다. 줄리아 길라드 현 총리 역시 2011년 4월에 있었던 중국방문에서 인권 및 안보와 관련된 문제보다는 경제문제에 더 집중하는 모습을 보였다. 당초 중국 방문에 앞서 길라드 총리는 중국의 인권과 동북아 안보 문제 등을 중점 거론하겠다고 밝혔으나, 정작 이보다는 경제 협력강화에 비중을 둔 것이다. 엄청난 수의 재계인사들과 함께 중국을 방문한 것도 실제 의도가 중국에 대한 비판보다는 호주중국의 협력강화에 있었음을 보여준다(Sainsbury, 2011).

이렇게 본다면 호주는 자국의 이중노선 외교정책의 성공을 위하여 국가관계의 안보분야와 경제분야를 분리하여 접근하는 전략, 미국의 '핵심' 대외정책을 자발적으로 혹은 적극적으로 지지하는 전략, 그리고 중국의 내정과 관련된 민감한 사안에 대해 공개적인 입장을 표명하지 않는 전략 등을 구사했다고 요약할 수 있을 것이다.

이와 같은 호주의 이중노선 외교정책과 이에 수반된 전략과 구체적 행위들은 (최소한) 현시점까지는 성공적이었다고 평가할 수 있다. 호주가 양국 모두와 우호적 관계를 유지하고 있다는 사실이 이를 방증한다. 호주는 미국과의 동맹을 매우 긴밀하게 유지하고 있고, 중국과는 "양자 전략적 관계(bilateral strategic relationship)"를 맺고 있다. 미 국방성이 2006년 발간한 방위보고서는 호주를 영국과 함께 가장 "본보기"가 되는 동맹 우방국이라고 강조하고 있다(US Department of Defense, 2006, 7). 원자바오(溫家寶) 중국 총리는 "중국은 호주와의 관계를 중시하며 상호 호혜적인 중요한 파트너로 여긴다"라고 발언했다(Franklin, 2011). 이런 맥락에서 하워드 전 (前) 총리는 호주 국립대학교에서 한 공개강연에서 다음과 같이 말한다.

> "미국과의 오래된 동맹관계를 강화할 수 있었던 동시에 중국과도 긴밀한 관계를 지속할 수 있었다는 사실은 이 나라(호주) 외교관계의 가장 큰 성공이다"(Howard, 2004).

향후 우리는 호주의 다른 총리들로부터도 이와 유사한 발언을 들을 수 있을까? 이 질문에 대한 답은 미중 관계가 앞으로 어떻게 변하는 지, 그리고 그것에 호주가 어떻게 대처하는지에 따라 달라질 것이다. 제2차 세계대전 후 지금까지 미국은 중국을 (잠재적인) 위협이나 혹은 경쟁자로 인식하고 있지만, 냉전 시기의 소련 혹은 21세기 테러 집단처럼 미국 안보에 '직접적인' 위협을 가하는 대상으로 여기지는 않는다. 더욱이 2001년 9 · 11 테러 이후 미국은 국가 간 군비경쟁 등 전통적인 안보에서 테러방지 등 비전통적 안보에 초점을 두고 있고, 이에 국가 간 전략적 협조를 강조하고 있다(Lyon, 2005). 중국 역시 미국의 패권적 지위에 도전하기보다는 자국의 경제발전을 우선시하고 있다(Medeiros, 2005).[21] 호주의 이중노선 외교정책이 성공을 거둘 수 있었던 것도 자국의 실용적인 전략과 함께 미중 관계가 절대적 적국관계로 굳어진 시기가 역사상(1950~1960년을 제외하고) 없었기

---

21) 물론 이것이 중국이 정치 및 안보전략적 영향력 확대에 무관심하다는 것을 의미하는 것은 결코 아니다. 앞서 언급했듯. 중국은 이미 러시아와 대부분의 중앙아시아로 구성된 상하이 협력기구(SCO)를 주도적으로 설립하였고, 그 목적이 미국의 영향력을 견제하는 데 있다는 것은 잘 알려진 바이다(Bailes 외, 2007). 여기서 중요한 점은 '현재' 중국의 국가정책 '우선순위'이다. 즉 중국은 자국의 영향력 확대에 관심을 보이고 있지만, 지속적이고 안정적인 경제발전에 국가정책의 우선권을 두고 있으며 아직까지는(2011년 현재까지는) 미국에 직접적인 도전을 하지 않고 있다.

때문이기도 하다. 물론 미국은 중국을 "경쟁자"로 인식하지만, 앞서 언급했듯, 적대국으로 여기지는 않는다. 오바마 현 미국 대통령은 지금의 미중 관계를 "건강한 협력 및 경쟁관계"로 묘사했다(White House, 2011). 그러나 향후에도 절제된 외교관계가 미국과 중국 사이에 유지될 수 있을까? 예컨대 중국이 미국과 같은 규모의 경제 및 군사력을 갖춘 후에도 미국은 중국을 "건강한" 협력자이자 경쟁자로 인식할까? 중국은 또한 어떨까? 떠오르는 강국(rising powers)은 현재의 패권국 지위에 도전하며 나아가 전쟁 등을 통해 그 지위를 차지하려 한다는 국제관계학의 통념(Gilpin, 1981; Mearsheimer, 2001)은 향후 중국미국 관계에 시사하는 바가 크다. 중국이 미국과 같은 수준, 혹은 그 이상의 국력을 갖춘 후에도 미국 중심의 국제정치경제 체제에 만족할지는 지켜볼 일이다. 설사 중국이 만족한다 하여도, 따라서 양국이 적대관계에 빠지지 않는다 하여도 그런 시점이 된다면 미중 간 패권 다툼은 지금보다 훨씬 거세질 것이다. 그리고 이것은 결국 호주를 비롯한 아태지역에 속한 국가에 "선택"을 강요하는 상황으로 이어질 수 있다. 특히 대만을 둘러싼 미중간 충돌은 언제든 벌어질 수 있다(Ross, 2000; MacDonald, 2004). 세계 전략적 차원에서 대만을 미국의 영향력 아래 두려는 워싱턴과 대만을 국제문제가 아닌 국내(민족)문제로 바라보며 "하나의 중국"을 외치는 베이징 사이에서 충돌이 발생할 경우 그 "선택"의 폭은 더욱 좁아질 것이다. 이런 상황에서 호주는 그간의 이중노선 정책을 재고하거나 좀 더 정교하게 조정해야만 할 것이다. 물론 이것은 미래의 국제정치상황에 대한 가정적·예측적 제안이다. 그러나 외교는 예측을 바탕으로 한다. 훌륭한 외교정책은 미래에 벌어질 수 있는 다양한 상황과 사건에 대한 예측과 그 예측에 바탕을 둔 대비책으로 구성되어야만 한다. 그렇게 될 때, "국익을 극대화하는 국가의 대외목표 및 전략"이라는 외교정책의 '추상적' 개념은 '현실'과 맞물려 실현될 수 있다.

"그 어떤 인간도 섬이 될 수 없다(No man is an island)." 형이상학파 시인 존 돈(John Donne)의 말이다. 사회의 한 구성원으로서의 인간은 자신이 속한 공동체에 깊게 엉기어 살아간다. 하여 '어떤 사회, 어떤 공동체에 속해 있는가?'라는 문제는 인간행위에 상당한 영향을 끼친다. 국가 역시 마찬가지다. 인간의 정치, 사회적 집합체인 국가는 국제정치라는 무대에서 다른 국가와 끊임없이 상호작용한다. 따라서 상호작용의 결과는 그것이 발생하는 무대(즉, 국제환경 및 지역질서)가 어떻게 유지 혹은 변화되고 있는지에 따라 달라진다. 물론 무대가 전부는 아니다. 국가의 개별적 외교행위 역시 중요하다. 비유컨대 푸치니(Puccini)의 오페라가 어떤 무대에서 공연되는지 중요하지만, 동시에 누가 그 무대에서 공연하느냐 역시 공연의 결과를 결정짓는 중요한 요인이 되기 때문이다. "섬"이 될 수 없는 "인간"이지만, 동시에 "인간"이 없는 "섬" 또한 아무런 의미가 없다. 나아가 인간은 같은 섬에서도 다양하게 생활하기도 하며, 그 섬 자체의 모습을 바꾸어놓기도 한다.

결국 국제관계라는 것은 바로 무대와 배우(국제체제의 속성과 국가의 개별적 행위)라는 두 요인이 연계 작동하여 비롯된 결과이다. 그리고 그 결과는 지속적으로 달라진다. 두 요인은 고정된 상수가 아닌 변수이기 때문이다. 전통적으로 호주의 외교정책은 아시아태평양의 지역질서와 맞물려 연동된 측면이 있다. 냉전 시기에 특히 그러하였다. 그러나 깊이 있게 들여다보면 냉전 후뿐만 아니라 냉전이 진행

되던 시기에도 호주는 자국의 이익을 극대화하기 위하여 미국과 중
국 (혹은 영미권과 아시아권) 사이에서의 타협점을 찾으려는 외교적
노력을 쏟아왔다. 이런 이중노선 외교정책은 국제무대에 대한 호주
자체의 합리적 대응이었으며 그것의 결과는 현재까지 성공적이었다
고 할 수 있다. 그러나 호주의 국제환경은 변화하고 있다. 그리고 그
변화의 속도와 폭은 매우 빠르고 크다. 유럽에 비해 아태지역은 역동
적이다. 배우(행위자)로서 호주가 어떻게 대처할지 귀추가 주목되는
이유다.

지금까지 논한 호주의 국제관계 및 외교정책은 한국에도 시사하는
바가 크다. 기실 한국은 호주와 유사한 외부조건·환경에 처해 있다.
호주와 마찬가지로 아시아태평양 지역에 속해 있으며, 미국과 양자동
맹을 맺고 있고, 동시에 중국은 미국을 제치고 한국의 최대 교역상대
국이 됐다. 유사한 국제조건이지만 한국이 호주만큼 실용적인 외교정
책을 구사했다고 보기는 어렵다. 호주는 미국과 중국 (전통적 동맹과
아시아와의 연계) 양쪽 모두에서 외교적 성공을 거두기 위해 이중노
선 정책 및 전략을 수립하고 실행한 반면, 한국은 친미(親美)와 반미
(反美)라는 '이념적' 틀에 갇혀 정작 필요한 '실질적' 이득을 취하는
데는 미흡했다. 역동적으로 변화하고 있는 아태지역의 정세를 바로
읽고, 한국의 국익을 극대화하기 위한 외교정책과 전략을 세워야 할
때다. 대미외교와 대중외교를 이분법적 혹은 배타적인 것으로 인식하
는 사고에서 먼저 벗어나야 한다. 호주의 외교정책은 한국에 좋은 참
고가 될 수 있을 것이다.

참고문헌

Acharya, Amitav. 2000. *The Quest for Identity: International Relations of Southeast Asia*. Singapore: Oxford University Press.

Australian Department of Defence. 2009. *Defending Australia in the Asia-Pacific Century: Force 2030*. Canberra: Commonwealth of Australia.

Australian Department of Foreign Affairs and Trade. 2001. *An Australia-United States Free Trade Agreement-Issues and Implications*. Canberra: ADFAT. (검색일: 2011. 5. 13).

Australian Department of Foreign Affairs and Trade. 2011. *China fact sheet*. Canberra: ADFAT. http://www.dfat.gov.au/geo/fs/chin.pdf(검색일: 2011. 5. 17).

Bacevich, Andrew. 2002. *American Empire: the realities and consequences of US diplomacy*. Cambridge, MA: Harvard University Press.

Bailes, Alyson J. K.; Pál Dunay; Pan Guang; Mikhail Troitskiy. "The Shanghai Cooperation Organization." *SIPRI Policy Paper* 17: 1-66.

Ball, Desmond. 1988. *Pine Gap: Australia and the Us Geostationary Signals Intelligence Satellite Program*. Sydney: Allen & Unwin.

Ball, Desmond. 2001. "The US-Australian Alliance." Barry Rubin and Thomas A. Keaney eds. *US Allies in a Changing World*. London: Frank Cass

Beeson, Mark. 2001. "Australia and Asia: The Years of Living Aimlessly." D. Singh and A. Smith eds. *In Southeast Asian Affairs*, 44-55. Singapore: Institute for Southeast Asian Studies.

Beeson, Mark. 2003a. "Asean Plus Three and the Rise of Reactionary Regionalism." *Contemporary Southeast Asia*, 25: 251-268.

Beeson, Mark. 2003b. "Australia's relationship with the United States: the case for greater independence." *Australian Journal of Political Science*, 38: 387-405.

Bell, Coral. 2005. *Living with Giants: Finding Australia's Place in a more Complex World*. Canberra: Australian Strategic Policy Institute.

Brenchley, Fred. 1999. "The Howard Defence Doctrine', *The Bulletin* (September 28), 22-24.

Burr, William. 2002. "Henry Kissinger's Secret Trip to China." *National Security Archive Electronic Briefing Book* No. 66. http://www.gwu.edu/~nsarchiv/-

NSAEBB/NSAEBB66(검색일: 2011. 5. 16).

Buzan, Barry. 1998. "The Asia-Pacific: what sort of region in what sort of world?" McGrew and Brook eds. *Asia-Pacific in the New World Order*, 68-87. London: Routledge.

Christensen, Thomas. 1999. "China, the U.S.-Japan Alliance, and the Security Dilemma in East Asia." *International Security*, 23: 49-80.

Cohen, Warren I. 2010. *America's response to China: a history of Sino-American relations, Fifth Edition*. New York: Columbia University Press.

Cook, Ivan. 2005. *Australians Speak: public opinion and foreign policy*. Sydney: Lowy Institute for International Policy.

Cox, Michael. 2003. "The Empire's Back in Town: or America's Imperial Temptation Again." *Millennium*, 32: 1-27.

Cumpston, Ina Mary. 1995. *History of Australian Foreign Policy 1901-1991 Vol. 1*. Canberra: I.M. Cumpston.

Dibb, Paul. 2003. "Australia's Alliance with America." *Melbourne Asia Policy Paper*, 1: 1-16.

Dibb, Paul. 2007. "Australia-United States." Brendan Taylor ed. *Australia as an Asian Pacific Regional Power*, 33-49, London: Routledge.

Edwards, Peter. 2005. *Permanent Friends? Historical Reflections on the Australian-American Alliance*. Sydney: Lowy Institute for International Policy.

Eun, Yong-soo. 2011. "Why and How Should We Go for a Multicausal Analysis in the Study of Foreign Policy?: (Meta-) theoretical Rationales and Methodological Rules," *Review of International Studies*. http://journals.cambridge.org/abstract_S0260210511000052(검색일: 2011. 5. 24).

Evans, Gareth and Bruce Grant. 1995. *Australia's Foreign Relations in the World of the 1990s*. Melbourne: Melbourne University Press.

Franklin, Matthew. 2011. "Julia Gillard and Wen Jiabao match strides at ceremonial welcome in Beijing." *The Australian* (April, 26). http://www.theaustralian.-com.au/national-affairs/foreign-affairs/julia-gillard-and-wen-jiabao-match-strides-at-ceremonial-welcome-in-beijing/story-fn59nm2j-1226045052331(검색일: 2011. 5. 26).

Fravel, M. Taylor. 2008. "China's Search for Military Power." *The Washington Quarterly*, 31: 125-141.

Friedberg, Aaron. 1993/94. "Ripe for Rivalry: Prospects for Peace in a Multipolar Asia" *International Security*, 18: 5-33.

Friedberg, Aaron. 2000. "Will Europe's Past Be Asia's Future?" *Survival*, 42: 147-159.

Gaddis, John Lewis. 1992/93. "International Relations Theory and the End of the Cold War." *International Security*, 17: 5-58.

Gilpin, Robert. 1981. *War and Change in World Politics*. New York: Cambridge University Press.

Goldsworthy, David. 2001. *Facing North: A Century of Australian Engagement with Asia*. Melbourne: Melbourne University Press.

Hartcher, Peter. 2005. "A Historic shift in foreign policy" *Sydney Morning Herald*(April, 1). http://www.smh.com.au/news/Peter-Hartcher/A-historic-shift-in-foreign-policy/2005/03/31/1111862532761.html(검색일: 2011. 5. 18).

Howard, John. 2004. "Australia's engagement with Asia: a new paradigm." *Address to the Asialink-ANU National Forum*. http://www.asialink.unimelb.-edu.au/_data/assets/pdf_file/0017/421622/August_John_Howard_National_-Forum.pdf(검색일: 2011. 5. 27).

Ikenberry, John, Michael Mastanduno, and William C. Wohlforth. 2009. "Unipolarity, State Behavior, and Systemic Consequences." *World Politics*, 61: 1-27.

Ikenberry, John. 2004. "American hegemony and East Asia order," *Australian Journal of International Affairs*, 58: 353-367.

Inoguchi,Takashi. 2003. "Japan's Ambition for Normal Statehood." Jorge Dominguez and Byungkook Kim, eds. *Between Compliance and Conflict: East Asia, Latin America, and the "New" Pax Americana*, 8−14. New York: Routledge.

International Monetary Fund. 2010. *World Economic Outlook Database, 2010*. http://www.imf.org/external/pubs/ft/weo/2010/01/weodata/index.aspx.(검색일: 2011. 5. 23).

Jervis, Robert. 2002. "Theories of War in an Era of Leading-Power Peace, Presidential Address, American Political Science Association, 2001." *American Political Science Review*, 96: 1-14.

Jervis, Robert. 2009. "Unipolarity: A Structural Perspective." *World Politics*, 61: 188-213.

Johnson, Carol. 2007. "John Howard's 'Values' and Australian Identity." *Australian Journal of Political Science*, 42: 195-209.

Kang, David C. 2004. "Hierarchy, Balancing, and Empirical Puzzles in Asian

International Relations." *International Security*, 28: 165-180.

Keene, Thomas R. ed. 2005. *Flying on One Engine*. Bloomberg Press.

Kerr, Pauline and Shannon Tow. 2007. "Australia's changing alliances and alignments: towards a new diplomatic two-step? Brendan Taylor ed. *Australia as an Asian Pacific Regional Power*, 169-188. London: Routledge.

Krauthammer, Charles. 2002. "The Unipolar Moment Revisited." *The National Interest*, 70: 5-17.

Latham, Robert. 1997. *The Liberal Moment: Modernity, Security, and the Making of Postwar International Order*. New York: Columbia University Press.

Layne, Christopher. 2006. *The Peace of Illusions: American Grand Strategy From 1940 to the Present*. Ithaca, NY: Cornell University Press.

Luard, Evan. 1986. *War in International Society: A Study in International Sociology*. London: I. B. Tauris.

Lyon, Rod. 2005. *Alliance unleashed: Australia and the US in a new strategic age*. Canberra: Australian Strategic Policy Institute.

McDonald, Hamish. 2004. "China and Taiwan: flashpoint for a war." *The Sydney Morning Herald*(July, 14) http://www.smh.com.au/articles/2004/07/13/1089694360063.-html.(검색일: 2011. 5. 10).

McDougall, Derek and Peter. Shearman eds. 2007. *Australian security after 9/11: New and old agendas*. Aldershot: Ashgate Publishing

McDougall, Derek. 2007. *Asia Pacific in World Politics*. Boulder, Colorado: Lynne Rienner Publishers.

McPhail, Alison M. 2007. "John Howard's Leadership of Australian Foreign Policy 1996 to 2004: East Timor and the war against Iraq." PhD dissertation, Griffith University.

Mearsheimer, John. 2001. *The Tragedy of Great Power Politics*. New York: W.W. Norton.

Medeiros Evan S. 2005. "Strategic Hedging and the Future of Asia-Pacific Stability." *The Washington Quarterly*, 29: 145-167.

O'Neil, Andrew. 2003. "Issues in Australian Foreign Policy January to June 2003." *Australian Journal of Politics and History*, 49: 540-557.

Phillips, Dennis. 2008. "The American Alliance in Australian Foreign Policy." *Australian Review of Public Affairs*. http://www.australianreview.net/digest/-2008/07/phillips.html(검색일: 2011. 5. 14).

Ross, Robert. 1999. "The Geography of the Peace: East Asia in the Twenty-first Century." *International Security*, 23: 81-118.

Ross. Robert. 2000. "The 1995-1996 Taiwan Strait Confrontation: Coercion, Credibility, and Use of Force." *International Security*, 25: 87-123.

Ross, Robert S. and Zhu Feng, eds. 2008. *China's Ascent: Power, Security, and the Future of International Politics*. Ithaca, N.Y.: Cornell University Press.

Sainsbury, Michael. 2011. "PM's visit will address China rise." *The Australian*(March, 11). http://www.theaustralian.com.au/news/opinion/pms-visit-will-address-china-rise/story-e6frg6zo-1226018685767(검색일: 2011. 5. 24).

Shambaugh, David. 2004/05. "China Engages Asia: Reshaping the Regional Order." *International Security*, 29: 64-99.

Tow, William and Henry Albinski. 2002. "ANZUS-Alive and Well After Fifty Years." *Australian Journal of Politics and History*, 48: 153-73.

Tow, William ed. 1998. *Australian-American Relations: Looking Toward the Next Century*. South Yarra: Macmillan.

Tow, William. 2006a. "Evolving Australian Security Interests in the Asia-Pacific: Policy Coherence or Disjunction?" Derek McDougall and Peter. Shearman eds. *Australian security after 9/11: New and old agendas*, 87-104. Aldershot: Ashgate Publishing.

Tow, William. 2006b. *Still an 'Excellent' Relationship: Australian-American Relations in Testing Times*. Honolulu: Asia-Pacific Center for Security Studies.

Tubilewicz, Czeslaw. 2010. "The 2009 Defence White Paper and the Rudd Government's Response to China's Rise." *Australian Journal of Political Science*, 45: 149-157.

Ungerer, Carl. 2007. "The 'middle power' concept in Australian foreign policy." *Australian Journal of Politics and History*, 53: 538-551.

US Department of Defense. 1992. *A Strategic Framework for the United States in East Asia and the Pacific: A Report to Congress*. Washington D.C. Department of Defense.

US Department of Defense. 2004. *Base Structure Report: A Summary of the DoD's Real Property Inventory*. Washington D.C. Department of Defense.

US Department of Defense. 2006. *The Quadrennial Defense Review 2006*. Washington D.C. Department of Defense.

Walt, Stephen. 1997. "Why alliances endure or collapse." *Survival*, 39: 156-179.

Waltz, Kenneth N. 1979. *Theory of International Politics*. New York: Random House.

Waltz, Kenneth. 2000. "Structural Realism after the Cold War," *International Security*, 25: 5-41.

Wesley, Michele. 2007. "Australia-China." Brendan Taylor ed. *Australia as an Asian Pacific Regional Power*. London: Routledge.

White House. 2011. *Press Conference with President Obama and President Hu of the People's Republic of China*. Washington D.C.: Office of the Press Secretary. http://www.whitehouse.gov/the-press-office/2011/01/19/press-conference-president-obama-and-president-hu-peoples-republic-china(검색일: 2011. 5. 20).

White, Hugh. 2002. "Australian Defense Policy and the Possibility of War." *Australian Journal of International Affairs*, 56: 253-64.

Zhang, Jian. 2006. "Australia and China: Towards a Strategic Partnership?" James Cotton and John Ravenhill eds. *Trading on Alliance Security: Australia in World Affairs 2001-2005*, 89-111. Melbourne: Oxford University Press.

4. 호주의 아시아 관여 정치: 국제정치경제의 변동과 호주 정당 간의 경쟁적 대 아시아 관점*

문경희

1. 들어가며

호주에게 아시아는 경제적으로나 안보적인 측면에서 상당히 중요한 지역이다. 또한 아시아는 호주인들이 그들은 누구인가, 그리고 세계에서 그들의 위치는 어디인가를 규정하는 데 심대한 영향을 미친다. 이러한 중요성은 호주와 아시아의 지정학적 근접성에서부터 출발하고 있으며, 또 글로벌 무대에서 아시아의 영향력이 상승하고 있는 최근 들어 더욱 증대하고 있다. 호주 정부가 자국에 대한 아시아의 중요성을 인식하고 아시아와의 관계 재정립이 필요하다고 논의하기 시작한 것은 훨씬 오래전부터이지만, 실제 대내외 정책을 통해 아시

---

* 본 장은 저자의 기재 논문을 수정 보완한 것임을 밝힘. 출처: "호주의 아시아 관여 정치: 국제정치경제의 변동과 호주 정당 간의 경쟁적 대 아시아 관점." 『세계지역연구논총』. 2010. 제28집 3호.

아에 본격적으로 관여(engagement)[1]하기 시작한 시기는 1980년대 후반부터이다. 이후 호주의 아시아 관여 정치는 현재까지 약 20여 년간 진행 중이며, 무엇보다도 그 기간에는 대내외 정책뿐 아니라 호주의 국가정체성 논의에서 핵심 쟁점이 되어 왔다.

호주 정치권 내 아시아 관여에 대한 논의의 주요 주체는 호주가 유럽적 정체성을 버리고 아시아로 재배치되어야 한다고 주장한 노동당과, 반대로 영국의 역사적 유산에 근거해 호주의 백호(White Australia) 정체성을 계승하고자 한 자유당을 포함한 보수연합이다. 호주와 아시아와의 관계에 대해 서로 다른 시각을 가진 만큼 이 두 정치적 공동체는 호주가 아시아에 '어떤 방식으로, 얼마만큼 관여할 것인가'에 대해서도 서로 다른 방식으로 대응한다. 이 때문에 둘 중에 누가 집권당이 되느냐에 따라 호주의 대외적인 경제, 안보 정책뿐 아니라 국내 이민, 문화, 교육 정책 등이 변하고 있다. 또한 이들 정책의 결과는 선거 결과에 큰 영향을 미치기도 한다. 이런 맥락에서, 호주의 아시아 관여에 대한 이해는 호주 국내 정치권 내에서 발생하고 있는 갈등 및 논쟁 사안에 대한 이해를 가능하게 한다. 호주 정치 공동체의 아시아에 대한 인식이 국내 정치 논쟁의 성격을 결정짓기도 한다는 점에서 호주의 아시아 관여, 즉 그 역사와 과정에 대한 연구는 국내 정치에 대한 연구이기도 하다.

호주의 아시아 관여에 대한 다양한 논의 중에서 호주의 대 아시아 정치가 국제 체제적 변인과 국내적 변인의 상호작용의 결과라는 점

---

1) engagement라는 영어단어는 국제관계에서 맥락에 따라 개입, 간여, 관여, 포용, 참여 등의 다양한 단어로 국내에서 번역되어 사용된다. 호주에서 자국의 대 아시아 정치 또는 국제 관계에 늘 사용하는 'Australia's engagement with Asia'라는 표현에 대해 국내에서 아직 합의된 번역어가 존재하지 않는다. 맥락 상 주로 개입 또는 관여로 번역되는 engagement라는 용어를 본 연구는 편의상 '관여'로 번역해서 사용한다.

은 주목할 만하다. 구체적으로, 호주와 아시아를 둘러싼 국제정치경제 동학을 국제 체제적 변인으로 꼽는다면, 노동당과 보수연합의 호주와 아시아와의 관계에 대한 서로 다른 입장을 국내변인으로 꼽을 수 있다. 이러한 두 변인 간의 상호작용으로 인해 호주의 대 아시아 정책은 지속성을 가지는 반면 누구와 어떤 방식으로 얼마만큼 관여하느냐에 대해서는 비지속성을 가진다고 할 수 있다. 그리고 호주의 아시아 관여에 영향을 미친 국제, 국내 두 변인 간의 상호작용 과정에서 나타난 국가 또는 민족 정체성의 정치라는 점도 주목할 필요가 있다. 즉, 변동하는 국제체제에 따라 호주와 아시아 간의 관계를 설정하는 데 있어서 노동당과 보수연합은 역사와 지정학적 위치 사이의 국가정체성 논쟁을 촉발했다. 그리고 이 과정에서 호주의 정체성은 정치적으로 구성되고 정책화되기에 이르렀다.

여기서 한 가지 흥미로운 점은, 이러한 호주 정치공동체 간의 국가정체성에 대한 논의에도 불구하고, 그들 모두에게 아시아는 늘 '타자'로 인식되고 있다는 점이다. 예나 지금이나 호주 정치인들의 상상 속의 아시아는 영국(또는 서구)의 역사적 유산을 파괴할 수 있는 '두려움'(또는 '위협')의 대상이자, 글로벌 무대에서 호주의 국가적 생존과 경쟁력 강화에 도움이 되는 '희망'(또는 '기회')의 대상이기도 하다. 이로 인해 정도의 차이는 있지만 노동당이나 보수연합이 아시아를 바라보는 시선은 상당히 양가적(ambivalent)이다.[2] 이러한 호주 정치공동체의 아시아에 대한 양가적 입장은 결국 아시아 지역 내 호주의

---

2) 이는 호주의 아시아적 재배치를 주장하며 포괄적인 아시아 관여 정책을 전개한 노동당이나, 그들과 다르게 아시아 일부 국가와 선별적인 경제 관여에만 주력한 보수연합이나 궁극적으로 아시아 관여의 초점이 아시아의 도구적인 가치, 즉 경제적 중요성에 맞춰져 있다는 지적으로 이어졌다(Elias and Johnson, 2010, 1 – 12.)

'타자화'를 부추기는 요인이 될 뿐 아니라 국내에서도 아시아를 지속적으로 '타자화'하는 결과를 낳고 있다. 특히 케빈 러드와 줄리아 길라드 총리로 이어지는 현 노동당 정부의 아시아 관여 정치에서 이러한 양가성이 두드러지고 있다는 점에서 호주의 아시아에 대한 양가성과 그에 따른 정책적 대응에 대한 이해는 중요하다.3)

호주의 아시아 관여 정치가 호주의 국가정체성과 정책 형성 등 다양한 측면에서 논쟁적으로 진행되고 있다는 점에서 호주 학계 내 아시아 관여에 대한 관심은 지속적으로 이어지고 있다. 특히 2007년 말 이후 11년 집권의 보수연합을 뒤로하고 노동당이 재집권하기 시작한 이후 과거 호주 정부의 아시아 관여 정치를 재평가하고, 현 정부의 아시아 관여 정치를 설명하려는 연구가 비교적 활발히 전개되고 있다.4) 하지만 한국에서는 호주의 아시아 관여에 대한 연구가 거의 부재한 실정이다. 2000년대 후반 들어, 특히 최근 몇 년 동안 정치·외교·경제 영역에서 한국과 호주 양국 간의 관계가 과거 어느 때보다도 가까워졌다. 특히 G20 정상회의를 비롯한 글로벌 외교 무대에서 양국의 동반자적 협력이 강화되고 있다는 점에서 호주의 대외관계에 초점을 맞춘 연구의 필요성이 국내에서 대두되고 있다. 이런 점에서, 호주와 아시아의 관계 형성 요인과 과정을 역사적인 맥락에서 살펴보는 것은 시의적절하다. 이 장에서는 호주의 아시아 관련 문헌 검토

---

3) Czeslaw Tubilewicz(2010)에 따르면, 러드 정부는 2009년에 발표한 국방백서(Defending Australia in the Asia-Pacific Century: Force, 2030)에서 '중국 위협'론을 언급하며, 호주가 자국의 가장 중요한 무역 상대국인 중국에 의해 초래될 수 있는 위협으로부터 자신을 보호하기 위해 천억 호주달러를 호주의 군 근대화를 위해 쓸 예정이라고 밝혔다. 이는 오랜 기간이 넘도록 이어져 오는 중국-호주 관계에서 '중국 위협'이 러드 정부에 의해 다시 등장하게 되었다는 점을 보여준다.

4) 대표적으로, 호주 국내 저명한 정치학저널 중 하나인 Australian Journal of Political Science는 2010년 3월호를 호주의 아시아 관여에 관한 특집호로 발간했다.

를 통해 호주 정치공동체의 대 아시아 시각이 경합하고 있다는 점과 그로 인한 국가정체성 논란 및 대외정책 변화 등 살펴본다. 본격적인 논의에 앞서 호주의 아시아 관여의 의미와 배경, 그리고 호주가 아시아에 대해 가지는 양가적 입장에 대해 먼저 검토한다.

2. 호주의 아시아 관여

1) 의미와 배경

관여라는 용어는 호주와 아시아, 구체적으로 동아시아 국가와의 관계를 설명할 때 늘 함께 사용되는 경향이 있다. 파울로 고르야오(Paulo Gorjão)는 개념적인 차원에서, 호주의 아시아와의 관계가 통합(integration)이나 관계망 맺기(enmeshment) 또는 관여(engagement)와 같이 다양한 의미로 상상되고 있다고 설명했다(Gorjão, 2003, 180). 그에 의하면, 호주의 아시아 관여는 복합적, 협력적, 긍정적, 다차원적이라는 의미를 가진다. 또한, 호주의 아시아 관여는 경제적, 정치적, 사회문화적, 군사적 또는 전략적 영역에 따라 다른 방식으로 구성된다. 그는 결국 이 때문에 관여라는 용어가 다양한 표면적 의미와 함축적 의미를 동시에 가질 수밖에 없고, 결과적으로 호주에서 관여라는 용어는 애매모호한 맥락으로 사용되거나 복합적인 차원에서 사용되고 있다고 지적한다. 이러한 지적은 관여라는 용어의 지나친 사용이 그 의미의 모호함을 초래한다고 지적한 마틴 그리피스(Martin Griffiths)와 마이클 웨슬리(Michael Wesley)의 의견과도 유사하다(Griffiths and Wesley, 2010, 13).

또한, 고르야오는 호주 내에서 관여라는 용어가 경험적인 차원에서 어떻게 사용되는지에 관해서도 설명했다(Gorjão, 2003, 180). 그는 호주의 정치 지도자들이 관여라는 용어를 반복적으로 사용하고 있는데, 그들 모두 공통적으로 아시아와 관여한다는 말을 호주와 미국의 동맹 관계만큼 중요하게 언급하고 있다고 지적했다. 하지만 호주의 두 정치공동체가 비록 아시아와의 관여를 중요하다고 언급하지만, 그들이 각각 의미하는 관여의 표면적 의미와 함축적 의미는 서로 다르다. 이를 후아니타 엘리아스(Juanita Elias)와 캐롤 존슨(Carol Johnson)의 표현에 따라 설명하자면, 호주의 아시아 관여는 단절 없이 전개되었지만, 집권당 또는 총리의 정치적 성향에 따라 독특한 관여 전략과 함께 전개되어 왔다(Elias and Johnson, 2010, 1-12). 이런 맥락에서, 그리피스와 웨즐리는 관여라는 용어가 아시아 국가와 완전한 통합을 원하는 정치인이나 '호주의 아시아화'를 경계하는 정치인이든 간에 별 문제시 되지 않고 사용되어 왔다고 지적한다(앞 저자 13-14). 아시아 국가와 경제적, 정치적, 사회문화적, 군사적 전 영역에 걸친 관여를 주장한 정치인이 주로 노동당 출신의 정치인인 반면에, 보수연합의 정치지도자들은 대개 아시아와 경제, 안보 영역에 선별적으로 관여해야 한다고 주장한다(Jayasuriya, 2010). 결과적으로, 호주는 아시아에 지속적으로 관여하고 있고, 이는 현재에도 진행 중인 국가 프로젝트이지만 그 '스타일과 방향'은 집권당에 따라 변해왔다고 할 수 있다.

한편, 아시아와 관여한다는 표현은 노동당의 봅 호크 총리에서 폴 키팅 총리로 이어진 1980~1990년대에 본격적으로 사용되기 시작했지만, 실상 역사적으로 호주는 시기에 따라 아시아와의 관계를 재발

견해왔다. 호주의 아시아 관여의 역사에 관해 연구한 데이비드 워커(David Walker)는 그의 저서, '*불안한 국가(Anxious Nation)*'에서 호주는 유럽의 역사를 승계했지만 아시아라는 인종·문화적으로 적대적인 이웃을 가진 식민 이주국으로서 근원적인 딜레마를 가진다고 지적했다. 더욱이 그는 그러한 딜레마로 인해 호주가 뿌리 깊은 문화적, 정치적 불안감에 시달리고 있다는 점을 강조했다(Walker, 1999, 1). 이런 맥락에서, 호주의 아시아에 대한 대외정책의 토대가 바로 대외적 취약성이라는 점을 짐작할 수 있다.

호주의 국제관계에 관한 대부분의 연구는 호주 정부가 대외정책 환경에 늘 민감하게 대응해 왔다고 지적한다. 예를 들어, 그리피스와 웨슬리는 호주 정부가 지리적 고립과 국가 건설 초기 영제국과의 밀접한 관계 때문에 대외정책 환경, 즉 국가 안보와 경제적 번영에 영향을 미치는 글로벌 권력 배분과 안보 변화에 민감할 수밖에 없게 되었다고 설명한다(2010, 14). 호주 대외정책의 초점이 호주의 국제적 고립 방지와 함께 경제적, 군사적 안보 측면에서의 생존 문제에 맞춰져 있었다는 점은 앨런 긴젤(Allan Gyngell)에 의해서도 설명된 바 있다(Gyngell, 2008, 13). 호주는 인구가 적고, 지리적으로 주요 경제적, 군사적 파트너 국가로부터 멀리 떨어져 있다는 점 때문에 호주 정부가 언제나 실용적이고 적극적인 대외정책을 펼쳐왔다. 이로 인해, 20세기 중반까지는 호주가 영국과 미국, 또한 타 영연방 국가를 중심으로 한 양자 외교에 집중했지만 20세기 후반으로 접어들며 대내외적으로 아시아의 영향력이 확대됨에 따라 아시아 국가와 관여하기 위한 다자주의, 지역주의 외교에 초점을 맞추게 되었다. 이에 대해 카니쉬카 자야수리아(Kanishka Jayasuria)는 국제질서의 변화, 즉 20세기

초, 중반을 거치며 국제정치경제 체제에서 영국의 쇠퇴와 미국의 부상, 냉전, 탈냉전, 아시아의 부상, 9·11 사건 등이 호주와 아시아, 더욱 구체적으로 아시아·태평양(미국 포함) 지역과의 관계 및 대외정책 형성에 영향을 미쳤다고 주장했다(Jayasuria, 2010).

2) 호주의 국가정체성과 아시아의 변화

한편 자야수리야는 국제정치 구조 및 과정이 호주의 정치적, 본질적 정체성 형성에 영향을 미쳤다고 설명했다(Jayasuria, 2008, 480−481). 그는 호주가 아시아 국가와 다자주의적 관여를 하는 과정에서 자국의 역사적, 지리적 특수성에 기인하여 가지게 되었던 중진국(middle power country)이라는 입장을 강화하기 시작했다고 설명했다(Jayasuria, 2010, 7−36). 주로 노동당에 의해 강조됐던 호주의 중진국적 위치는 20세기 초반에는 영국과 아시아, 20세기 중후반에 들어서는 미국과 아시아를 연계하는 것으로 강화되어 나타났다. 더욱이 자야수리야는 호주 정부가 중진국이라는 대외적 정체성을 국제 정치와 국내 정치를 연계시키는 데 이용했다고 설명한다(Jayasuria, 2008, 480−481). 그는 존 홉슨(John Hobson)과 제이슨 샤먼(Jason Sharman)의 설명을 인용하며 "누군가는 명령하고", "누군가는 복종하는" 서열적인 국제 체제 내에서 호주와 같은 중진국은 아시아 지역과 제국 또는 강대국과의 복잡한 관계 속에서 특정한 국가정체성을 형성하고, 중진국으로서의 주권을 발현한다고 설명했다(Hobson and Sharman, 2005, 69).

또한 그는 앤드루 갬블(Andrew Gamble)이 미국과 영국 간의 특별한 관계를 정의하는 데 사용한 '초국적 정치 공간' 개념을 이용해서 중진국이라는 발상이 호주의 경우에 어떻게 적용되는지를 설명한다 (Jayasuriya, 2010, 32). 즉, 그는 중진국이라는 발상이 호주와 영국, 미국이라는 강대국 사이에 형성된 초국적 정치 공간과, 호주와 아시아 지역 사이에서 형성된 또 다른 초국적 정치 공간 사이에서 나타났다고 언급했다. 그리고 이러한 초국적 정치 공간이 교차하는 지점에서 호주는 강대국과 아시아 사이의 긴장되고 상반된 입장을 중재하고 관리하는 중요한 역할을 스스로 부여하고, 그 역할을 수행하고자 노력했다는 것이다. 더욱이 그는 호주의 중진국적 매개 역할을 통한 이 두 초국적 정치 공간의 교차 지점에서 호주 내 정치 공동체, 즉 노동당과 보수정당들의 정체성이 각각 구체화되었다고 지적했다. 그리고 그는 이 과정에서 각 정치 진영의 '시민권 구축(citizenship building)'이 이뤄졌는데, 이때 시민권은 넓은 의미에서 공동체의 정치적 정체성을 의미한다. 그는 마거릿 소머스(Margaret Somers)의 개념에 근거해, '시민권 구축'은 한편에서 시민권과 정치적 권위자의 관계를 확립하는 데 기여하며, 또 다른 한편으로 국가와 국가 체제 사이의 관계를 확립하는 데 기여하기도 했다고 설명한다(Somers, 1994).

이에 대해 호주의 정치학자 앤서니 버크(Anthony Burke)는 "국가는 정체성 정치를 통해 국가와 국민 간의 관계 및 나아가 국제 사회에서 국가와 국가 간의 관계를 결정하기도 한다"라고 설명했다(Burke, 2010, 79). 특히 그는 호주를 포함한 근대 민족국가는 타자를 억압, 배제, 소외함으로써 정치공동체의 국가, 민족 정체성을 확립하고, 나아가서 적대감, 배제, 전쟁 등을 토대로 구성된 국제질서에 합법성을 부여한다고 설명했다. 이런 맥락에서 그는 정체성의 정치적인 구성 및 논쟁, 정책화가 안보 정책과 같은 중요한 대외정책 형성뿐 아니라 대내정책, 또한 그 국가나 지역, 문화가 인식되고 언급되는 방식에 영향을 준다고 언급했다. 이러한 버크의 정체성에 대한 설명은 변동하는 국가 질서에 따라 호주가 미국뿐 아니라 아시아와 포괄적으로 관여할 필요가 있다고 판단한 호크, 특히 키팅 정부가 그동안 유럽적 유산에 근거해 형성된 호주의 국가정체성에 관해 문제를 제기한 배경에 대한 이해를 돕는다.5) 이뿐 아니라, 키팅 정부 이후 일부 아시아 국가와 선별적인 영역에만 관여해야 한다고 주장한 보수연합의 하워드 정부가 국민에게 호주가 아시아와는 다른 서구 국가임을 강조하며 아시아와 거리 두기를 했던 것도 유사한 맥락에서 이해할 수 있다. 이와 관련해서, 그리피스와 위즐리는 호주의 노동당이나 보수연합 모두 아시아와의 관계 설정과 유지를 위해서는 호주인들의 사회적 태도의 변화가 따라야 한다고 믿었다고 지적했다(앞 저자 18). 호주의 정치인들은 국제관계가 국민 여론을 주도하기를 기대했고 아시아를 통해 호주의 위치를 규정하고, 국민들이 그것을 따르는 것이 호주의 국익에 도움이 된다는 여론을 형성했다.

이상으로 호주의 아시아 관여의 의미와 배경, 그리고 호주가 아시아에 대해 가지는 입장에 대해 살펴보았다. 다음으로, 국제체제 변동 시기에 따라 호주와 아시아의 관계가 재정의됐다는 점에 주목해서, 호주의 아시아 관여를 주요 세 시기로 나누어서 설명하고자 한다.6) 이 세 시기는 첫째가 호주의 연방정부 수립 이후와 냉전 종식 전 시기(1901~1983), 두 번

---

5) 과거 호주 정부는 아시아를 호주와는 인종적으로 이질적인 타자로 간주하며 국가의 영토 및 정치적 범위를 구성했고, 이는 결국 호주 국민이 인종과 에스니시티(ethnicity)를 토대로 구성된 소속감에 따라 국가정체성을 형성하도록 영향을 미쳤다.

6) 역사적인 맥락에서 아시아와 호주의 국제관계에 초점을 맞춘 연구로 Capling(2008), Jones and Benvenuti(2006), Jayasuria(2008, 2010), Griffiths and Wesley(2010) 등이 있다. 그 중에서 본 논문은 자야수리야(2008)의 아시아 관여 정치에 대한 역사적 시기구분과 특징에 대한 설명을 중점적으로 참고했음을 밝힌다.

째는 호주의 근대화 및 본격적 아시아 관여 시기(1983~1996), 마지막 세 번째는 호주의 가치와 앵글로 영향권(Anglosphere) 시기(1996~2007)이다.[7] 논의의 구성은 다음과 같다. 먼저, 3절에서는 연방정부 수립 이후와 냉전 종식 전 시기, 4절에서는 호주의 근대화 및 본격적 아시아 관여 시기, 다음으로 5절에서는 호주의 가치와 앵글로 영향권 시기이다. 마지막 6절에서는 호주의 양가적 아시아 관여 정치가 현 노동당 정부에 의해서도 지속되고 있다는 점을 논의한다.

3. 연방정부 수립 이후와 냉전 종식 전 시기

> 민주주의가 번성하고 있는 호주에서 중국 이민에 대한 두려움은……, 사실상 경험에 의해 되살아난 자아보존 본능이다. 우리는 유색인과 백인 노동자가 동등하게 존재할 수 없음을 알고 있다……. 우리는 우월 인종들이 그들의 고귀한 문명을 더욱 고귀하게 이루며 자유롭게 살아갈 수 있는 지구상에 남은 이 마지막 지역을 수호할 것이다.[8]

위 인용문은 호주가 영국의 식민지에서 영연방국가로 독립한 해였던 1901년에 당시 초대 총리였던 에드워드 바톤(Edward Barton)이 연방의회에서 아시아인, 즉 호주에 유입된 중국인 이민자에 대해 언급한 것이다. 이는 그에게 있어 중국인은 호주의 민주주의적 가치를 위협하고, 나아가 그들의 고귀한 백인 문명을 위협할 우려가 있는 두려

---

7) 이 세 시기는 냉전, 탈냉전 등 국제정치 변동에 따른 시기 구분을 정확히 따르기보다는 국제정치 변동에 따른 호주의 '아시아 관여' 정치의 변화 시기에 초점을 맞췄다. 1983~1996년은 노동당의 폴키팅 및 밥 호크 총리 시기, 1996~2007년은 보수연합의 존 하워드 총리시기를 의미한다.

8) E. Barton, Commonwealth Parliamentary Debate 7 August 1901, 3503, Johnson et al.(2010), p. 59. 재인용

움의 대상이었음을 짐작하게 해준다. 그 당시 호주의 정치권뿐 아니라 사회 전체적으로 확산되어 있던 중국인을 포함한 아시아에 대한 인종차별적 인식은 같은 해에 제정된 '이민제한조치 1901'을 통해서도 나타난다. 백호주의 정책의 근원이 된 이 조치에 따라 호주는 영어를 포함한 유럽 언어를 사용하지 않는 사람들의 이민을 합법적으로 제한했다. 사실 호주인들에게 아시아란 과거, 그리고 현재에도 상당 부분 중국을 의미한다. 1851년에 빅토리아주의 금광 개발로 인해 최초로 유입된 중국인들 대부분은 광산 노동자들이었고, 그들은 앵글로 캘틱계 백인들이 지배하던 호주에서 유색 인종 이방인으로 환영받지 못했다. 호주에서 중국인은 '황색공포(yellow peril)'[9]의 대상이었고, 중국인을 포함한 유색인종들이 호주의 백인들과 함께 동등하게 살 수 없다는 인종차별주의는 적어도 호주가 백호주의를 포기한 시점인 1970년대 중반까지도 제도적 제약을 받지 않았었다.[10]

이런 점에서, 호주에서 백호주의에 기반을 둔 시민권 구축 작업이 유럽식 자유주의적 시민권에 원주민과 아시아 출신의 유색인종 이민자를 배제하는 비자유주의적이고 인종차별적 성격을 결합하는 것으로 나타났다고 볼 수 있다. 이에 대해 호주의 저널리스트이자 역사학자인 폴 켈리(Paul Kelly)는 그의 저서에서 "백호주의는 정책 그 이상이다. 그것은 호주 민족주의의 핵심이 된 신념이자 더욱 중요하게, 민족 또는 국민 단일체(national unity) 구성의 토대가 되었다"라고 설명한 바 있다(Kelly, 1994, 2-3). 하지만, 20세기 초기부터 호주의 학계

---

9) 황색인종이 서양문명을 압도할 수도 있다는 백인종의 공포심을 일컫는 말이다.

10) 예를 들어, 호주의 인종차별금지법은 1975년에 제정되었고, 이후 인권 및 기회평등법(1986), 같은 해 인권 및 기회평등위원회(HREOC) 설립, 이후 인종혐오금지법(1995) 등이 제정되었다.

에서는 영국의 인종적 및 문화적 질서에 따라 수립된 호주의 정치적 정체성에 대해 조금씩 다른 의견들이 논의되기 시작했다. 예를 들어, 유명한 역사학자인 핸콕(Hancock)은 경제적, 안보적 관점에서 호주의 아시아(또는 태평양) 관여가 필요하다는 논의를 시작했었다(Beeson and Jayasuriya, 2009, 362). 그는 호주가 영제국의 자치령이지만 어느 정도의 자주성을 확보해야 한다고 주장하며, 런던과 아시아 사이의 중진국으로서 호주의 위치를 처음으로 정립하는 데 기여했다.

한편, 역사학자이면서 정치에 입문했던 에글스턴(Eggleston)은 호주의 영국적 정체성을 강조하면서도 호주가 미국과의 동맹관계뿐 아니라 일본과 중국을 포함한 태평양 지역의 국가와 관여해야 한다는 점을 강조하기도 했다(앞 저자 362). 그러나 그 당시 이들의 주장은 큰 힘을 얻지 못했다. 왜냐하면 호주로 유입된 중국인을 통해 주로 형성되었던 호주인의 아시아에 대한 두려움이 제2차 세계대전을 거치며 일본에 의해 더욱 강화되기 시작했기 때문이다(Capling, 2008, 604). 제국의 자치령으로서 획득한 중진국적 지위를 토대로 제2차 세계대전에 참전한 호주는 호주 인근 지역에서 지속적으로 전투를 벌이던 일본이 본토에 침입할지도 모른다는 군사적 위협에 시달렸다. 이후 일본의 본토 침략이 현실화되었고, 호주는 미군의 군사 지원하에 일본군에 저항하며 전투를 벌였다. 이와 함께 제2차 세계대전 당시에 약 30,000여 명의 참전 호주 군인들이 일본군에 의해 포로로 잡혀 고통을 받게 되자 호주 내 일본을 포함한 아시아인에 대한 부정적인 인식이 극대화되기에 이르렀다.

이후 냉전 시기 초기에 중국을 포함한 아시아 일부 지역의 공산화는 호주의 아시아에 대한 두려움을 한층 강화시켰다. 이러한 안보 불안에 대응하기 위해 당시 호주의 보수정권은 영국, 미국 등 강대국들과 군사동맹 관계를 강화함으로써 동아시아 지역에 서서히 관여하기 시작했다. 특히 이때부터 호주는 유럽 지역 안보에 치중하던 영국보다는 미국의 지역적, 글로벌 질서에 대한 판단에 따라 국가 안보, 방어 정책을 결정하기 시작했다(2010, 17). 한국전쟁에 이미 17,000명 이상의 자국 군인을 참전시켰던 호주 정부는 미국 주도의 집단 군사동맹에 가입했다. 대표적으로, 호주-뉴질랜드-미국 방위조약(ANZUS)과 동남아시아조약기구(SEATO)[11]에 가입한 호주는 미국의 동아시아, 구체적으로 동남아시아 반공(anti-communist) 블록화 작업에 적극적으로 동참했다. 대표적으로, 1962년부터 1972년까지 10년이라는 기간 동안에 베트남 전쟁에 파병 및 각종 군사적 지원을 보냈다. 그 당시에 보수정권에 의해 주도된 호주의 대아시아 반공산화 정치는 호주와 미국 간의 군사동맹 관계를 공고히 하는 데 기여했지만, 반면에 상당수 동남아시아 국가로부터 호주의 정체성이 아시아가 아닌 '서구' 국가임을 명확히 드러내는 계기를 마련해 주었다(Burke, 2010, 82).

한편, 일부 호주 학자들은 제2차 세계대전 이후 아시아 탈식민 국가에 확산된 민족주의 정서와 서구에 의한 억압과 착취에 반하는 탈식민 정서가 호주에게 부정적으로 작용하고 있음을 경고하기 시작했다. 대표적으로, 호주 멜버른대학의 교수이자 노동당의 자문을 제공했던 윌리엄 볼(Willian M. Ball)은 1945년 이후 여러 아시아 지역을

---

11) SEATO는 1954년 필리핀 마닐라에서 창립되었다. 회원국은 미국, 프랑스, 영국, 호주, 뉴질랜드, 필리핀, 태국, 파키스탄 등 8개국이었고, 본부는 태국 방콕에 세워졌다. SEATO의 목표는 베트남의 호찌민 혁명을 차단하는 것으로 남베트남을 SEATO의 보호구역 아래 뒀다. 이후 22년 동안 SEATO는 매년 합동군사훈련을 하며 동맹기구 흉내는 냈지만 한 번도 제대로 기능하지 못했다. 이후 1975년 사이공이 함락된 뒤 SEATO는 그저 허울뿐인 안보동맹일 뿐이었고, 1977년 6월 30일에 정식으로 해체되었다(Wikipidia, 2010. 11. 05).

방문한 이후 그의 보고서에서 당시 그가 방문한 모든 국가의 정치를 움직이는 강력한 동력이 사람들 뼛속 깊숙이 뿌리 내린 민족주의라는 점을 지적했다(Beeson and Jayasuriya, 2009, 364). 그는 이들 국가에서 민족주의는 서구의 '정치적 지배'에 대한 저항이자, 경제적 '착취'에 대한 저항 운동으로 나타났다고 우려했다. 이와 관련해서, 엘리슨 브로이눠스키(Alison Broinowski)는 1950년에 아시아, 특히 동남아시아 지역의 인종에 토대를 둔 정체성 정치가 등장했다는 점을 지적했다(2003, 7). 이는 범－아시아(pan-Asia) 정체성 정치로 간주되기도 했는데, 이때 서구는 아시아의 타자로 간주되었고, 호주는 그러한 서구를 상징하는 비참한 대상으로 묘사되었다. 그녀에 따르면, 당시에 동아시아에서 호주는 "2등급 또는 3등급 국가"이며, "백인이 대다수의 인구를 차지하고 있으며, 원주민과 아시아인에 대한 인종적 차별의 역사를 가진", "그리고 아시아 경쟁국들로부터 노동과 산업 유입을 막고 있는" 국가로 간주되었다(2003, 7).

다른 한편, 호주 국내에서 아시아가 단순한 위협의 대상이 아니라는 시각이 1960년대 후반에 접어들며 서서히 대두되기 시작했다. 호주의 이러한 시각 변화에 영향을 미친 가장 중요한 요인으로 대외적인 정치, 경제 환경의 변화를 꼽을 수 있다(Capling, 2008, 604). 먼저, 오랜 기간 호주에 안보 위협의 대상이었던 동남아시아 지역이 점차 안정되기 시작했다. 이에 따라 호주인의 아시아에 대한 안보 두려움이 서서히 사라지는 한편, 위 지역 내 영국과 미국이 군사적 관여를 철회함으로써 호주 정부는 아시아 지역 국가에 독립적으로 관여해야 하는 환경이 조성되었다. 이 시기에 결정적으로 호주의 대외 무역 여건이 변화하기 시작했다. 무엇보다도, 1970년대 초반에 일본이 영국을 제치고 호주의 최대 수출국이 되었으며, 아시아의 신흥 경제국들의 성장이 호주에게 새로운 경제회생의 기회로 인식되기 시작했다. 이에 당시 집권당이었던 노동당의 고프 위틀람(Gough Whitlam) 정부(1972~1975)는 1973년에 공식적으로 백호정책을 폐기함과 동시에 국가 정책 근간으로 다문화주의를 수용했다. 이를 통해 위틀람 정부는 백호가 아닌 '다문화 호주(Multicultural Australia)'라는 새로운 국가 정체성 확립을 통해 이민자 간 민족 갈등을 해소하고, 국제사회에서 '작은 영국(Little Britian)'이라는 이미지에서 벗어나고자 시도했다(Jones and Benvenuti, 2006, 106). 또한 호주가 국제사회에서 새롭게 부상한 중국에 대해 소련과 별개의 대외 관계 형성이 필요하다는 인식으로 중국 정부와 대외적인 관계를 정상화하기 시작한 것도 이때부터이다. 이런 점에서 위틀람 전 총리는 강대국의 그늘을 벗어나 독립적으로 호주의 대내외적 국가정체성 및 위치를 재조명했던 최초의 총리였다.

4. 호주를 아시아로 재배치시키기(1989~1996): 선량한 국제 시민권 구축 및 근대화 시기

위틀람 정부 이후 호주의 아시아에 대한 관심은 증가했지만, 호주 정부가 본격적으로 '아시아와의 관여'를 정책적으로 추진한 것은 1983년에 재집권에 성공한 노동당의 밥 호크(1983~1991)와 이후 폴 키팅(1991~1996) 총리 시기로 알려져 있다. 호크와 키팅 총리로 이어진 노동당의 아시아와의 관여 정책은 한마디로 호주를 아시아로 재배치시키기 위한 복합적인 정치 프로젝트라고 할 수 있다(Gorjão, 2003,

184). 크게 보자면, 노동당의 아시아 관여 정책의 특징은 한편으로 경제적 관여의 확대와 강화이고, 다른 한편으로는 호주의 '아시아적' 국가정체성 획득을 위한 노력으로 요약된다. 이를 자야수리야의 표현을 빌리자면, 탈냉전 시기 호주 노동당 정부는 중진국으로서 아시아와 관여하며 '국제사회의 선량한 시민권(good international citizenship)'을 구축하고자 하였다(Jayasuriya, 2010, 486-487). 그 당시에 무역자유화를 위한 신자유주의 경제 구조개혁이 국제 사회에서 강조되었던 때였기 때문에 노동당 정부가 말하는 '국제사회의 선량한 시민권' 구축 프로젝트는 호주가 솔선수범해서 신자유주의 경제개혁과 함께 더욱 포용적인 정치적 시민권 개념을 수용하는 것이었다. 또한 안보 측면에서도 노동당 정부는 강대국인 미국과 아시아 지역을 연계하는 중진국으로서 아시아태평양 지역 협력을 통한 안보 강화와 인권 중시 외교를 강조하기 시작했다.

먼저, 1983년에 총리직에 오른 호크 총리는 3단계 외교정책을 표방했다(Johnson et al., 2010, 64). 첫째는 호주-뉴질랜드-미국 간의 군사적 동맹관계(ANZUS) 강화이며, 둘째는 유엔과 위틀람 정부에 의해 맺어진 국제협약을 중시하는 다자주의 노선 채택이다. 마지막으로 셋째는 호크 총리의 새로운 정책 방향인 '아시아와 관계망 만들기(enmeshment with Asia)'이다. 과거 정부에 비해 아시아와 관계 개선을 희망했던 호크 총리는 '아시아와 관계망 만들기'라는 용어를 직접 사용하기 시작했다. 호크 총리 시기의 '아시아와 관계망 만들기' 정책의 대표적인 업적으로 1989년에 유엔에 의해 인준된 캄보디아 평화협정안 설계에 호주 정부가 적극 기여한 점을 들 수 있다.[12] 또한 호크 총리는 아시아·태평양 지역 내 경제협력을 지원하는 제도적인 기구가 있어야 한다는 필요성 하에 아시아태평양경제협력기구(APEC) 창설을 제안하기도 했다.

호크 총리 시기에 특히 아시아와의 경제 관여가 중요하게 부각되었는데, 이를 이해하기 위해서는 그 당시 호주의 경제 상황을 살펴볼 필요가 있다. 먼저 1980년대 호주의 경제는 상당한 침체기를 거치고 있었다. 그 주요 원인으로 호주의 지나친 1차 산업 의존적 경제구조를 지적할 수 있다(Griffiths and Wesley, 2010, 16). 구체적으로, 그 당시 호주의 경제가 농산물과 광물 수출에 의존하고 있는 반면에 정부의 상당한 보호를 받았던 제조업이 국내 소비를 담당하는 것 이상의 역할을 해내지 못하고 있었다. 이로 인해 1980년대 중반까지 호주의 글로벌 무역 경쟁력은 상당히 약화된 상태였고, 정부는 고질적인 경상수지 적자와 국가의 실질소득 감소에 시달리는 상황을 벗어날 수 없었다. 하지만 글로벌 시장 경쟁에서 호주 경제가 고전을 면치 못하고 있던 이 시기에 오히려 동아시아 국가의 경제력은 급성장하며 호주의 경제에 미치는 영향력을 확대하고 있었다(Jones and Benevenuti, 2006, 107).

이와 같은 호주의 대내외적 경제상황은 당시 호크 총리의 경제 자문이었던 경제학자 로스가노(Ross Garnaut)가 제출한 가노 보고서(Garnaut, Report)에서 구체적으로 언급되었다(Capling, 2008, 607). 가노 보고서의 가장 중요한 지적 사항은 글로벌 경제활동의 중심으로 부상한 동아시아는 호주에게 전례 없이 긍정적인 경제적 기회를 제공할 것이며, 이 기회를 적극 활용하기 위해서는 호주인들이 아시아

---

12) 당시 외무장관이었던 가레스 에번스(Gareth Evans) 당시 외무장관이 캄보디아 평화협정안을 주도적으로 설계했다.

이웃 국가와 효과적으로 일하는 법을 배워야 한다고 강조했다. 그리고 보고서의 결론에서 그는 정부가 주목해야 할 새로운 정책영역으로 국내 경제구조개혁, 이민, 아시아 국가에 대한 언어훈련 및 교육, 문화에 대한 이해고취, 지역 협력 등을 포함할 것을 제안했다. 호크 정부에 의해 전격 수용된 가노 보고서는 이후 키팅 정부하에 이뤄진 호주의 신자유주의 경제 구조조정 및 주요 대내외 정책 개혁에 주요한 토대를 제공했다.

가노 보고서를 토대로 호크 정부가 취했던 아시아와의 경제관여 노력은 국내 경제 구조개혁과 함께 대외적으로 지역의 경제협력을 지원하는 제도적 장치의 도입, 즉 APEC 이니셔티브 구상으로 요약할 수 있다. APEC 이니셔티브를 제안한 호주 정부는 북미 및 유럽에는 지역 경제기구가 있고, 그들 블록 내에서 보호무역주의와 타 지역과의 차별적인 무역 관행이 이뤄지고 있으나 정작 동아시아지역에는 이에 대응할 만한 지역기구가 부재하다는 점을 문제로 인식했다. 이에 호크 총리는 1989년 1월에 서울을 공식 방한했을 때 아시아태평양지역 공동체(이후 APEC으로 발전)가 필요하다는 점을 처음으로 언급했었다. 그리고 그로부터 몇 개월 후에 호주의 수도인 캔버라에서 최초의 APEC 회의가 개최되는 성과를 얻었다. 그 당시에는 지역 내 12개 국가 즉 아세안 6개국, 일본, 한국, 호주, 뉴질랜드, 캐나다, 미국의 경제, 외교부 장관들이 회의에 참석했다. 이후 APEC은 키팅 총리 시기인 1993년에 정상회담으로 격상되었다. 이처럼 호주의 APEC에의 적극적 참여는 호주의 ASEAN 지역포럼인 ARF(ASEAN Regional Forum) 참여와 함께 1990년대 초반 호주의 대표적인 대아시아 관여 정책이자 중진국 외교정책으로 평가받고 있다(Jayasuriya, 2010, 487).

여기서 한 가지 더 주목할 사항은 가노보고서가 아시아를 호주 경제 회생을 위한 기회의 장으로 만들기 위해 거시, 미시 경제 정책만을 제안한 것이 아니라는 점이다. 앞에서도 언급했듯이, 가노 보고서는 호주가 '아시아와의 관여'를 통해 성공적인 경제 재도약을 이루기 위해서는 사회제도 및 호주국민 개개인이 함께 변해야 함을 강조했다(Garnaut, 1989). 이를 위해 정부는 아시아 이민 정책의 확대와 함께 호주인들에게 아시아 국가의 언어 훈련 및 교육을 통한 아시아 지역 및 문화에 대한 이해를 고취시키기 위해 노력해야 한다고 강조했다. 사실 이러한 가노의 요구는 그의 독창적인 생각이라기보다는 이미 오래전부터 호주 사회에 확산되어 있던 아시아 국가의 언어 및 이해 교육에 대한 정책 요구를 반영한 것으로 해석할 수 있다(Beeson and Jayasuriya, 2009, 368). 이후 학계, 교육계, 정치권 내부 등에서 아시아에 대한 교육 및 국가별 언어 훈련에 대한 요구가 지속되었고, 결국 키팅 정부는 '전국 학교 내 아시아 언어 및 아시아학 전략(NALSAS: the National Asian Languages and Studies in Australian Schools Strategy)'을 채택했다. 이 전략은 한국, 중국, 일본, 인도네시아 등 아시아 4개국의 언어와 문화를 연구하는 학교에 연방정부가 1996년부터 10년 동안 장기적으로 재정지원을 한다는 것이었다. 이 전략으로 인해 호주 내 아시아 언어 및 아시아학 발전의 틀이 마련되는 듯했으나, 보수연합의 존 하워드 정부는 프로그램이 효율적으로 진행되지 않는다는 이유로 2002년에 조기 폐지했다.

이와 함께 1990년대 초기에 키팅 정부는 아시아 지역 내 국가로부터 완전하고 동등한 파트너 국가로 인정받기 위해 부단한 노력을 기울였다. 키팅 총리는 우선 호주국민에게 호주의 '아시아와의 관여'가 중요하다는 점을 강조하며, 호주의 '아시아로의 역사적 이동'이 일어나고 있으며, '아시아의 미래에 호주가 자리 잡고 있다'는 말을 연설에서 종종 언급하기도 했다(Capling, 2008, 608). 키팅 총리와 함께 호주를 아시아에 재배치시키는 작업의 선두에 섰던 또 다른 인물로 당시에 외무부 장관을 역임했던 가레스 에번스를 들 수 있다. 에번스 장관은 동아시아경제그룹(East Asian Economic Group)[13] 등과 같은 지역 기구에서 호주가 배제될 가능성을 경고하며, 호주의 아시아 지역으로의 통합 및 파트너십 구축의 중요성을 수차례 강조했다. 이러한 키팅 정부의 노력은 호주인들에게 인식전환을 요구하는 것이었다. 예를 들어, 키팅 총리는 1992년 아시아-호주연구소에서 행한 연설에서 "호주의 정체성은 변했고, 동아시아와 적극적으로 관여하는 근대적, 전 지구적, 다문화적, 독립적인 국가가 되어간다"고 언급했다. 또한 그는 호주인들이 자신의 국가를 인식할 때, "제국의 영혼과 함께하는 것이 아니라", "유럽의 대리인, 미국의 하수인"이 아닌 "우리의 아시아 지역 내 위치한 '있는 그대로' 우리의 모습을 표현해야 한다"고 주장했다(Johnson et al., 2010, 65). 이런 점에서 호주의 '아시아와의 관여'는 호주에서 최초로 나타난 거대한 문화 변혁 또는 탈식민 근대화 프로젝트라고 간주되기도 한다(Capling, 2008, 608). 그리고 그 프로젝트 속에는 호주의 경제적 글로벌라이제이션과 함께 독립적인 대외관계에 대한 입장과 호주의 식민지적 유산을 전복시키고 공화국

---

13) 1990년에 말레이시아의 마하티르총리에 의해 제안되었고, 이는 지역주의 색채를 다소 약화시킨 동아시아 경제회의(East Asian Economic Caucus)로도 불린다. 아세안과 중국, 일본, 한국 지역 내 자유무역지구 건설을 의미하는 안이었으나 미국을 의식한 일본이 참여를 주저했고, 중국이 단독 가입조건의 벽에 부딪쳤다. 또한 아세안 국가 간의 합의 도출에도 실패했기 때문에 이 제안은 폐기되었으나, 후에 1997년 아세안 +3으로 계승, 발전했다(신윤환, 2009).

으로 나아가려는 정치적 의도가 내포되어 있었다고 볼 수 있다.

그러나 노동당의 이러한 아시아 관여 정책은 노동당 정부의 확고한 의지에도 국민들로부터 전격적인 지지를 얻는 데는 실패했다. 앤 캐플링(Ann Capling)은 키팅 총리와 에번스 외무장관이 호주의 '아시아로의 재배치', 호주의 '아시아적 운명' 등을 주장했지만 결코 그들이 호주가 '아시아 국가'라고 정체성을 밝힌 적이 없다는 점을 지적했다. 즉, 키팅 정부는 호주가 유럽이나 북미 국가가 될 수 없는 것처럼 아시아 국가도 될 수 없다는 애매모호한 입장을 보였다고 언급했다(앞 저자, 609). 그들의 애매모호한 태도에도 전통적으로 강한 앵글로 캘틱(영국계, 아일랜드계) 정체성을 가지고 있던 대다수 호주인에게 자국을 아시아로 재배치해야 한다는 노동당 정부의 노력은 위협적이고 도전적인 것으로 받아들여졌다. 일례로 호주의 주요 일간지 <The Australia>의 대외 정책 관련 편집인 그레그 셰리든(Greg Sheridan)은 1995년에 "호주는 지금 '혁명'을 경험하고 있다. 이는 호주인의 아시아화, 즉 정신과 몸의 변형이다. 내가 말하는 것은 호주인의 삶이 아시아화된다는 것이다"라고 썼다(앞 저자, 610). 이러한 쉐리던의 글은 호주인들의 호주와 아시아에 대한 이분법적 관점을 더욱 강화시키는 계기가 되었다. 더불어 1990년대 중반으로 접어들며 키팅 정부의 친아시아 정책에 대해 줄곧 비판적인 입장을 취해왔던 보수연합에 대한 여론 지지도가 상승하기 시작했다. 이와 함께 1996년에 이민, 아시아인, 원주민 등 사안에 대해 극단적으로 부정적인 주장을 했던 폴린 핸슨이 하원의원으로 당선된 사건도 노동당의 아시아 관여 정책에 대한 강한 역풍의 대표적 예라고 할 수 있다.[14] 이런 상황에서 키팅 총리는 결국 1996년 선거에서 보수연합에 패배하고 말았다.

또한 당시 호크 총리로부터 키팅 총리로 이어진 아시아 관여 정치
는 국내뿐 아니라 국외, 즉 아시아 여러 국가에 의해 환영받지 못했
다. 대표적으로 말레이시아의 마하티르 수상은 호주의 APEC 구상을
비판했으며, 호주의 동아시아 경제회의(East Asia Economic Caucus)
가입과 ASEAN 자유무역 협정 가입에 공개적으로 반대한 것으로 알
려졌다(Johnson et al., 2010, 65). 또한 1994년에 싱가포르의 리콴유 총
리도 호주 정부가 자국을 아시아로 재배치하려는 노력은 자칫하면
호주를 '아시아의 불쌍한 백인 쓰레기(Poor White trash of Asia)'로 전
락시킬 위험이 있다고 비판했다. 자야수리야는 당시 노동당 정부의
대외정치에 대해 말레이시아와 싱가포르 지도부가 강력히 비판한 이
유는 호주의 대아시아 정책이 아시아 국가보다는 미국이나 영국과
같은 강대국의 요구를 더욱 적극적으로 반영하는 양가성을 보였기
때문이라고 설명했다(Jayasuriya, 2010, 488). 예를 들어, 호주의 대표
적 중진국 외교 성과로 꼽히는 APEC 구상의 경우 호주는 마하티르
총리가 원했던 동아시아 지역 내 국가만의 협력체보다는 미국이 관
여할 수 있는 아시아태평양 지역 협력체를 지지했기 때문이다. 즉, 호
주는 자국을 아시아로 재배치하고 있다고 강조했지만, 실제 여전히
미국과 아시아 사이에서 미국에 편향적인 다시 말하자면, 아시아에
대해 양가적인 입장을 보였다고 할 수 있다. 결국 대내외로부터 강한
역풍을 맞았던 폴 키팅 총리의 아시아 관여 전략은 1996년 보수연합
의 존 하워드 총리의 총선 승리와 함께 새로운 국면으로 접어들었다.

---

14) 폴린 핸슨에 관한 구체적인 내용은 문경희(2008)를 참고.

5. 호주의 가치와 앵글로 영향권 시기(1996~2007)

1996년부터 2007년까지 집권한 보수연합의 존 하워드 총리는 그동안 노동당 정부가 전개해왔던 아시아 중심의 대외정책을 전면 수정하고 나섰다. 그는 노동당 정부가 대외정책에서 큰 비중을 두지 않았던 미국, 유럽과 친밀한 관계를 맺을 필요가 있음을 강조하며, '아시아와 먼저, 그러나 아시아만이 아닌(Asia first, but not Asia only)' 정책을 펼치겠다고 주장했다(Gorjão, 2003, 188). 반아시아 정서를 가진 존 하워드 총리는 폴 키팅의 대외정책이 호주의 역사와 지리적 특성 간의 균형을 상실한 것으로 비판하며, 아시아 국가와의 관여가 선별적으로 이루어져야 한다는 점을 강조했다. 키팅이 아시아지역으로부터 얻는 것보다는 주는 것이 더 많은 외교를 했다는 점 또한 지적하며, 앞으로는 '줄 것은 주고, 받을 것은 받는' 외교를 하겠다고 선언했다. 또한 그는 호주의 대외정책이 명확한 의미의 국익과 우리의 가치에 토대를 두고 만들어져야 한다고 주장하기도 했다.

호주의 영국적 정체성을 강조한 하워드 총리는 '호주의 가치(Australian Values)'를 국정운영의 원칙으로 강조하며 호주가 우수한 서구 국가임과 동시에 문화적, 인종적으로 이질적인 아시아·태평양 국가와 다르다는 점을 강조했다. 그가 강조한 '호주의 가치'의 세 가지 주요 특징은 다음과 같다. 첫째 호주의 독특한 위치, 즉 영국, 지금은 서구로 일컬어지는 지역(Anglosphere)의 역사적 유산으로 인종적, 문화적 유산을 포함한다. 두 번째는 호주의 정치와 정책의 '스타일과 신념'으로, 구체적으로 자유주의 민주주의적 정치 제도를 의미한다. 마지막 세 번째가 친밀한 미국과의 전략적 동맹 관계이다(Jayasuriya 2010,

491). 그가 호주의 역사와 지정학적 위치에 따라 정의한 호주의 가치는 다음 인용문에서 드러난다.

> "독특한 교차－아시아에 이웃한 서구 국가이자 미국, 유럽과 강한 연계를 가진 국가인 호주는 아시아 지역과의 관계에서 독특한 자산을 활용할 수 있다."

하워드 총리는 당선되기 이전부터 '하나의 호주(One Australia)'라는 구호를 외치며 아시아 이민자들의 호주 유입과 원주민들의 토지 소유권 등을 반대하며, 호주의 백호 정체성을 옹호했었다(Manne, 2004). 이와 함께 그는 호주 정부가 1975년부터 공식적으로 이민 및 문화정책으로 채택한 다문화주의를 공식적으로 비판하기도 했었다. 예를 들어, 1988년 총선에 출마한 그는 '다양성 속에 통합'을 강조하는 다문화주의가 그를 포함한 호주인에게 "우리가 누구인지, 우리가 무엇을 믿어야 하는지를 혼란하게 만드는 것"이라고 밝힘으로써 아시아인들의 호주 이민을 제한해야 한다고 주장했다(문경희, 2008, 283). 또한 대외적으로 하워드 총리는 그동안 노동당 정부가 강조했던 중진국 외교에 대해서는 별다른 관심을 보이지 않았으며, 오히려 강대국인 미국과의 친밀한 동맹관계 강화에 더욱 주력하는 모습을 보였다.

한편, 2001년에 발생한 9·11 사건은 지역 관여에 대한 새로운 이념적 서사를 만드는 데 기여함과 동시에 안정적인 시민권 구축 프로그램을 개발하는 데 기여했다(Jayasuriya, 2010, 491). 래 웨어(Rae Wear)는 하워드 총리 집권 시기는 9·11 테러로 인해 초래된 공포 및 걱정으로 가득 찬 시기로 규정질 수 있다고 평가했다(Wear 209, 109). 구체적으로, 9·11 이후 미국과 호주의 친밀한 관계를 통해 호주는 넓은 의미의 서구와 민주주의 동맹국의 주요 구성원으로서의 정체성을 강조했다. 이러한 존 하워드 총리의 노력은 호주가 미국의 최고 우방국으로서 대 이라크 전쟁 및 대 아프간 전쟁을 적극 지원하고, 또한 미국과 함께 유일하게 교토의정서에 서명을 거부하는 등으로 나타났다. 또한 이들 국가에서 난민들이 자국 영토로 유입되는 것을 '국익'에 도움이 되지 않는다는 이유로 엄격히 통제했다.15) 다른 한편, 하워드 정부는 2002년 발리폭탄테러 사건과 이후 태평양 연안 국가의 내분 등으로 인해 인도네시아, 파푸아뉴기니, 솔로몬아일랜드 등의 분쟁과 갈등이 자국의 안보위협 요소임을 내세웠다(AusAid, 2006). 그는 이들 국가를 '허약한' 또는 '실패한' 국가로 명명하고 '호주의 가치'와 국익의 입장에서 이들에 대한 원조프로그램 강화를 통해 수원국의 거버넌스 개선에 직접 관여하겠다는 입장을 밝혔다.

하워드 정부의 대외정책에 관해 좀 더 살펴보면, 그는 국제기구를 중심으로 한 다자협력보다는 호주와 개별 국가 간의 양자협력에 초점을 두었다. 이를 위한 근거로 그는 양자주의가 궁극적으로 호주의 지역적이고 다자적인 블록 형성의 토대가 될 것이라고 주장했다(Capling, 2008, 611). 그는 무엇보다도 지역의 안정을 위해 미국의 관여가 필수적이라고 간주하고, 호주와 미국 간의 군사적 관계뿐만 아니라 경제적 동맹관계 또한 재정립하고 강화하는 데 주력했다. 이러한 노력을 보여주는 일례로, 하워드 총리는 2001년 9·11사건, 2002년 발리폭탄테러 사건 이후인 2003년에 『국익 향상하기(Promoting

---

15) 하워드 총리의 반난민 정치를 대표적으로 보여주는 사건은 2001년 총선을 앞두고 전개된 '탐파 위기(Tampa Crisis)'이다. 자세한 내용은 문경희(2008:283 – 4)를 참조.

National Interest)』라는 백서를 발간했다. 이 백서를 통해 그는 미국과의 긴밀한 양자관계가 호주의 국익 향상에 결정적임을 강조했다. 특히 여기에서 무역정책을 폭넓게 안보 전략과 연계시켜 다루기 시작했다(Beeson, 2003). 이런 맥락에서 그는 그 당시에 추진 중이었던 미국과의 자유무역협정을 호주의 경제적 지위 향상뿐 아니라 정치적, 즉 미국과의 군사동맹 강화와 연계해서 협정에 대한 국민의 지지를 호소하기도 했었다.

존 하워드 총리의 양자주의 중심의 선별적 외교는 대 아시아 외교에서도 두드러졌다. 그의 '아시아 관여' 정책은 주로 경제적 영역에서 이루어졌다. 갈수록 호주뿐 아니라 세계 경제에서 아시아 국가가 차지하는 비중이 증대하면서 존 하워드 총리도 아시아 국가와의 관계를 고려하지 않을 수 없었다. 그 결과 그는 호주 경제에 가장 중요한 영향을 미치는 수출입 국가, 즉 일본, 한국, 싱가포르, 태국 등과 긴밀한 양자관계를 맺는 데 주력했다(Cotton and Ravenhill, 2001. 5). 그의 임기 동안에 호주와 중국 사이의 관계 발전이 있었으나 여전히 대만을 중심으로 한 미국과 중국 간의 갈등 요인 때문에 하워드는 중국을 견제하는 입장도 동시에 취했다. 더욱이 존 하워드 총리는 과거 폴 키팅 총리의 대아시아 정책을 견제했던 말레이시아나 주변국인 인도네시아와의 관계 정상화에도 큰 노력을 하지 않은 것으로 평가받고 있다.

하지만 하워드 총리의 임기 동안에 그의 아시아에 대한 접근 방식으로 인해 호주와 아시아 간의 관계가 멀어지거나 악화되었다고 판단하면 오류라는 지적이 있다(Wesley, 2007, 95−96). 웨슬리는 이를 '하워드 패러독스(Howard Paradox)'라고 일컬으며, 하워드의 방식이 아시아 국가와의 관계를 악화시키지 않을 수 있었던 요인에 관해 설명했다. 웨슬리에 따르면, 첫째는 하워드 정부가 미국이나 유럽처럼 아시아의 인권 침해나 권위주의 정부에 대한 논란에 좀처럼 끼어들지 않았다는 것이다. 이는 하워드 총리의 선별적 아시아 관여 정책이 오직 경제적 실리주의에 바탕을 둔 것이기 때문이다. 즉, 하워드 총리는 이미 호주와 지역 내 아시아 국가 사이에 문화가 다르다는 것을 인정했었고, 그로 인해 주권 국가 간의 상호존중이 중요하다는 인식을 바탕으로 아시아의 인권 침해 논란에 대해서는 침묵의 외교를 펼쳤다. 그러므로 미국이나 유럽과 비교해서, 이러한 하워드 총리의 단순한 경제 중심 실리주의 외교가 오히려 아시아 국가에 미국보다는 아시아 '스타일'의 외교로 받아들여졌다고 볼 수 있다.

위슬리의 두 번째 설명은 하워드 총리의 아시아 관여 외교가 양자주의뿐 아니라 APEC, ARF, EAS 중심의 지역협력기구 중심으로 이뤄졌다는 것이다. 키팅 정부 때와 유사하게, 하워드 정부 초기 시절에도 호주는 아시아 국가의 '오직 아시아 국가(Only Asia)' 중심의 지역주의 때문에 지역협력기구(ASEAN+3, ASEAN TAC)에 가입하는 것이 허용되지 않았다. 이에 대해, 하워드 정부에서 외교부 장관을 수행한 다우너(Downer)는 아시아 국가가 '감정적 지역주의', 즉 지리에 바탕을 둔 실용적인 지역주의가 아니라 공통의 역사 및 문화적 연계에 토대를 둔 지역주의에 집착하고 있다고 비판한 적이 있다(Capling, 2008, 617). 하지만 2004년에 하워드 총리는 아시아 경제위기 이후 설립된 EAS 가입에는 성공했다. 이에 대해 웨즐리는 호주의 EAS 가입이 하워드 총리가 지역기구에 가입하기 위해 대단한 노력을 해서가 아니라 회원국들의 경제 논리 때문이라는 점을 분명히 했다. 또한 무엇보다도, 호주의 **EAS** 가입 시기가 호주의 지역기구 반대에 가장 앞장섰던 말레이시아의 마하티르 총리 퇴임 직후에 이루어졌기 때문에 다른 회원국들의 반발이 크지 않았다는 것이다. 이 점을 염두에 둔다면, 하워드 총리의 아시아 관여가 실패하지 않았던 가장 큰 요인 또한 국제경제 질서의 변화에서 찾을 수 있다.

6. 나오며

이상의 내용을 요약하자면, 변화하는 국제정치경제 질서에 대응하기 위해 호주의 노동당과 보수연합이 지속적으로 아시아와의 관계를 재정립하고 있고, 그 과정에 호주의 국가정체성에 대한 논쟁이 위치한다. 이러한 논쟁은 호주가 식민 역사와 지정학적 위치 사이에서 지속적인 딜레마를 경험하고 있다는 점과 함께, 결국 이로 인해 호주의 아시아와의 관계가 상당히 양가적 입장에서 전개되고 있다는 것을 보여준다. 더욱이 인종주의 역사와 지정학적 위치 사이에서 나타나고 있는 정체성 갈등과 이로 인한 호주와 아시아 국가 간의 상호작용적인 배제와 내재 논리는 호주 정치공동체의 아시아에 대한 양가적 입장을 강화시킨다. 이는 하워드 이후 새롭게 총리가 된 노동당의 케빈 러드 총리의 아시아 관여 정치에서 호주 정부의 양가적 입장이 더욱 두드러졌다는 점과 관련 있다. 호주 정부는 궁극적으로 경제적인 목적을 위해 아시아와 관여는 하되 국내외적으로 아시아와 자국을 지속적으로 '타자화'하고 있다고 볼 수 있다. 21세기를 '아시아태평양의 세기'로 인식한 러드 전 총리가 아시아와 적극적으로 관여는 하되 과거 노동당 정부와는 달리 미국과의 경제적, 정치적 동맹관계 유지에 더욱 주력하는 대외정책을 폈다는 점에 주목한다. 더욱이 그는 호주를 서구 국가로 정체하며, 다만 호주를 '서구 국가 중에 아시아에 대해 가장 잘 알고 있는 국가'로 만들겠다는 포부를 밝히며 과거 하워드 정부가 폐지한 아시아 언어 및 아시아학 발전 프로그램을 부활시켰다.

한편, 과거 노동당과 보수연합의 국가정체성에 대한 논쟁은 결국 양 정치공동체의 국제 질서에 대한 인식을 반영한 것이다. 즉, 노동당이 호주의 안보와 번영을 위해 가장 중요하게 협력해야 할 지역으로 아시아를 주목했다면, 보수연합의 경우에는 아시아 지역보다 과거부터 우방국인 미국과 영국을 포함한 유럽 지역에 더 비중을 두었다. 이러한 노동당과 보수연합의 대외적 인식 차이로 인해 호주의 국가정체성, 나아가서 대외적 위치가 모호하게 규정되어 왔다고 할 수 있다. 이와 관련해서 휴 콜린스(Hugh Collins)는 "호주가 어느 지역에도 속하지 않는 국가이다"라고 언급했다(Griffiths and Wesley, 2010, 162). 이는 변동하는 국제 질서가 호주의 번영과 안보의 조건에 즉각적으로 영향을 주기 때문에 호주의 이익과 정체성이 특정한 영역에 지속적으로 연계될 수 없다는 의미로도 해석된다. 이에 대해 그리피스와 웨슬리는 호주가 자국의 활동 무대를 글로벌 또는 지역 둘 중 한 곳을 고를 수 있는 위치에 있지 않다는 점을 강조했다. 왜냐하면 그들은 호주의 운명이 한편으로는 미국과 가까운 안보동맹 관계를 유지하며, 다른 한편에서는 중국과 경제적 연계를 강화하는 데 달렸다고 간주하기 때문이다. 게다가 호주는 동남아시아와 일본 등 다른 동아시아 국가와 발전적 관계를 유지해야 하는 운명에 처했기 때문이다. 이런 차원에서 호주는 강대국인 미국과 아시아, 그 어느 지역과의 관여도 소홀히 할 수 없는 입장이라고 할 수 있다. 이런 점에서 위와 같은 러드 전 총리와 현 길라드 총리가 이끄는 노동당 정부의 아시아 관여 정치가 향후 더욱더 심도 깊고 폭넓게 논의될 필요가 있다. 그 이유는 호주의 아시아 관여 정치는 현재 진행형이라는 점, 그리고 호주의 아시아 관여 정치는 국제요인과 국내체제 변인의 상호작용에 의해 지속적으로 진화 중인 국가 프로젝트라는 점 때문이다.

참고문헌

문경희. 2008. "호주 다문화주의의 정치적 동학: 민족 정체성 형성과 인종·문화 갈등."『국제정치논총』. 제48집 1호.

신윤환, 2009. "동남아지역주의와 '동아시아 공동체': 그 역사에 대한 재해석."『동아연구』. 제56권. pp.107~138.

AusAID, 2006. "A White Paper on the Australian Government for Overseas Aid Program." Australian Aid: Promoting Growth and Stability. Accessed 2010/08/05<http://www.ausaid.gov.au/publications/pdf/whitepaper.pdf>.

Beeson, Mark. 2003. "Trade and the national interest", Paper presented at the 'Symposium: Advancing the National Interest?' by Australian Review of Public Affairs. Accessed 2010/08/11 <http://www.australianreview.net/digest/2003/04/beeson.html>

Beeson, Mark and Jayasuriya, Kanishika. 2009. "The Politics of Asian Engagement: Ideas, Institutions and Academics." Australian Journal of Politics and History. 55(3). 360-74.

Broiniwski, Alison. 2003. *About Face: Asian Accounts of Australia*. Melbourne: Scribe Publications.

Burke, Anthony. 2010. "Questions of Community: Australian Identity and Asian Change." *Australia Journal of Political Science*. 45(1).

Capling, Ann. 2008. "Twenty years of Australia's engagement with Asia." *The Pacific Review*. 21(5).

Cotton, James. and Ravenhill, John. 2001. *The National Interest in a Global Era: Australia in world affairs 19962000*. Melbourne: Oxford University Press.

Elias, Juanita and Johnson, Carol. 2010. "On Re-engaging Asia." *Australia Journal of Political Science*. 45(1).

Garnaut, Ross. 1989. "Australia and the Northeast Asian Ascendancy". *Report to the Prime Minister and the Ministry for Foreign Affairs and Trade*. Canberra: Australian Government Publishing Service.

Gorjão, Paulo. 2003. "Australia's dilemma between geography and history: how consolidated is engagement with Asia?" *International Relations of the Asia-Pacific*. vol. 3.

Griffiths, Martin and Wesley, Michael. 2010. "Taking Asia Seriously." *Australia Journal of Political Science*. 45(1).

Gyngell, Allan. 2008. "Ambition: The Emerging Foreign Policy of the Rudd Government." Lowy Institute for International Policy.

Hobson, John. and Sharman Jason. 2005. "The Enduring Place of Hierarchy in World Politics: Tracing the Social Logics of Hierarchy and Political Change." *European Journal of International Relations*. 11(1).

Jayasuriya, Kanishka. 2008. "From British subjects to Australian values: a citizen-ship-building approach to Australia-Asia relations." *Contemporary Politics*. 14(4).

__________, 2010. "Building Citizens: Empire, Asia and the Australian Settlement." *Australia Journal of Political Science*. 45(1).

Johnson, Carol., Ahluwalia, Pal., McCarthy, Greg., 2010. "Taking Asia Seriously." *Australia Journal of Political Science*. 45(1).

Jones, Martin David and Benvenuti, Andrea. 2006. "Tradition, myth and the dilemma of Australian foreign policy." *Australian Journal of International Affairs*. 60(1).

Kelly, Paul. 1994. *The End of Certainty*. Sydney: Allen and Unwin.

Manne, Robert (ed.). 2004. *The Howard Years*. Melbourne: Black Inc.

Somers, Margaret. 1994. "The Narrative of constitution of identity: a relational and network approach." *Theory and Society*. 20(5).

Tubilewicz, Czeslaw. 2010. "Research Note The 2009 Defence White Paper and the Rudd Government's Response to China's Rise." *Australia Journal of Political Science*. 45(1).

Walker, David. 1999. *Anxious Nation: Australia and the Rise of Asia 1850－1939*. St Lucia: University of Queensland Press.

Wear, Rae. 2009. "The Howard Years: An Evaluation." *Australian Journal of Politics and History*. 55(3).

Wesley, Michael. 2007. *The Howard Paradox: Australian Diplomacy in Asia 1996－2000*. Sydney: ABC Press.

Wikipedia, 'Southeast Asia Treaty Organization'. Accessed 2010/11/05
<http://en.wikipedia.org/wiki/Southeast_Asia_Treaty_Organization>

5. 호주의 대외원조정책과 빈곤퇴치

강우진

1. 서론

호주의 개발원조 공여액수는 2000년 16억 호주달러에서 2004년 22억 호주달러, 2010년의 43억 호주달러로 특히 최근 5년간 약 2배가량 급증하는 급격한 양적 팽창을 이루었다.[1] 양적 규모를 평가하는 또 다른 지표인 국민총소득(GNI: Gross National Income) 대 ODA 비율에 있어서는 2010년 0.32% 수준이었으며 2015년까지 0.5% 수준으로 끌어올리는 것에 대한 의회의 동의가 있었다. 글로벌 금융 위기로부터의 완전한 회복, 국제 원자재 가격의 상승과 광산 개발 붐에 힘입은 일련의 경제 호황은 GNI 대비 ODA 0.5%의 가능성을 높이고 있다. 만일 이 목표가 달성된다면 2005~2010년에 이어 2015년 호주의 원조액은 또다시 두 배로 급증할 것으로 예상된다. 이와 같은 원조액수

---

1) 1호주달러=1172.5원(2011년 9월 20일 기준)

의 증가는 아시아의 저개발 국가 그리고 태평양 도서지역에 만연한 빈곤의 완화 및 새천년개발목표(MDGs: Millennium Development Goals)의 달성을 위해 긍정적인 요인으로 작용할 것으로 기대된다. 하지만 뒤에 자세히 살펴보는 것처럼 인도주의적 지원이 시급한 최빈국보다는 인접 국가에 대한 우선순위, 빈곤퇴치를 위한 직접적인 원조보다는 거버넌스 부분에 지나치게 집중된 예산배분, 과도한 기술지원 형식의 호주의 원조는 그 양적 팽창에도 불구하고 내용 면에서 많은 비판에 직면해 있다.

이 장에서는 호주가 국제 개발과 협력이라는 글로벌 이슈에 대해 어떻게 대처하여 왔는지를 간략히 살펴봄으로써 호주라는 국가에 대한 이해를 돕는 것을 목적으로 한다.

2. 이념과 정책 목표

호주의 대외원조는1950년에 콜롬보(Colombo)의 영연방 외무장관 회의에서 제창된 '남아시아 및 동남아시아 공동개발을 위한 계획(일명 콜롬보 계획)'에 의해 본격적으로 개시되었다. 제2차 세계 대전이 끝나고 동남아시아의 공산화가 진행됨에 따라, 인구가 적은 호주에서는 국가안전보장의 확보가 가장 중요한 국가정책이었고 개발원조는 군사정책과 함께 자국의 안전보장을 실현하기 위한 중요한 정책 수단이었다. 이 시기의 호주의 대외원조는 인근 영연방 국가에게 집중되어 있었으나 1970년대 이후 국가 간의 경제적 상호 의존이 깊어지고 외교상에 있어 대외무역/투자 등의 경제적 관계의 비중이 커짐에 따라 변화가 나타나기 시작했다. 다시 말해, 군사적 안전 보장의 확보는 물론 경제적 이익의 추구도 중요해진 것이다. 특히 1980년 후반에 들어서는 아시아 국가와의 외교적 관계 강화를 위해 중국에 대한 원조를 시작하였다.

1990년대 사회주의 진영의 붕괴와 함께 냉전 체제가 종식을 고하고 국제사회가 보다 다극화된 양상을 보임에 따라 호주는 인근 영연방 국가에 집중되었던 자국의 원조를 베트남을 시작으로 인도차이나 반도에 시행하는 등 아시아 및 남태평양 지역으로 넓히기 시작하였다. 이 시기는 호주의 대외원조 이념에 있어서 큰 전환기이기도 하였는데 1996년 3월에 들어선 보수연합정권은 원조정책에 있어 종래의 안전보장 일변도에서 탈피, 인도적 지원에 대한 협력 강화를 강조하였다. 특히 1997년 호주 정부가 발표한 정책 보고서 'Better Aid for a Better Future'에서는 빈곤 삭감과 지속 가능한 개발을 호주 원조의 구체적 목표로서 명시하였다. 원조 방침으로 아시아 태평양 지역, 특히 인도네시아와 파푸아 뉴기니(PNG: Papua New Guinea), 기타 태평양 도서국, 동남아시아 지역에 우선순위를 책정하였으며,2) 지속가능개발의 달성을 위한 다섯 가지 중점 부문-보건, 교육, 사회기반시설 정비, 농촌 개발, 거버넌스-을 상정하여 집중적인 원조 시행을 명시하였다. 호주 국제 개발청이 2006년에 발간한 원조 백서(white paper)는 1990년대에 일어난 이러한 변화를 "호주의 국제개발원조는, 호주의 국익에 따라, 개발도상국에서의 빈곤 완화와 지속 가능한 발전에 있다"(AusAID, 2006, 1)라고 명시하고 있다.

앞서 언급하였듯 호주의 국제개발원조 목표는 국가안전보장의 확

---

2) 남아시아, 아프리카 그리고 중동 지역에 대해서는 개발 수요에 따른 원조의 선별적 제공을 기술하고 있다.

보에서 빈곤 삭감과 지속 가능한 발전으로 초점을 옮겨 오늘날까지 이르고 있다. 그러나 한 가지 주목할 부분은 이러한 지원이 어디까지 나 호주의 국익에 부합되어야 한다는 전제 조건인데, 백서는 특히 국 익 창출을 위한 방편으로서 원조를 통한 무역 촉진을 강조하고 있다. 또한 동 백서는 원조 이념에서의 변화를 반영하듯 수원국의 빈곤퇴 치를 호주 원조의 중요한 목표로 설정하고 이를 위한 주된 원동력으 로서 '개발도상국에서의 경제 성장'을 강조하였으나 경제 성장이 어 떻게 빈곤퇴치에 연결될 것인가에 대한 구체적 분석은 다루고 있지 않다(Kilby, 2007).

한편, 호주 정부는 2001년의 9·11 테러 사건, 2002년의 발리 폭발 사건 그리고 솔로몬 제도에서의 치안 악화 등 일련의 사태를 겪으며 이들 국가의 경제 성장과 빈곤퇴치를 위해서는 지역의 평화와 안정 이 필수적이라는 인식을 갖게 되었다. 그리고 지역의 불안정이 자국 의 안전보장에 위협요소로 작용한다는 인식이 강화되면서 호주 정부 는 거버넌스 부문에 막대한 원조 예산을 투입하고 있다. 그러나 이러 한 수원국의 거버넌스 부문에 대한 과도한 예산 집행으로 인해 호주 의 원조 프로그램은 수원국에 '친호주 정권 수립'을 목표로 하고 있 는 것이 아니냐는 비판을 받고 있다.3) 앤더슨(Anderson, 2008)은 거버 넌스 부문에 대한 호주의 원조 프로그램이 솔로몬 제도 지역 원조 임 무(RAMSI: Regional Assistance Mission to Solomon Islands)와 같은 간

---

3) 1989년의 세계은행의 아프리카 보고서에 도입된 이래 굿 거버넌스(good governance)의 강조 및 동 부문
   에 대한 지원 강화는 비단 호주뿐만이 아니라 다른 ODA 공여국들에서도 나타난다. 이는 1990년대의 국제
   개발협력 분야에서 볼 수 있는 전반적인 현상이기도 하지만, 이러한 신간섭주의에 대한 호주의 적극성은
   세계 최대 원조 공여국인 미국과 더불어, OEDC 국가 중에서도 보다 두드러진다. 굿 거버넌스에 대한 개념
   및 문제점에 대해서는 웨이스(Weiss, 2000)와 우즈(Woods, 2000) 참조.

섭주의 프로그램을 통하여 호주의 전략적 목적을 위해 사용되고 있다고 지적했다.4)

결국 1990년대에 나타난 호주 원조 이념의 변화는 순수 인도주의적 목적에 기반을 두었다기보다 자국의 정치·경제적 이익 추구와 함께, 안전보장을 실현하기 위한 간접적인 방편으로 등장하였다고 볼 수 있겠다. 즉, 냉전체제의 붕괴로 인한 직접적인 군사안보적 위협이 사라진 상황에서 빈곤이나 분쟁 등으로 인한 인접 개발도상국에서의 정치사회적 급변이 호주에 대한 위협(테러 발발, 난민의 대거 유입 등)으로 작용하지 않도록 인도주의적 지원이 등장한 것이다.

3. 원조 체제

호주의 공적개발원조는 정부의 각 부처에서 부문별 담당하였으나 1974년부터는 신설 부처인 호주 개발원조청(ADAA: Australian Development Assistance Agency)에서 주 업무가 이루어졌다. 그러나 외교부 (1987년 이후 외교통상부)와의 업무 연대가 원활히 이루어지지 않아 1977년 외교부에 통합되어 외교부의 호주 국제개발원조국(AIDAB: Australian International Development Assistance Bureau)에서 ODA를 시행하게 되었다. 이후 1995년에 외교통상부 장관 산하 행정상 독립 기관인 호주 국제 개발청(AusAID: Australian Agency for International Development)이 설립되어 오늘날까지 이르고 있다.

---

4) '국가의 실패(state failure)에 대한 대응'의 사례 연구로서 솔로몬 제도에 대한 호주의 정책을 분석한 연구로는 웨인라이트(Wainwright, 2003)를 참조.

1) AusAID의 조직

AusAID는 호주 외교통상부 산하의 행정상 독립 기관이며 수도 캔버라의 본부와 37개의 해외 사무소를 두고 있다. 2010년 6월 기준으로 총 1,487명의 직원 중 593명(110명의 호주인과 483명의 현지 채용)이 해외 사무소에서 근무하고 있으며, 해당 수원국과 다른 공여국 관계자들과 밀접한 공조 하에 개발 협력 프로그램의 시행 활동을 지원하고 있다. AusAID는 행정상 독립된 기관으로서 외교통상위원회의 멤버인 AusAID 청장은 외교통상부 장관의 감독하에 조직의 예산, 인력 및 개발 방침과 활동에 관한 총책을 맡고 있다. AusAID가 대외원조정책의 기획 및 입안을 담당하고 있지만 최종 결정권은 외교통상부 장관에게 있기 때문에 외교 정책과 원조 정책의 일관성은 확보되고 있는 편이다.

AusAID는 프로그램 전달(Programme delivery), 프로그램 활성화(Programme enabling), 통합 활성화(Corporate enabling)라는 세 가지 운영 기능(operational function)으로 조직되어 있다(OECD, 2009a).

우선 프로그램 전달 기능은 국가별 프로그램의 설계와 실행을 포함하며 아시아 국(局)과 퍼시픽·PNG 국에 의해 관리되고 있다. 그리고 프로그램 활성화 기능은 원조 프로그램의 질을 향상시키기 위한 지원을 지칭하는데 프로그램 활성화 국과 개발 효과실, 글로벌 프로그램 국이 관여하고 있다. 마지막으로 통합 활성화 기능은 모든 국내외 직원들에 대한 교육과 자기계발 기회 그리고 해외 직원들에 대한 기준과 업무 절차에 대한 지침을 마련하는 것에 초점을 두고 있으며

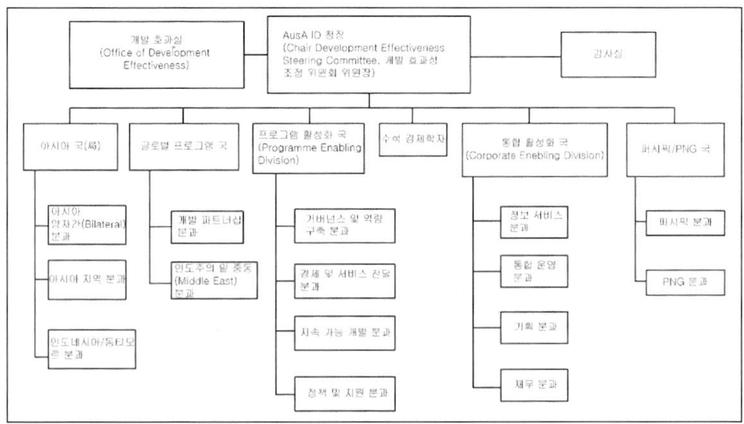

출처: OECD(2009a)

[그림 1] AusAID의 조직도

통합 활성화 국에 의하여 관리되고 있다. 주 업무는 공공 행정, 재무, 인적 자본, 행정 서비스, 안보, 정보·커뮤니케이션 시스템 등이다. AusAID 청장과 5명의 국장으로 구성되는 행정 위원회는 개발 청장을 보좌하여 AusAID의 정책 수립 및 개발 아젠다 구상, 국제 개발 모니터링 등에 대한 책임을 맡고 있다(OECD, 2009a).

2) AusAID의 역할

> *AusAID*는 국제개발에 대한 정책제언을 하고 호주의 국제 개발원조 프로그램을 관리한다. 호주의 원조 프로그램은 *MDGs*를 달성하기 위하여 국내, 해외, 그리고 다자간의 파트너기관들과 협력함으로써 *(개발도상국가)* 국민들의 삶을 지속적으로 발전시키는 데 초점을 두고 있다*(AusAID, 2010. 9.).*

호주의 국제 원조는 개발 프로그램에 관계하는 모든 정부 부처들과 기관들(본부 및 현지 사무소)을 포괄하는 AusAID에 의해 이뤄지고 있다. 주요 업무에는 국제개발협력에 대한 정책 제언과 원조 프로그램의 시행 및 관리가 포함된다.5) 원조 프로그램의 시행이 원활해질 수 있도록 AusAID와 아홉 개의 주요 정부 부처들 간에는 전략적 파트너십 협정(Strategic Partnerships Agreements)이 맺어져 있다. 원조 활동을 위해 AusAID는 국내 NGO와 적극적인 연대를 맺고 있으며, 특히 일정 이상의 요건을 갖춘 NGO에 대해서는 자금원조를 제공하는 프로그램(ANCP: AusAID NGO Cooperation Programme)을 시행하고 있다.

다양한 개발 협력 유관 기관들을 포괄하는 이러한 전정부적 접근법은 원조 프로그램의 일관성 유지를 가능하게 하지만 이를 위해서는 각 부처의 이해관계를 조정하는 것이 아주 중요하다. 그러나 실제로는 독자적인 비전을 지니거나 개발 수요와 원조 효력에 대해 정통하지 않은 다른 기관과의 상충으로 인해 개발원조의 효과가 저해되기도 한다. 예를 들어, 호주 감사국(ANAO: Australian National Audit Office)은 호주 연방 경찰(AFP: Australian Federal Police)이 "RAMSI을 통하여 솔로몬 제도의 공공 치안에 대해 일정 부분 기여를 하였으나, '솔로몬 제도에서의 치안 담당'이라는 그들 임무에 대한 이해와 결과, 문화적 영향, 임무 수행을 위한 필요한 기술이 결여 되어 있었다(ANAO, 2009)"라고 평가하고 있다. 또한 ANAO는 정부 부처의 직원을 배치하는 것은 상대적으로 고비용을 필요로 할 뿐만 아니라 (그들의 기본적 업무가 호주 국내 정책인 탓에) 국제적인 임무를 지원함에 있어 제한

된 역량을 가지고 있다고 기술하고 있다. 이러한 전정부적 접근법은 앞서 언급한 원조 효과를 실현(원조 정책의 일관성 및 효과적인 실행 등)하기 위해 강한 조정력을 필요로 하였고, 이를 위해 2006년 개발 효과성 조정위원회(DESC: Development Effectiveness Steering Committee) 가 설립되었다. 전정부적 협력을 감독·조정하기 위하여 설립된 DESC 는 국제 개발 청장을 위원장으로 하며 외교통상부와 총리·내각부 등의 주요 정부 부처로 구성되어 있는데 ODA 대상 새 사업 제안서에 대한 자문을 제시한다[그림 2].

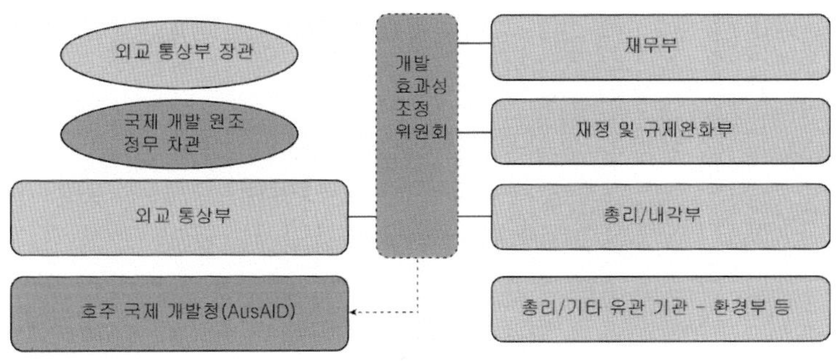

출처: OECD(2009a)

[그림 2] 호주의 개발원조 시스템

AusAID의 주요 역할을 간략히 소개하면 다음과 같다.

- 정부에 대한 실질적인 정책 제언 그리고 정책안의 성공적인 수행
- 국제 개발 예산의 효과적인 관리
- 수원국의 정황에 대한 통찰 등 포괄적 분석에 바탕을 둔 전략 및 정책 수립
- 인도주의적 재난에 대한 신속, 유연, 효과적인 대처를 위한 조정

- 타 호주 기관, 다자간, 국제기구 및 비정부 기구와의 공조

4. 호주 개발원조의 동향

1) 호주 ODA 규모 및 전달체계

다음 [표 1]에서 보는 바와 같이 호주의 ODA는 2000년대 초반 18억 달러를 맴도는 정체 현상을 보였으나 2004년 이후, 급속히 증가하여 2010년에는 31억 달러에 달한 것으로 추정된다. 비록 2005년에 열린 국제 연합의 정상 회담에서 하워드 총리가 발표한 2010년 목표 수치에 한참 못 미치는 규모이지만 2004년 이후에 나타난 전년 대비 ODA 증가율의 상승세는 주목할 만하다. 원조 규모로는 DAC 24개국 중 13번째에 해당한다.6)

[표 1] 호주 ODA의 변화(단위: 백만 US$, 2009년 화폐 기준)

Year	2003	2004	2005	2006	2007	2008	2009	2010[*]
ODA총액(1+2)	1865.9	1892.7	2014.1	2446.7	2660.8	2808.9	2761.6	3095.8
1. 양자 간 ODA	1492.2 (80.0)	1543.3 (81.5)	1737 (86.2)	2069.6 (84.6)	2261.5 (85.0)	2522.6 (89.8)	2311.8 (83.7)	.
2. 다자간 ODA	373.7 (20.0)	349.4 (18.5)	277.1 (13.8)	377 (15.4)	399.3 (15.0)	286.3 (10.2)	449.8 (16.3)	.

출처: OECD DAC 통계
괄호안의 숫자는 전체 ODA에서 차지하는 각 항목의 비율.
*추정치.

---

6) [표 1]에 나와 있는 ODA 총액은 부채 탕감액을 포함하고 있다. 부채 탕감액이 전체 ODA에서 차지하는 각 연도의 비율은 2006~2008년 걸쳐 평균 약 10%이며 나머지 기간은 1%보다 적은 규모이다.

ODA의 집행 방식에는 양자 간 원조와 다자간 원조 두 가지 형태가 있다. 전자는 원조 공여국의 수원국(정부·비정부 기구 포함)에 대한 직접적인 지원(프로젝트·프로그램 원조, 기술 협력, 개발 식량 원조, 부채 탕감, 긴급 구호와 같은 인도주의적 원조 등으로 구성)을 지칭한다. 반면에 후자는 UN, 세계은행 혹은 아시아 개발 은행과 같은 지역 개발 은행 등의 국제기구 및 단체를 통한 국제 원조를 말한다.[7) [표 1]과 [표 2]에서 보듯 호주의 경우, 양자 간 원조가 전체 ODA의 80% 이상을 차지하고 있으며 이는 G7 및 DAC 회원국 평균보다 훨씬 높은 수준이다.

양자 간 원조는 2004년 인도양 쓰나미 사태로 인한 인도네시아의 피해 복구를 위하여 마련되었던 '재건과 개발을 위한 호주-인도네시아 전략적 파트너십(AIPRD: Australia Indonesia partnership for Reconstruction and Development)'에 배분된 1억 호주달러를 제외하고 거의 모든 (양자 간) 원조가 무상으로 이루어져 있고 비구속성 원조[8)라는 사실은 원조의 이상적인 형태로서 높이 평가받을 만하다. 하지만 뒤에서 살펴보듯이 양자 간 원조의 집행이 인도주의적 관점에서 지원을 우선적으로 필요로 하는 최빈국보다는 몇몇의 인근 국가에 집중되어 있다는 점에서 많은 비판을 받고 있다. 결국 양자 간 원조의 이러한 높은 비율은 앞 절에서 보았듯이 호주가 대외원조를 자국의 외교 전략의 일환으로써 활용하고 있다는 사실을 반영한다고 할 수 있겠다.

---

7) 다자간 원조의 경우, 공여국의 정체가 드러나지 않기에 정부 주도의 원조가 불가능한 지역에 대한 원조의 가능성, 그리고 각국의 정치·외교적 이해관계에 따라 결정되기 쉬운 양자 간 원조에 비해 지원을 필요로 하는 최빈국 혹은 범지구적 문제들에 대한 원조의 집행이 수월하다는 이점이 있다.

8) ODA는 상환의 여부에 따라 유상원조(차관, loan)와 무상 원조(증여, grant)로 나누어지고, 공여에 따르는 조건의 유무에 따라 구속성(tied) 원조와 비구속성(untied) 원조로 나누어지는데 구속성 원조의 경우 통상 수원국이 수입물자·용역의 조달처를 공여국 혹은 공여국이 인정하는 국가로 지정하는 것을 조건으로 하는 경우가 일반적이다. 결국 구속성 원조는 공여국의 수출을 증대시키는 또 다른 방편인 셈이다. 호주 정부는 2006년의 White Paper에서 양자 간 원조의 비구속성 시행을 선언하였다.

[표 2] 호주와 G7 국가의 ODA에서 차지하는 양자 간 원조 비율(2008년)

호주	89.8
미국	88.9
일본	71.1
캐나다	70.2
독일	64.8
영국	63.7
프랑스	59.2
이탈리아	37.8
DAC 회원국 평균	66.3

출처: OECD - DAC 통계

다자간 원조의 경우, 2008년까지 60% 이상의 자금 배분이 세계은행(World Bank)과 아시아개발은행(ADB: Asia Development Bank)을 통하여 이루어왔으나 2009년에는 52% 수준으로 떨어시는 한편, 국제연합에 대한 배분은 2008년 20%에서 26%로 증가하였다. 2008년에 들어선 현 노동당 정부는 새로운 이니셔티브인 'MDGs 달성을 위한 국제 연합과의 협력' 내걸며 세계식량계획(WFP: World Food Programme), 유엔여성개발기금(UNIFEM: United Nations Development Fund for Women), 유엔에이즈퇴치계획(UNAIDS: Joint United Nations Programme on HIV/AIDS) 등의 여러 UN기관들과 다년간의 전략적 협정을 체결했다.

한편 국제개발협력분야에 있어서 개발 NGOs(Non Government Organisations), 학계 그리고 민간 부분 등의 시민사회단체(CSOs: Civil Society Organisations)의 중요성은 지속적으로 증가하고 있다. 특히 주로 현지에서 활동하며 개발 프로세스에 직접 관여하는 NGOs는 현지 밀착화된 효과적인 개발원조를 위해 아주 중요한 역할을 맡고 있다.

AusAID와 이들 시민 사회단체와의 연대를 위한 정책 운영체계(policy framework)는 확립되어 있지 않고 그 역할이 제한적이라는 단점을 지니고 있다.9) 하지만 연대의 필요성 및 협력 강화에 대한 공감대는 형성되어 있으며, 예를 들어 2004년 이후 전체 ODA의 5% 수준에 머물렀던 NGOs를 통한 ODA자금 배분이 최근 약 8%로 증가되었다. NGOs에 대한 자금 배분은 주로 ACFID통하여 이루어지고 있으며, ACFID는 NGOs를 통한 자금 배분을 10% 이상으로 올릴 것을 권고하고 있다(ACFID, 2010a).

[표 1]에 제시된 ODA 총액 기준의 통계수치는 공여국이 자국의 경제력에 비해 과연 어느 정도 책임감 있게 기여하고 있는지를 반영하지 못하고 있다. 이를 보완하기 위해 ODA 평가의 또 다른 주요 지표로 이용되는 것은 원조 공여 비율-국민 총소득(GNI: Gross National Income) 대 ODA 비율-이다.10) 2007년 호주 정부는 2015~2016년까지 원조 공여 비율을 0.5% 수준으로 올린다는 목표를 설정, 그 실현 과정으로서 2009년 0.35%, 2010년 0.37%, 2011년 0.38%의 단기적 목표를 세웠으나 2009년과 2010년의 예상 공여 비율은 이러한 목표치를 밑돌고 있다. [표 3]은 2003~2010년에 걸친 G7, DAC 회원국의 평균 및 호주의 원조 공여 비율의 변화를 보여 주고 있다. 호주의 공여 비율은 2005년 0.25%에서 2006년 0.3%로 증가한 후 0.32% 수준에서 정

---

9) 호주 NGOs의 연합체 성격을 지닌 ACFID(Australian Council for International Development)에 의하면 현재 호주 NGOs, 타 시민 사회 단체 그리고 호주 정부의 개발 협력은 개별적 관계에 너무 치우친 경향이 있다. 효과적인 상호 협력을 위해 ACFID는 정부와 시민 사회 단체의 보다 제도화된 연대 그리고 단체의 참여를 포함하는 전정부적 접근법의 확장을 기술하고 있다(ACFID, 2010b). 예를 들어 AusAID와 ACFID 간에는 파트너협정이 2009년 맺어졌다.

10) UN 은 원조 공여 비율에 대한 권고 기준으로서 0.7% 를 내세우고 있는데 2009년 목표 수치 0.7%를 달성한 DAC 회원국은 총 5개국으로서 다음과 같다-스웨덴(1.12%), 노르웨이(1.06%), 룩셈부르크(1.04%), 덴마크(0.88%) 그리고 네덜란드(0.82%).

[표 3] 호주 및 G7 국가의 ODA/GNI 비추이

Year	2003	2004	2005	2006	2007	2008	2009	2010*
호주	0.25	0.25	0.25	0.3	0.32	0.32	0.29	0.32
미국	0.15	0.17	0.23	0.18	0.16	0.18	0.21	0.21
일본	0.2	0.19	0.28	0.25	0.17	0.19	0.18	0.2
캐나다	0.24	0.27	0.34	0.29	0.29	0.33	0.3	0.33
독일	0.28	0.28	0.36	0.36	0.37	0.38	0.35	0.38
영국	0.34	0.36	0.47	0.51	0.36	0.43	0.51	0.56
프랑스	0.4	0.41	0.47	0.47	0.38	0.39	0.47	0.5
이탈리아	0.17	0.15	0.29	0.2	0.19	0.22	0.16	0.15
DAC 회원국 평균	0.25	0.26	0.33	0.3	0.27	0.3	0.31	0.34

출처: OECD DAC 통계 * 2010년은 추정치

체되어 있는데 전반적으로 G7 국가 중 캐나다 혹은 DAC 회원국 평균과 비슷한 수준이다. 한편 이 비율은 독일, 영국, 프랑스에 비해 낮은 편이나 미국, 일본, 이탈리아보다는 훨씬 높은 것으로 나타났다.

2) 국가별 배분

호주의 양자 간 원조는 특정지역에 고도로 집중되어 있으며 [표 4]는 상위 10개 수원국에 대한 원조액 그리고 점유율을 해당 기간에 걸쳐 보여 주고 있다.[11]

전체 수원국 수를 살펴보면 2000~2004년의 66개국에서 2005~2006년의 97개국으로 많이 늘어났음에도 전체 양자 간 원조에서 상위 5개 그리고 10개의 수원국들이 차지하는 점유율은 같은 기간 동안 각각

---

11) [표 4]는 OECD-DAC 의 통계 자료들로부터 필자에 의해 작성 되었는데 2000~2004년과 2005~2006년의 원조에 대한 자료는 금액이 2009년 기준 고정 화폐 가치로 주어진 반면, 2008년도의 통계 이용 가능한 자료에는 금액이 현재의 화폐 가치 기준으로 주어져 있기에 [표 4]에서 생략하였다. 2008년도의 수원국 점유율은 필자의 계산에 따름.

58%에서 68%, 75%에서 83%로 오히려 증가하였다.12) 이러한 몇몇 소수 국가에 대한 과도한 ODA 배분의 절대적인 점유율은 여전히 높지만 최근 들어 완화되고 있으며 2005~2006년 대비 2008년의 수치는 상위 5개국의 44%와 상위 10개국의 57%까지 급감하였다. 개별 국가에서는 파푸아 뉴기니(PNG), 인도네시아, 솔로몬 제도가 전통적으로 최우선 고려 대상이 되어 왔는데 이들 지역에서의 유사시 사태가 호주의 국가 안보에 직접적인 영향을 미칠 수 있다는 지정학적 요인에 기인하는 것으로 보인다.13)14)

비록 표에는 나와 있지 않지만 아프리카에 대한 호주의 원조는 2008~2009년에 42.5%의 증가율을 보이는 등 최근 들어 증가하고 있다. 특히 식량부족, 극심한 가뭄, 열악한 보건환경 등으로 고통 받는 아프리카와 같은 최빈국 지역에 대한 공여 증대는 긍정적 평가를 받아야 마땅하다. 하지만 절대액 대비 전체 예산에서 차지하는 비율은 2010년의 경우 7%에 불과한 낮은 수준이기 때문에 아프리카를 포함한 최빈국/지역에 보다 확장된 원조를 지원할 필요가 있다.

---

12) 상위 20개국을 고려할 경우, 점유율은 90%(2000~2004년)와 95%(2005~2006년)로 늘어난다.

13) 2005~2006년에 보이는, 전기 대비 급증한 이라크에 대한 공여는 동 국가에 대한 부채 탕감액에 기인한다.

14) 러드 내각은 2010년 인도네시아의 지역 공동체 강화 및 재난 관리를 위한 프로그램 설치를 위하여 4년간 2.1억 호주달러를 추가 지원할 것을 발표하였다(Australian-Indonesia Leader Dialogue).

[표 4] 양자 간 ODA 주요국별 배분(단위: 백만 US$, 2009년 고정 가격 기준)

2000~2004	(금액)	(%)	2005~2006	(금액)	(%)	2008	(%)
PNG	288	28	인도네시아	251	20	인도네시아	13
인도네시아	114	11	PNG	242	19	PNG	13
솔로몬 제도	59	6	이라크	150	12	솔로몬 제도	7
동티모르	68	6	솔로몬 제도	147	12	이라크	6
베트남	58	6	베트남	51	4	아프가니스탄	5
상위 5개국	587	58	상위 5개국	841	68	상위 5개국	44
필리핀	49	5	필리핀	48	4	필리핀	3
중국	45	4	동티모르	43	3	베트남	3
캄보디아	32	3	중국	35	3	동티모르	3
방글라데시	28	3	스리랑카	34	3	캄보디아	2
이라크	18	2	캄보디아	31	3	방글라데시	2
상위 10개국	758	75	상위 10개국	1033	83	상위 10개국	57
총 66 개국	1006	100	총 97개국	1245	100		

출처: OECD(2009a)에 의거한 필자의 재구성.

3) 부문별 배분

[표 5]는 최근 3년간의 부문별 분배액을 보여 주고 있다. 2010년도 ODA 예산 중 8억 5천만 호주달러(약 21%)이 거버넌스 부문에 사용되었고, 교육 부문의 7억 4천만 호주달러(19%), 인프라스트럭처 부문의 5억 6천만 호주달러(14%), 보건 부문의 5억 5천5백만 호주달러(14%)가 그 뒤를 잇고 있으며, 이는 전체 ODA의 약 70%를 차지하는 것으로 추정된다. 3년간의 추이를 보면 교육, 보건 및 경제 사회 기반 시설 부문에 대한 예산 집행은 크게 늘어나고 있으며, 거버넌스 부문의 경우는 정체 혹은 소폭 증가에 그치고 있지만 여전히 높은 비율을 보이고 있다.

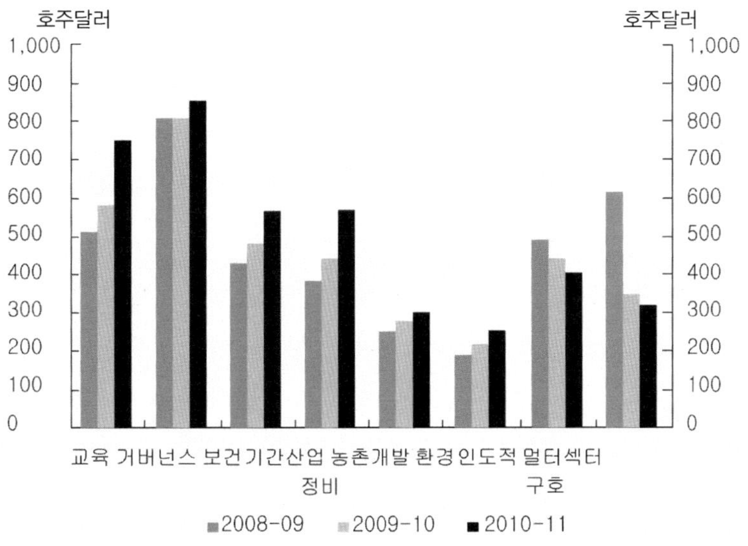

출처: Commonwealth of Australia(2010)

호주 정부의 기본적 인식은 경제 성장이 빈곤 문제를 해결할 수 있고 이러한 경제 성장은 굿 거버넌스(good governance)를 통해 성취된다는 것이다.15) 물론 공공 부문의 효율성을 높이기 위한 거버넌스 개선은 경제 성장은 물론 교육, 의료와 같은 국민의 삶을 향상하기 위한 기본적 서비스 전달을 위해 중요하다. 하지만 문제는 해당 부문에 대한 대부분의 원조가 기본적 삶을 영위하기 위한 필수 공공재의 배

---

15) 전통적 신자유주의가 정부의 역할을 부정하고 시장을 만능적인 객체로 바라보는 데 비해 그에 기반을 둔 1980,90년대의 국제 통화 기금(IMF: International Monetary Fund) 및 세계은행 주도의 구조 조정 정책은 많은 실패를 불러 왔다. 1990년대 후반 시장의 불완전성에 대한 비판으로부터 시장의 기능 회복을 위한 국가의 역할을 인정하는 개량주의가 등장하였으나 경제 성장이 개인의 복지 증진을 이끈다는 면에서는 본질적인 궤를 같이하고 있다. 반면, 비슷한 시기에 등장한 또 다른 갈래의 개량주의에서는, 흔히 아마르티아 센(Amartya Sen)의 잠재 능력(capability) 이론 및 관련 연구로 인용되는, 경제적 복지의 중요성과 시장의 역할을 인정하면서도 개발의 목적을 보다 궁극적인 개인의 발전에 두고 있다. 호주의 원조는 전자의 개량 신자유주의에 기본적 맥락을 두고 있다.

급이나 인간 개발(Human development)의 목적보다는 개발도상국의 중앙 정부의 기능에(거버넌스를 구성하는 여러 요소 중 일부에 지나지 않는) 지나치게 초점을 맞추고 있는 점이다.

실제 기본적 서비스 공급의 효율성 및 삶의 질의 향상에는 정부의 기능뿐만이 아니라 다양한 형태의 지역연합체(local association) 및 시민사회조직이 관계하고 있음에도 정부의 기능 향상에만 집중된 방식의 거버넌스 부문 원조는 개발원조의 효과를 오히려 제한할 수 있다. 한 예로 사회적 자본(social capital)의 역할을 들 수가 있다. 사회적 자본은 거시적(macro), 미시적(micro) 혹은 그 중간적(meso) 차원으로 구분된다.[16] 정부, 법 제도 완비 등을 통한 거시적 거버넌스의 효율성 향상은 국가의 경제적 성과를 높인다. 반면, 미시·메소 단계의 사회적 자본인 지역사회의 네트워크(community network)에 대한 참여 여부 및 사회규범(social norm)은 개인·가계의 생활수준에 많은 영향을 준다.[17] 팍참푸스(Fafchamps, 1997)는 짐바브웨이의 중소기업 간의 신용거래가 공식 담보물의 설정보다는 지역 사회에 바탕을 둔 신뢰와 평판에 더욱 많은 영향을 받고 있는 것을 지적한다. 또한 나라얀 외(Narayan et al., 1999)는 사회적 자본의 소유 여부가 탄자니아 가계 복지에 큰 영향을 미치는 것을 실증 연구를 통하여 보여주고 있다. 그리고 스잘워토(Sujarwoto & Tampubolon, 2011)의 인도네시아 연구

---

16) 사회적 자본의 개념에 대한 연구는 이전부터 있어 왔지만, 미시적 차원에서의 사회적 자본에 대한 분석은 종종 푸트남(Putnam, 1993) 의 정의에 기반을 둔다. 푸트남(1993)은 사회적 자본을 '상호 이익을 위하여 조정과 협력을 가능하게 하는, 개인/가계들에 의해 형성된 네트워크(Social network)와 같은 사회적 조직의 여러 형태들, 그리고 그와 관련된 규범(norm)이나 가치(values)'로서 정의하는데 이러한 사회적 자본은 지역사회에 대한 외부 효과를 창출한다.

17) 이러한 미시/메소 단계에서의 사회적 자본은 다양한 지역 내 연합체 혹은 지역 제도의 완비를 통해 형성되기도 하며 로컬 거버넌스(local governance)의 질을 높이는 효과가 있다.

는 다양한 지역 커뮤니티 활동을 통한 모친의 사회적 자본이 자녀의 건강에 큰 영향을 미친다는 점을 알려주었다. 킬비(Kilby, 2007) 와 캐롤 외(Carroll et al., 2007)가 주장하듯 개인의 삶의 수준을 결정하는 복합적인 메커니즘을 도외시한 채 거버넌스에 집중한 호주의 원조는 수원국에서의 빈곤퇴치를 가능케 할 것으로 보이지 않는다.

빈곤의 원인을 간략히 살펴보면 크게 구조적인 요소와 일시적인 요소로 나눌 수 있다. 전자의 경우 교육·의료 서비스의 부재 또는 열악한 사회기반시설로 인한 이들 서비스에 대한 제한된 접근성을 빈곤의 한 원인으로 간주할 수 있다. 이러한 기본 서비스의 결여나 미비는 낮은 교육 수준, 불충분한 영양 섭취, 질병 등을 초래하게 되고 결국 개개인의 노동 생산성의 저하와 이에 따른 저(低)임금·저(低)수입의 원인이 된다. 또한 가계는 저수입으로 인하여 구성원들의 교육이나 보건에 충분한 투자를 하지 못하게 되며 소위 빈곤의 악순환 상태에 빠지게 된다.[18] 이에 반해 후자의 경우는 사회 안전망의 부재로 <예를 들어 신용/보험 시장의 결여, 지역 내 가계들의 위험 공유 시스템 등과 같은 위험관리 전략(risk management strategy)의 미비> 인한 일시적인 수입 감소 혹은 소비 지출의 감소로 인한 빈곤 상태를 들 수가 있다.

제도적 사회 안전망의 구축이 불충분한 저개발국가에서는 가계들이 비공식적으로 위험 공유(risk sharing)를 도모하고는 하는데, 이러한 위

---

[18] 편의상 수입 및 소비 지출액에 바탕은 둔 협의의 빈곤을 지칭하지만 빈곤은 본래 다면적인(multidimensional) 이며 동학적(dynamic)인 현상이다. 수입 혹은 소비 지출액이 빈곤의 지표로서 사용되는 한 원인으로서 인간의 삶의 수준을 높이는 데 이용되는 시장(market)에서 거래되는 기타 재화(goods)에 대한 지배력을 들 수가 있는데 이러한 지배력이 반드시 개인의 삶의 수준을 개선시키는 방향으로 실현된다는 보장은 없다. 반면, 교육 수준, 건강 상태, 취약성(vulnerability), 정치적 자유 혹은 기회의 보장 등의 지표는 수입과 같은 물질적 지표보다 더욱 직접적으로 한 개인의 상태를 표현하는 빈곤의 비물질적 척도이다.

험 공유 네트워크에서 소외되기 쉬운 계층은-예를 들어 여성이 가장인 가계나 소수 민족 등-일시적인 위험 관리를 위한 자구책으로서 취학 아동의 교육 철회와 노동 현장 투입, 보유 자산(특히 생산 도구)의 양도 및 매매, 소비 지출의 삭감을 선택하고는 한다. 하지만 이러한 선택들은-리스크 관리를 위해 비록 불가피하더라도-결국 장기적인 관점에서는 수입 감소를 피할 수 없게 된다. 이와 같은 악순환은 개인·가계·지역별 리스크관리 능력의 부재가 일시적 빈곤(transient poverty)을 넘어 만성적 빈곤(chronic poverty)을 초래하는 것을 보여 준다.[19]

개발도상국에서의 빈곤 계층(The poor)·취약 계층(The vulnerable) 대부분이 농촌 지역에 상주하고 있고 교육·보건 등의 기본적 서비스에 대한 접근이 제한적 혹은 불가능한 외진 지역에 머물고 있는 현실로부터 많은 연구들이 빈곤퇴치를 위한 기본적 서비스 공급의 확대와 개선, 신용·보험 제공 및 농촌 사회 기반 시설에 대한 투자의 중요성을 강조하고 있다(Imai et al., 2011; Jha, 2006; McCulloch et al., 2003). 결국, 호주 정부가 표방하고 있는 원조 이념인 빈곤퇴치가 단순 구호에 그치지 않기 위해서는 국가 차원(national level)뿐만이 아니라 지역(local level) 차원도 아우르는 거버넌스의 복합적 시스템 및 해당 지역에 만연하는 빈곤의 특성(물질적·비물질적, 일시적·만성적 등)에 대한 면밀한 분석이 수반되어야 할 것이다.

이상 살펴본 바와 같이 공공재의 배급이 개개인의 삶의 질 향상에 효과적으로 작용하기 위해서는 정부의 역할뿐 아니라 시장·비(非)시

---

19) 이마이 외(Imai et al., 2011)는 베트남 가계들의 취약성이 만성 빈곤의 중요 원인이 되는 것을 실증적으로 검증하였고 쟈 외(Jha et al., 2009)는 인도의 농촌지역에 대한 연구에서 불충분한 영양 섭취가 가계들을 빈곤의 악순환에 가두는 현상(Poverty Nutrient Trap)을 보여 주고 있다.

장적 메커니즘의 역할도 아주 중요하다. 정부 기능의 효율성 향상을 위한 굿 거버넌스가 경제 성장을 이끌고 성장의 과실이 모든 개인에게 전달된다는 인식은 너무나 획일적이며 단편적이다. 호주 정부는 ODA 배분에 있어 수원국의 정부에 대한 과중한 거버넌스 예산을 줄이고 교육, 보건 등과 같은 기본적 삶의 영위를 위한 서비스 부문 및 지역 개발(community development)을 위한 예산을 확대하여야 할 것이다.

　호주 원조에서 개선이 시급한 또 다른 문제는 기술지원에 대한 과도한 의존성을 줄여나가는 것이다. 기술지원은 전문가 파견, 수원국 정부 인력 및 제도적 역량 강화를 위한 개발 및 기술, 보건, 금융 등의 분야에 대한 기술 서비스 지원을 지칭하는데, [그림 3]에서 보는 바와 같이, 호주의 양자 간 및 개별 국가 프로그램 ODA에서 차지하는 기술지원 원조의 비율은 2000년 초반까지 전체의 약 60%를 약간 밑돌다가 최근 약 40~45%까지 떨어지기는 하였으나 이는 DAC 평균보다 2배가량 높은 수준이다. 그리고 기술지원이 이루어지는 방식도 DAC 평균과는 현저한 차이가 있다. 예를 들어 제공되는 원조에 대해 수원국의 주도가 발휘될 수 있도록 기술지원이 이루어지는 비율이 DAC 평균 59%인데 반해 호주는 38%에 그치고 있다(ANAO, 2009).

　이러한 기술지원이 일정 부분 수원국 국민의 삶을 개선하는 점은 부인할 수 없으나 아래와 같은 일부 문제로 인해 그 효과성이 저해되고 있으며, 특히 수원국에서의 빈곤퇴치를 위한 호주 원조의 실효성에 대한 의문을 초래하는 결과를 낳고 있다. 즉 수원국의 현안에 정통한 지역 출신의 전문가보다는 호주 정부의 파견 관료 및 상업 계약자에게 지나치게 의존하고 있으며,20) 기술지원액의 대부분이 이들 외부 전문가 그룹에 보수로 지급되는 등 상업 계약자들에 대한 의존으로 투명성이 상당 부분 결여되어 있다. 효과적인 원조를 위해서는 기술지원의 감소와 지역 출신의 전문가 및 시민 사회와의 긴밀한 공조를 통해 수원국이 주도권(ownership)을 확보하고, 나아가서 수원국 주도의 개발 정책과의 연계성(alighnment)[21] 및 원조의 투명성(transparency)을 향상하는 것이 무엇보다도 중요하다.

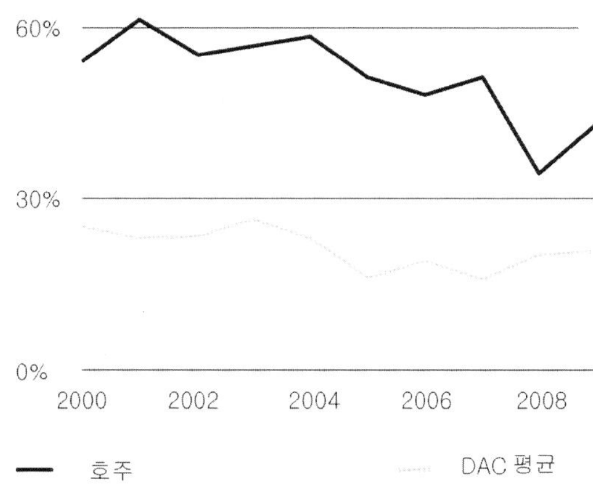

출처: 하우즈 외(Howes et al., 2010)

[그림 3] 기술지원의 비율

---

20) 상위20여개의 대형 컨설팅 회사가 양자 간 및 국가 프로그램에 대한 원조 지출의 약 70%을 수탁하고 있다(ANAO, 2009).

21) 2005년의 파리 선언(Paris Declaration on aid effectiveness) 이후, 국제사회는 다음과 같은 5대 항목을 원조 효과성의 원칙으로 내세우고 있다. 첫째, 수원국 주도의 개발(Ownership)-의회, 정부 그리고 시민 사회 조직의 참여를 통해 수원국이 자국의 개발 정책과 전략 수립에 대한 리더십을 발휘하여야 한다. ii) 정책 연계성(Alignment)-공여국의 원조 지원은 수원국 주도의 개발 전략과 수원국의 제도 및 절차에 연계되어야 한다. iii) 공여국간 조화(Harmonisation)-공여국은 정보 교환 그리고 공동 조정 그룹의 설치 등을 통하여 조화롭고 효율적인 원조 지원이 되도록 하여야 한다. iv) 성과를 위한 관리(Managing for results)-원조 결과에 대해 초점을 두고 원조 프로그램을 관리/실행하여야 한다. 그리고 (v) 공여국/수원국 간 공동 책임(Mutual accountability)-공여국과 수원국은 개발의 결과에 대하여 공동 책임을 지닌다(OECD, 2009b).

마지막으로 대외 원조에 있어 호주와 타 DAC 회원국들과의 차이에 관한 두 편의 논문을 간략히 소개하는 것으로 글을 맺고자 한다. 킬비(Kilby, 2007)는 호주와 영국의 빈곤 퇴치를 위한 '대외원조 접근법'을 비교 분석하였는데, 그의 논문을 요약하면 다음과 같다.

2000년도 개발 백서의 발간이래 영국의 국제 개발청(DFID: Department for International Development)은 고(高)성장의 요인 분석보다는 빈곤의 원인 분석에 많은 노력을 기울이고 있으며, 빈곤층을 원조의 일차적인 수혜층으로 하기 위한 정책을 추진하여 왔다.[22] 그리고 '개발도상국에서의 빈곤퇴치를 위한 AusAID와 DFID의 접근'에 있어 가장 큰 차이점은, (개발도상국에서 목격되는) 불평등의 확장(growing inequality), 도시와 농촌 간의 격차(rural-urban divide), 취약성(vulnerability) 및 소수 집단(marginal groups)의 역할 등을 포함하는 (빈곤의) 근본 요인을 파악하기 위한 면밀한(nuanced) 분석의 결여에 있다(Kilby, 2007).

한편 벌세러미(Berthélemy, 2006) 는 137개의 원조 수원국과 22개의 DAC 회원국에 대한 1980년부터 1999년까지의 패널 데이터를 가지고 원조 공여국의 원조 배분에 대한 계량 경제학적 분석을 하였다. 이 연구 결과에 의하면 스위스, 오스트리아, 아일랜드, 노르웨이, 핀란드 그리고 스웨덴의 대외원조는 이타주의적(altruistic)인 반면, 호주, 프랑스, 이탈리아, 일본 그리고 미국의 원조는 자기 본위적(egoistic)에 가까운 것으로 나타났다.

---

22) DFID의 원조 백서는 빈곤 타파의 일환으로서 경제 성장에 초점을 맞추기 보다는 빈곤의 다면성을 인식하고 그에 따른 극복 방안을 모색하고 있다. 특히 사회적 소외 계층(여성, 아동, 소수 민족 등)이 수많은 빈곤 정책의 수혜를 누리지 못하고 있으며 개발도상국에서의 빈곤 퇴치를 실현하기 위해서는 보다 포괄적인 사회적 보호(Social Protection)의 필요성을 역설하고 있다(Kilby, 2007).

5. 결론 및 한국에 대한 시사점

자국의 안전 보장 확보를 위해 1950년에 콜롬보 계획으로 시작된 호주의 대외원조는 1990년대에 거치며 저개발 국가의 빈곤퇴치를 정책 목표로 내세우고 있다. 대외원조 예산은 절대액 기준으로 급격한 팽창을 보이고 있을 뿐만 아니라 GNI · ODA 비율, 100% 무상 원조 및 비구속성 등 많은 개선을 이루어 왔다. 하지만 양자 간 원조에 편중된 예산배분 및 최빈국보다는 인접 국가에 대한 우선순위, 거시적 거버넌스 부문에 지나치게 집중된 예산배분, 과도한 기술지원 형식의 원조는 많은 비판을 받기도 하였다.

호주의 대외원조의 기저에는 거버넌스의 확충을 통한 시장 기능의 회복 및 경제 성장이 빈곤을 해결할 수 있다는 신자유주의적 논리가 흐르고 있으나 최근의 많은 연구결과는 빈곤에 대한 다양한 결정요인을 제시하며 빈곤이 단순히 물질적 박탈 현상이 아니라는 점을 보여 주고 있다. 이러한 연구들이 암시하는 바는 신자유주의의 보편적 세계관의 부정, 다시 말해, 경제 성장이 모든 지역에서 빈곤 문제의 최우선책이 될 수는 없다는 것을 의미하는 것이라 할 수 있을 것이다.

지금까지 살펴본 ODA 통계와 몇 편의 연구 결과를 고려할 때 호주의 대외원조정책에는 실망스러운 부분이 적잖이 있지만, 2004년 이후의 급격한 원조 액수의 팽창 그리고 태평양 지역에 대한 호주의 노력은 해당 지역에서의 빈곤퇴치에 대한 많은 기대를 불러오는 것 또한 사실이다. 호주 대외원조의 정책 목표인 빈곤퇴치를 이루기 위해서는 (i) 자국의 이익을 전제로 하지 않는 대외원조의 시행, (ii) 경제 성장 일변도에서 벗어난 복지의 미시적 측면을 고려한 지원, (iii) 기본적 서비스 부문에 대한 확장된 예산배분 그리고, (iv) 자국 주도가 아닌 수원국 주도의 개발을 위한 노력이 수반되어야 할 것이다.

호주의 대외원조 체계와 정책 변화는 한국의 ODA 정책에 대한 다음과 같은 시사점을 제시한다. 첫째, 원조의 독립적 전담 기구의 설치-한국의 경우, 무상 ODA는 외교 통상부 산하의 한국 국제 협력단(KOICA: Korea International Cooperation Agency)이 담당하고 있고 유상 ODA의 경우 기획재정부 산하의 한국 수출입 은행에서 시행하고 있다. 참여연대가 2008년 작성한 정책 자료집에 의하면 기획 재정부·외교 통상부 이외에도 24개의 정부 부처와 7개의 지방자치 단체 등 총 31개 기관이 대외원조에 독자적으로 관여하고 있고 이 기관들이 전체 ODA 예산의 11%를 차지하고 있다. 하지만 원조의 총괄 센터 부재는 ODA 정책의 일관성을 저해하며 예산의 편중 및 중복사용을 초래하고 있다. 한국의 대외원조 효과성 제고를 위해서는 독립된 원조 전담 기구가 필요할 것이다.

둘째, 유상 사업의 축소와 비구속성 원조의 증대-호주를 비롯한 대부분의 DAC 회원국들은 무상 원조의 시행 및 원조의 비구속성을 시행하고 있으나 한국은 유상 사업의 비율이 높고 수출증대의 일환으로서 많은 부분 구속성 원조를 시행하고 있다. 이와 같은 ODA는 국제적 추세와 역행할 뿐만 아니라 과연 한국의 대외원조가 ODA의 기본 개념에 일치하는지에 대한 의문을 불러일으킨다. 특히 과거 ODA 수원국으로서 해외 원조의 직접적인 수혜를 입었음을 고려할 때 자국의 이익 실현을 위한 수단이 아닌, 개발도상국의 발전에 도움이 되는 대외원조의 시행이 필요할 것이다.

셋째, 목표에 부합된 예산배분-2010년 제정된 국제개발협력기본법에서는 국제 개발협력의 기본 목표로서 '개발도상국의 빈곤감소 및 삶의 질 향상'을 다루고 있다. 하지만 실질적 예산배분에서는 전혀 무관한 사업 역시 ODA의 일환으로 취급되고 있다. 예를 들어, 교육 인적자원부가 시행 중인 해외 한국학 지원사업을 들 수 있을 것이다 (참여 연대, 2008). 영국 등의 몇몇 DAC 회원국에 비해 미흡하기는 하지만 호주의 경우 앞서 살펴보았듯이 교육, 보건 및 경제 사회 기반 시설 부문에 대한 배분을 늘리고 있고 DESC에서는 새로운 원조사업 제안서에 대한 검토 및 자문을 제시하고 있다. 한국이 내세우는 'ODA 선진화 방안'이 수사적 구호에 그치지 않기 위해서는 ODA 예산의 집행에 있어 이러한 실질적 변화가 따라야 할 것이다.

마지막으로 시민 사회 조직의 참여-많은 원조 공여국이 시민사회 조직의 참여를 유도하고 있으며 파트너십을 체결하고 있다. 한국 정부 역시 ODA 프로그램의 입안 및 시행, 사후 모니터링에 대해 국내외 시민사회조직과의 연대를 통하여 한국의 대외원조가 보다 효과적으로 수행될 수 있도록 노력하여야 할 것이다.

참고문헌

참여연대. 2008. "ODA 정책 보고서 – ODA 목적과 원조체계." 참여연대 정책
자료집.

ACFID. 2010a. "Analysis: Aid budget 2010/11." Accessed 2011/03/16.
<http://www.acfid.asn.au//resources/docs_resources/docs_papers/ACFI
D%20Budget%20Analysis%20revised%20June%202010.pdf>.

ACFID. 2010b. "Civil Society Engagement Framework." Accessed 2011/03/16
<http://www.acfid.asn.au/resources/docs_resources/docs_submissions/ACFI
D%20submisison%20CS%20Engagement%20Framework%20190110-1.pdf>.

Anderson, Tim. 2008. "The limits of RAMSI, AID/WATCH." Accessed 2011/03/10
<http://aidwatch.org.au/sites/aidwatch.org.au/files/RAMSIreport.pdf>.

AusAID. 2006. "A White Paper on the Australian Government for Overseas Aid
Program - Australian Aid: Promoting Growth and Stability." Accessed
2011/02/17 <http://www.ausaid.gov.au/publications/pdf/whitepaper.pdf>.

______. 2010. "Australian agency for international development: Annual report
09/10." Accessed 2011/02/17
<http://www.ausaid.gov.au/anrep/rep10/pdf/anrep09-10entirereport.pdf>.

Australian National Audit Office(ANAO). 2009 "AusAID's management of the
expanding Australian aid program." ANAO audit report no. 15. Accessed
2011/03/24 <http://www.anao.gov.au/uploads/documents/2009-10_Audit_-
Report_15.pdf>.

Berthélemy, Jean-Claude. 2006. "Bilateral Donors' Interest vs. Recipients' Development
Motives in Aid Allocation: Do All Donors Behave the Same?" *Review of
Development Economics*. 10(2): 179-194.

Carroll, T and Mameiri, S. 2007. "Good governance and security: The limits of
Australia's new aid programme." Journal of Contemporary Asia. 37 (4):
410-430.

Commonwealth of Australia. 2010. "Budget: Australia's international development
assistance program." Accessed 2011/03/28. <www.budget.gov.au>.

Howes, S and Morris, M. 2010. "Patterns and trends in Australian aid."
Development Policy Centre: Policy Brief. Australian National University.

Imai, K, Gaiha, R and Kang, W. 2011. "Vulnerability and poverty dynamics in Vietnam." *Applied Economics*. 43(25): 3603-3618.

Jha, Raghbendra. 2006. "Vulnerability of consumption growth in rural India." ASARC working paper 06/04. Australian National University.

Jha, Raghbendra, Gaiha, R and Sharma, A. 2009. "Calorie and micronutrient deprivation and poverty nutrition traps in rural India." *World Development*. 37(5): 982-991.

Kilby, Patrick. 2007. "The Australian aid program: dealing with poverty?" Australian Journal of International Affairs. 61(1): 114-129.

McCulloch, N. and Calandrino, M. 2003. "Vulnerability and Chronic Poverty in Rural Sichuan." World Development. 31(3). 611-28.

Narayan, D and Pritchett, L. 1999. "Cents and sociability: household income and social capital in rural Tanzania." Economic Development and Cultural Change. 47(4): 871-897.

Putnam, Robert. 1993. "The Prosperous Community-Social Capital and Public Life." American Prospect. 13(4): 35-42.

Sujarwoto, S and Tampubolon, G. 2011. "Child health and mothers' social capital in Indonesia through crisis." BWPI working paper 149. University of Manchester.

OECD. 2009a. "Australia: Development Assistance Committee (DAC) peer review." Accessed 2011/02/21.
<http://www.oecd.org/dataoecd/38/29/42019772.pdf>.

______. 2009b. "Managing aid: Practices of DAC member countries." Accessed 2011/04/03. <http://www.oecd.org/dataoecd/58/29/42903202.pdf>.

Weiss, Thomas G. 2000. "Governance, good governance and golobal governance: Conceptual and actual challenges." Third World Quarterly. 21(5): 795-814.

Woods, Ngaire. 2000. "The challenge of good governamce for the IMF and the World Bank themselves." World Development. 28(5): 823-841.

Wainwright, Elsina. 2003. "Responding to state failure: The case of Australia and Solomon Islands." Australian Journal of International Affairs. 57(3): 485-498.

6. 호주 다문화주의의 정치적 동학:
민족 정체성 형성과 인종·문화 갈등[1]

문경희

1. 들어가며

　호주에서 지난 30여 년 동안 국가의 핵심적 통치이념이자 이민·문화정책의 근간으로 채택된 다문화주의에 대한 현 정치권의 시각은 양극화되어 있다. 다인종·다민족 호주사회에서 다문화주의가 국민적 화합을 이루는 데 도움이 된다는 것과 방해가 된다는 두 상반된 시각의 대립이 그것이다. 다문화주의의 순기능에 대해 옹호하는 세력은 노동당 및 진보 성향의 소수 정당이다. 노동당은 1970년대 초반에 공식적으로 다문화주의를 채택하는 데 앞장섰고 이후로도 지속적인 지지를 보내고 있다. 반면에 1996년 이후 2007년 하반기까지 국정운영을 했던 보수연합 및 일부 우익 성향의 정치인들은 그 반대 입장에

---

1) 본 장은 저자의 기게재 논문을 수정 보완한 것임을 밝힘. 출처: "호주 다문화주의의 정치적 동학: 민족 정체성 형성과 인종·문화 갈등." 『국제정치논총』. 2008. 제48집 1호.

서 있다. 특히 보수연합의 존 하워드(John Howard) 전 총리는 다문화 주의에 대한 반감을 보인 대표적인 정치인으로서 다문화주의가 호주의 정체성 위기를 초래하고 있다고 주장한다. 과거에 이민 증가로 인해 빚어진 국민 정체성(national identity)[1] 위기를 해결하기 위해 호주에 다문화주의가 채택되었다는 점을 고려한다면, 다문화주의 채택 전후 나타난 정체성 위기 논란에 관해 살펴볼 필요가 있다.

최근 호주에서 나타나는 이러한 다문화주의에 대한 논쟁은 몇 년 전부터 일부 유럽국가에서도 유사하게 나타나고 있다. 다른 국가와 마찬가지로 호주의 다문화주의에 관한 논쟁의 핵심은 이질적인 인종과 문화 간의 갈등 문제이다. 인종 갈등은 호주 사회에 깊숙이 뿌리 내린 백인 인종 우월주의에 기반한다. 호주는 앵글로(영국계) 켈틱(스코틀랜드, 아일랜드)가 인구의 절대다수를 차지했던 과거 오랫동안에 백호주의(White Australia) 아래 국민의 동질적 정체성을 강조해왔다. 하지만 20세기 중후반에 있었던 대단위의 이민 개방으로 인해 다양한 인종, 에스닉 공동체가 유입되었다. 그리고 이민자의 수가 증가할수록 호주는 백인 인종 순결성에 의존한 민족적·문화적 동질성을 더 이상 유지할 수 없는 문제에 직면했다. 결국 호주는 다민족·다문화 사회의 출현으로 인해 생겨 난 공동체 간의 갈등과 국민 정체성의 혼란을 해결하기 위한 수단으로 다문화주의에 관심을 갖기 시작했다.

그러나 '다문화 호주(Multicultural Australia)'라는 국가정체성 하에

---

1) 호주에서 사용되는 'national identity'라는 용어는 호주가 1901년에 영연방국으로 독립한 이후 근대국가 형성 시 인구의 절대다수였던 앵글로 켈틱계 이민자들의 민족 정체성을 중심으로 국민 정체성을 형성하려고 했다는 점에서 '국민 정체성'으로 번역함. 그러나 소수 이민자의 민족 정체성이 앵글로 켈틱계 중심으로 형성된 '국민 정체성'과 대립한다는 점에서 소수 이민자와 관련된 맥락에서는 'national identity'를 '민족 정체성'으로 번역함을 밝힘.

소수공동체의 문화 다양성에 대한 존중과 지원을 강조하는 호주의 다문화주의 정책은 일부 호주인들, 구체적으로 앵글로 캘틱계 백인들로부터 과거 백인 단일문화주의에 대한 향수를 불러일으켰다. 학계와 언론매체를 통해 확산되기 시작한 이러한 향수는 일부 보수적 성향을 가진 정치인들에 의해 선거를 전후한 시점에 반난민, 반이민, 반원주민 전략으로 가시화되거나 조장된 측면이 있다. 또한 최근에 전 세계적으로 확산된 반이슬람 정서도 호주 내 반다문화주의 움직임에 영향을 주고 있다. 다른 한편, 정부가 다문화주의 정책을 통해 문화적 다양성을 '관리'하고, '다문화 호주'라는 새로운 국가정체성을 형성하려는 노력은 소수공동체 문화의 역동성을 외면하는 문제와 더불어 공동체 간의 문화에 따른 위계관계 형성을 초래했다는 비판으로 이어졌다.2) 결과적으로 인종적 차이에 민감한 호주 사회에서 다문화주의 정책은 공동체 간의 인종·문화적 경계를 더욱 선명하게 구분 짓고, 나아가 다수와 소수 공동체 간의 갈등을 심화시킨 측면이 있다는 것이다.

호주 다문화주의의 정치 동학에 관해 살펴보는 이 장은 호주에서 인종, 에스닉 공동체 간의 갈등을 해결하기 위해, 국가의 이민, 문화 정책의 근간으로 도입된 다문화주의가 오히려 정치적 이해관계에 따라 경합되고 있다는 문제 인식에서 출발한다. 구체적으로 호주의 다문화주의는 진보와 보수 진영의 정권 장악에 따라 민족 정체성 위기의 해결책으로 또는 원인으로 간주되어왔다. 이런 맥락에서, 이 장에

---

2) 호주의 백인 문화 중심주의 다문화주의에 대한 비판한 글 중에서 본 논문이 주로 참고한 문헌은 Jakubowicz Andrew(1988), Rizvi Fazal(1998), Hage Ghassen(1998), Ang Ien(2001), Stratton Jon and Ang Ien(1998), Smolicz Jerzy(1997), Schech Susan and Haggis Jane(2001) 등이다.

서는 호주사회에서 다문화주의에 대한 정치적 이해관계의 다툼을 파악하기 위해서는 다문화주의가 전제로 하는 원칙뿐 아니라 호주사회의 이민 역사, 인종(race) 관계, 소수자(또는 마이너리티)가 사회에 통합된 방식에 대한 역사적, 정치적 고찰이 필수적이라는 전제 아래 그 흐름을 기술한다. 이러한 고찰은 궁극적으로 호주사회에서 다문화주의가 왜, 어떤 맥락에서 논의되고 경합되는지에 관한 이해를 넓혀줄 것이다.

2. 호주의 다문화주의에 대한 비판적 고찰

전 세계적으로 다문화주의를 처음 채택한 국가는 캐나다이고, 그 채택 시기는 1965년도이다. 이후 1970년대부터 미국, 호주를 포함한 다른 영연방국가와 일부 유럽 국가가 다문화주의에 대해 지대한 관심을 보이기 시작했다. 그 당시에 다문화주의가 초국가적으로 확산되기는 했지만, 국제사회가 합의한 다문화주의 정책 틀이 존재한 것은 아니었다. 그러므로 다문화주의를 채택한 국가는 각자의 필요와 국내 상황에 맞게 다문화주의에 대한 담론과 정책을 형성했다. 이는 개별 국가마다 문화적, 종교적 차이와 같은 이슈에 대응하는 정책이 서로 다르게 나타난다는 점을 지적한 스테판 캐슬(Stephen Castle)의 설명을 통해서도 알 수 있다. 그는 서구 유럽의 민주주의와 다문화주의에 대한 연구에서(1990) 유사한 정치 지리적 환경을 가진 유럽 국가에서 조차도 이민 역사, 인종 관계, 소수자가 지배사회에 통합된 양식이 서로 다르기 때문에 정책의 우선순위가 다르게 나타난다고 지적했다. 그 결과 에스닉(ethnic)·문화 다양성과 소수 공동체의 사회적, 정치적 권리에 대해 대응하는 방식이 개별 국가마다 다양하게 나타난다는 것이다. 그는 또한 유럽 국가 중에서 다문화주의의 원칙을 수용하는 국가가 있는 반면에 독일처럼 그렇지 않은 국가도 있다고 설명한다. 그에 따르면, 다문화주의 원칙이 독일의 단일민족을 중심으로 한 민족적 동질성의 원칙과 상반되기 때문에 독일에서 다문화주의는 원칙적으로 수용될 수 없다는 것이다. 이런 점에서, 국가 형성 이후 70년이 넘게 백호주의 아래 민족적, 국민적 동질성을 유지하려고 했던 호주에서 다문화주의가 국가의 통치이념이자 정책으로 채택된 것은 주목할 만한 일이다.

크리스티안 요프크(Christian Joppke)는 호주와 같은 이주자 식민지였던 국가에서 다문화주의에 관심을 가지게 된 가장 주요한 요인은 이민과 민족 정체성 때문이라고 지적한다(2004, 244). 이는 호주가 다문화주의를 채택한 시점이 오랜 기간 백인 인종과 영국적 유산(British Heritage)을 토대로 강조해 온 민족 정체성이 이민자들에 의해 위기에 처한 1970년대 초반이었다는 점을 통해서도 알 수 있다. 이런 맥락에서 요프크는 호주가 다문화주의를 채택한 주요한 목적은 민족의 정체성 혼란기에 문화를 보존하고 에스닉 공동체 간의 차이를 제도화하기 위한 것이었다고 설명한다. 그러므로 호주가 다문화주의를 채택한 이유는 찰스 테일러(Charles Taylor)나 킴리카, 아이리스 영(Iris Young)이 주장하는 것처럼 소수자에 초점을 맞춘 '인정의 정치'를 실현하기 위한 것이 아니었다고 덧붙인다(Joppke, 2004). 다른 한편, 그는 호주의 다문화주의는 호주인의 정체성 형성과 관련이 있기 때문에 그 정책의 대상이 특정 이민자들이 아니라 호주인 모두가 해당된다는 점에 주목한다. 이는 프레이저(Fraser) 정부가 다문화주의를 공식적으로 채택하는 데 결정적인 기여를 했던 갈볼리 보고서(Galbally Report, 1978)에 잘 드러난다. 그 보고서는 "다문화 사회의 발전은 모든 호주인에게 혜택을 가져다줄 것이다"라고 언급했다. 또한 1982년에 호주의 인구, 에스닉 업무 부처가 발간한 보고서3)도 '모든 호주인을 위한 다문화주의: 우리의 발전하는 민족성'을 강조함으로써 호주의 다문화주의가 민족 정체성 형성의 기능을 가지고 있고, 모든 호주인에게 적용된다는 점을 강조하고 있다(앞 저자 245).

위의 사실을 기반으로 요프크는 최근 호주에서 다문화주의 정책이 역진하는 근본 이유를 호주의 공식 다문화주의 정책에 대한 국민의 지지가 부족하기 때문이라고 설명했다(Joppke 2004, 244). 그는 호주 정부가 국민에게 지나치게 '다문화 호주'라는 민족적 정체성을 강조했기 때문에 첫째로 앵글로 캘틱계 호주인의 영국적 유산이 사라지기에 이르렀다는 점, 둘째로 호주에서 다문화주의 이외의 다른 정치적 가치(예, 민주주의)가 사라지고 있다고 지적했다. 요프크의 위의 두 가지 지적은 앵글로 캘틱계 호주인이 다문화주의에 대한 비판의 칼날을 세우게 된 배경을 설명하는 데 유용하다. 먼저 1984년에 유명한 역사학자인 제프리 블레이니(Jeffrey Blainey)는 '호주의 아시아화'를 경고하며 다문화주의 논쟁을 촉발시켰다(이태주, 2007, 30-31). 블레이니는 1988년에 한 신문 기고에서 "다문화주의는 두 개 국가에 대한 충성심과, 두 국적의 여권을 소지한 사람에게는 적절한 정책이지만, 오직 한 국가에 대한 충성심을 가진 수백만의 호주인에게는 국가적 모욕이다"라고 밝혔다. 이후 1993년도에 한 공개 강의에서 "소

---

3) 위 보고서는 호주 인구 및 에스닉업무 부처(Australian Council on Population and Ethnic Affairs)가 1982년에 발간한 보고서로 원어 제목은 "Multiculturalism for all Australians: our developing nationhood"임.

수자의 권리를 강조하고 그들의 권리를 증진시키는 적극적 조치에 대한 필요성을 강조할수록, 다수자들의 권리를 강조하는 민주주의 개념은 약화될 위험에 처한다"고 언급하기도 했다. 이러한 블레이니의 호주 다문화주의에 대한 비판은 요프크가 두 번째로 지적한 문제점인 다문화주의로 인해 호주의 민주주의 가치가 사라지고 있다는 우려와도 통한다. 블레이니 이외에도 다문화주의를 '슬픈 아이러니(sad irony)'로 표현한 스티븐 핏제럴드(Stephen FitzGerald)와 다문화주의를 '값비싼 낭비'로 표현한 캐머런 매킨지(Cameron McKenzie) 등은 호주의 다문화주의와 이민정책에 관해 비판한 학자들이다(이태주, 2007, 32-33). 이들의 다문화주의에 대한 비판은 본 논문의 후반부에서 논의되는 하워드 전 총리와 폴린 핸슨과 같은 보수 정치인들의 다문화주의 비판에 이론적인 근거를 마련해준다.

요프카가 지적하지는 않았지만 호주의 다문화주의에 대한 불만은 영국적 유산이 사라질까 봐 두려워하는 보수적 성향의 앵글로 캘틱계 호주인 이외에도 소수자들과 진보성향을 가진 학자 및 정치인으로부터도 흘러나왔다. 그들의 비판의 요지는 문화, 특히 문화적 관행의 다양성에 초점을 맞춘 호주의 다문화주의가 역사적으로 누적된 인종 문제를 도외시하고 있다는 점이다. 그들은 또한 공동체 간의 문화적 차이를 강조하는 다문화 프로그램이 주류 '호주사회'와 이민자 소수 공동체 간의 이분법적 경계를 더욱 선명히 구분 짓는 데 기여한다는 관점을 견지한다. 이는 결국 앞서 킴리카가 지적한 데로 호주에서도 다문화주의가 공동체 간의 통합보다는 오히려 더욱더 분리시키는 역기능을 수행하기도 한다는 것이다.

먼저 데이비드 베네트(David Bennett)는 그의 연구에서 호주의 다문화주의 담론에서 인종이나 에스닉(ethnic) 차이가 역사나 정치적 맥락이 아닌 단순한 '정체성'의 문제로 다뤄지고 있는 것에 관해 문제점을 지적했다(1998, 4). 그는 호주에서는 이질적 인종과 에스닉 공동체(ethnic communities) 간에 나타나는 차이, 즉 타자성(alterity)이 문화다양성으로 해석되는 경향이 있다고 설명한다. 그 결과 이질적 인종과 에스닉 공동체 간에 생기는 갈등이 오직 문화정체성의 차이로 인해 빚어지는 것으로 잘못 이해되고 있다는 것이 그의 주장이다. 하지만 호주와 같은 다민족국가 내에 나타나는 공동체 간의 갈등은 역사적으로 오랜 기간을 거치면서 형성된 인종차별주의에 의해 주로 나타난다. 다시 말하자면, 공동체 간의 갈등은 한 사회 내에 역사적으로 구조화된 인종 간의 불평등한 정치적 권력 관계의 문제라고 할 수 있다. 그러므로 공동체 간의 갈등을 해결하려는 호주의 다문화주의 정책에는 인종차별주의에 의해 구조화된 위계적인 권력 관계를 해체시키려는 노력이 포함되어 있어야 하지만, 실제로는 그렇지 못하다(Stratton and Ang, 1998, 148). 예를 들어, 다문화 호주사회에서 소수자(이민자, 여성, 원주민 포함)의 정치적 대표성이 그들의 인구 구성비에 비해 현저히 낮은 수준이지만 이들의 대표성을 확대하기 위한 정책적인 노력은 미비하다(Thomas, 2008).

이에 대해 이안 앙(Ien Ang)은 호주에서 강조하는 공동체 간의 '차이 속에 공존', 즉 '공유의 방식'은 각 공동체의 문화적 다양성을 존중하는 것이지만 이는 인종 간의 불평등한 위계 관계를 그대로 유지한 채 또는 인종적 위계 관계를 표면적으로 존재하지 않는 것으로 취급한 상태에서 일어난다고 주장한다(2001, 14). 즉 호주사회에서 이민자들에 의해 유입된 문화적 다양성에 대한 존중이 강조되지만 이는

과거부터 유지되어온 영국계 백인 중심의 민족적 정체성을 위협하거
나 손상시키지 않는 범위 내에서만 이루어지고 있다는 것이다. 위와
같은 호주 다문화주의의 '공유의 방식'에 대한 비판은 다문화주의 국
가에서 문화적 다양성이 장려되기도 하고 억압되기도 하는 모순적
현상이 동시에 발생한다고 고찰한 호미 바바(Homi Bhabha)의 비판과
도 맥락을 같이 한다(1990).

　다른 한편, 문화에 따라 개개인의 귀속이 결정되는 다문화주의에
서 문화의 보편성과 개별성의 이분법적 대립관계가 형성되는 것이
일반적인데, 호주의 경우에는 그러한 대립관계가 '에스닉 공동체'와
'호주사회'로 드러나고 있다는 지적이 있다(Stratton and Ang, 1998,
158). 여기에서 '에스닉 공동체'는 이민자들이고, '호주사회'는 앵글
로 캘틱계 호주인을 일컫는다. 이민자들은 '에스닉 공동체'로 범주화
되면서 주류 호주사회에는 편입될 수 없는 주변화 된 타자로 여겨지
는 반면에, 앵글로 캘틱계 호주인들은 '에스닉 공동체'가 아니라 주류
'호주사회'를 구성하는 일원들로 간주된다. 그러므로 이민자(소수) 공
동체 문화의 가치는 예전부터 존재하던 호주(주류) 공동체의 문화
('호주인의 삶의 방식'이라고 불림)의 틀 속에서 결정되고, 그 틀에
크게 위배되지 않는 차원에서 인정받는다. 결국 호주의 다문화주의는
'에스닉 공동체=이민자 공동체=주변부 문화', 반면에 '호주사회=앵글
로 캘틱=중심 문화'라는 등식을 성립시킨다. 호주의 다문화주의가 오
히려 공동체 간의 경계를 더욱 명확하게 구분 짓는 역기능 때문에 결
과적으로 그들 공동체 간에 상하 위계관계 및 반목관계가 유지, 형성
될 수밖에 없다. 이런 점에서 '에스닉화'를 강조하는 다문화주의는 앵
글로 캘틱 호주인의 문화적 우월성을 지속시키지만, 그러한 우월성이

표면적으로 드러나지 않도록 하는 데 기여한다(Stratton and Ang, 1998).

마지막으로, 호주의 다문화주의에 대한 진보진영의 비판은 에스닉 공동체 간의 고유문화는 서로 다르고, 한 공동체의 일원들은 모두 동일한 문화를 공유한다는 다문화주의의 가정과 관련 있다. 이때 문제가 되는 것은 모든 에스닉 공동체의 문화는 다양성과 동일성을 동시에 가진다는 것이다. 스튜어트 홀(Stuart Hall)은 문화와 정체성은 늘 변화하는 상태에 있다고 정의한다(1990). 그에게 문화정체성이란 특정한 과거에 고정된 것이 아닌 역사, 문화, 권력의 활동(play)에 따라 변하는 것이다. 그러나 다문화 축제나 다문화 교과과정을 통해 에스닉 공동체의 문화유산과 관행 등을 기념하는 호주의 다문화 프로그램은 에스닉 공동체의 문화가 모두 동질적이고, 고정된 것으로 가정한다. 이로 인해 에스닉 공동체 내에 존재하는 문화적 역동성과 내적 다양성이 무시되고, 결국은 소수 공동체의 전통문화가 '대상화', '상품화'되는 현상이 초래된다(Hall, 1998). 이 점 또한 호주의 다문화주의 정치가 위계적으로 구조화되어 있는 호주사회의 인종 문제, 정체성 문제를 해결하는 데 한계를 가진다는 점을 설명한다. 위와 같은 다문화주의에 대한 비판적 견해를 염두에 두고, 다음 절에서부터 호주의 이민, 인종관계, 소수자의 사회 통합 방식을 역사적인 맥락에서 살펴본다.

3. 새로운 국가 탄생과 백호(White Australia) 만들기 (1901년~1940년대 후반)

1770년 영국의 제임스 쿡(James Cook) 선장이 호주의 동부해안 지역(현재의 시드니)에 도착해서 그곳을 영국의 영토로 선언한 후 호주는 영국의 이주자 식민지(settler colony)가 되었다. 호주는 그로부터 200여 년 넘게 앵글로 켈틱 단일 인종, 단일 문화권 국가였다. 20세기 초에 이민의 증가에도 불구하고 호주가 앵글로 켈틱 단일 문화권을 유지할 수 있었던 것은 그 당시에 정부가 채택한 백호주의 정책의 영향이 크다. 백호주의정책은 1901년에서 1973년까지 비유럽인의 이민을 막기 위해 호주 정부가 채택한 모든 법안 및 정책을 의미하는 포괄적인 용어이다. 백호주의의 근간은 호주 정부가 영국의 자치령(the Commonwealth of Australia)으로 탄생한 1901년에 채택한 '이민제한법안 1901(Immigration Restriction Bill 1901)'이다. 이 법안은 유색인종, 구체적으로 중국인과 태평양 연안국 인구가 호주로 유입되는 것을 막기 위해 만들어졌는데, 법안이 만들어진 당시 호주의 인구 구성을 보면, 영국계 98%, 독일계 1%, 중국계 0.8%였다(Stratton and Ang, 1998, 149). 역사적으로 영국으로부터 분리 독립하려던 움직임이 전혀 없었던 호주는 미국과 같이 독립국이 아닌 영연방 국가로 근대 국가를 형성했으며, 영국계 출신 국민에 근거해 국민 정체성을 형성하려 했다.

그 당시에 앵글로 켈틱계 호주인에게 가장 위협적으로 인식된 대상은 중국인이었다(Schech and Haggis, 2001). 중국인이 최초로 호주에 유입된 시기는 호주에 금광 개발이 활성화되었던 1851년이었고, 이후 20여 년 동안 약 4천 명의 중국인이 호주로 이주했다. 그 당시에 금광에서 일하기 위해 모여든 영국계 호주인과 중국인들 간에 분쟁과 갈등이 비일비재하게 발생했다. 그 결과 금광이 위치한 빅토리아주 정부는 중국인의 이민을 정책적으로 제한하기 시작했다.4) 이런 점에서 호주가 영연방국가로 탄생하기 이전부터 존재했던 이방인들,

즉 유색인종에 대한 차별적인 정서가 새 국가 호주의 최초 이민정책에 반영되었다고 볼 수 있다. 하지만 '이민제한법안 1901'은 처음 의도대로 노골적인 반인종적 내용을 담지 못했다(National Archive of Australia, 2007). 이 법안의 초고는 처음에 영국 정부에 의해 거부당했다. 그 이유는 유색인종의 이민을 제한한다는 문구를 가진 그 법안이 영국의 부속국인 인도 또는 영국의 동맹국인 일본인들이 호주로 유입되는 것을 막는다는 것이었다. 결국 호주 정부는 '이민제한법안 1901'에 대한 영국의 승인을 받기 위해 이민제한의 기준을 인종이 아닌 언어로 전환했다. 즉 그 법안은 호주로 이민을 희망하는 자들은 유럽에서 통용되는 언어 중에 한 언어의 단어 50개에 대한 받아쓰기 시험을 치러야 하고, 시험의 결과로 이민 적격 여부를 결정한다는 내용을 담았다. 언어시험을 영어가 아닌 유럽언어로 제한한 이유는 영어로 시험을 볼 경우에 영국계가 아닌 유럽인들에게는 불리하지만 영국과 가까운 관계에 있는 일본인들에는 유리할 수 있다는 판단에 서였다고 한다. 이러한 언어시험은 이후 몇 번의 개정을 거쳐 1958년까지 지속적으로 시행되었다.[5]

위와 같은 호주의 백호주의 정책은 영연방으로 새롭게 탄생한 호주가 민족국가라는 상상의 공동체 형성 과정에서 '인종적 순결'을 중요한 상징적 유대 고리로 사용했다는 것을 의미한다(Stratton and Ang,

---

4) 다른 한편, 1870년대 이후 퀸즈랜드 주에서 번성한 사탕수수 산업에 태평양 연안국가 사람들이 값싼 노동력으로 대거 유입되기 시작했다. 카나카(Kanaka)라고 불렸던 이들 노동자들은 주로 뱃사람에 의해 납치 또는 속임수에 의해 사탕수수 농장에 유입되었고, 이들은 거의 노예와 다름없는 노동환경에서 일했다고 전해진다(Museum Victoria, 2007). 하지만 이들 카나카의 값싼 노동력이 백인들의 고용 기회를 없애고, 그들의 노동의 가치를 떨어뜨린다는 이유로 농장의 백인 노동자들이 단합해서 '유색인종 노동자 반대 운동'을 펼침으로써 퀸즈랜드 정부는 카나카의 호주 유입을 제한하기에 이르렀다.

5) 100여 년이 넘는 호주의 이민 역사, 현황, 및 정책은 호주의 이주·난민 청소년 정책(문경희, 2007b)에 간략히 소개되어 있음.

1998). 즉 백호주의정책은 호주의 국민 정체성이 백인 인종과 문화를 기반으로 형성되었다는 점을 공식적으로 알려주는 증거이다. 이때 동질성 담론에서 문화가 독립적으로 강조되기 보다는 인종의 범주 내에서 포함되어 있었다.

호주의 백호주의 정책은 이주자뿐만 아니라 원주민인 애보리진(Aborigine)도 이질적 인종으로 간주하고 배제했다. '오리지널 거주자'라는 뜻의 라틴어인 애보리진은 영국인들이 처음으로 호주에 정착하기 이전에 호주 땅에 살았던 원주민들을 일컫는 말이다. 미국의 인디언이나 뉴질랜드의 마오리와 같이 애보리진들은 영국계 백인들의 억압적인 지배를 받았다. 영국계 호주인들은 백인이 아닌 애보리진들을 '불운한(doomed)' 또는 '바람직하지 못한(undesired)' 인종으로 간주하였고, 그들의 배타적인 백호주의정책에 따라 애보리진들을 '진짜' 호주인의 범주에서 제외시켰다. 애보리진 인구의 소멸을 통해 호주 땅에서 백인 인종의 순결성을 유지하고자 했는데 그러한 노력은 정부의 '애보리진 아동제거정책(the policy of removing Aboriginal children)'을 통해 명확히 드러났다.

호주는 영연방국가로 탄생하기 이전인 1869년부터 이미 '애보리진 보호정책(Aboriginal Protection Act, 1869)를 통해 애보리진 아동, 특히 여아를 가족으로부터 강제적으로 분리 양육함으로써 순수한 애보리진 인구와 문화의 소멸을 조장했다. 이러한 정책은 호주가 백호주의 정책을 채택했던 시기에도 지속적으로 시행되었는데, 공식적으로는 1969년에야 비로소 폐지되었다(Australian Human Rights & Equal Opportunity Commission, 2007). 비밀리에 시행된 '애보리진 아동제거정책'이 호주에 공공연히 알려지게 된 계기는 1997년 호주 정부 산하 기관에 의해 출판된 '그들을 집으로 보내라(Bring Them Home)'라는 보고서를 통해서이다. 그 보고서는 호주 정부기관이 호주의 각종 법안을 이용해서 애보리진 부모의 자녀양육권을 부정하고, 그들로부터 자녀를 빼앗아 수용소나 기독교 선교사들이 운영하는 고아원 등에 감금했거나 또는 백인 가정에 입양시켰다고 전한다. 또한 1910~1970년 사이에 적어도 100,000명 이상의 애보리진 아동들이 부모로부터 분리 양육되었고, 어떤 애보리진 가구도 이 정책에서 벗어날 수 없었다고 그 보고서는 전한다. 이때 분리 양육된 애보리진 아동들은 '빼앗긴 세대(Stolen Generation)'라고 불린다. '빼앗긴 세대'에 대한 보고서가 1997년에 처음으로 호주사회에 공식적으로 공개되었을 때 거센 여론의 압박을 받은 존 하워드 총리는 애보리진에 대한 과거 호주 정부의 잘못된 행위에 대해 공식적으로 유감을 표했다. 호주 정부는 1967년이 되어서야 비로소 애보리진에게 시민권을 부여했다.[6]

4. 이민 증가와 동화주의 이민–문화 정책의 위기(1950~1970)

호주가 1970년대 초에 다문화주의 정책을 도입한 배경을 이해하기 위해서는 제2차 세계대전 이후 호주의 자본주의 발전과정에서 이민자들의 유입과 적응 과정을 파악하는 것이 중요하다. 제2차 세계대전이 끝났을 무렵 호주는 인구가 약 천백만 명에 불과한 작은 국가였다. 전쟁을 경험한 호주 땅에 외부, 특히 언제나 경계의 대상이었던 아시

---

6) 호주에서 원주민들은 이민자들이 아니기 때문에 그들의 이슈를 다문화주의 맥락에서만 논의하는 데는 한계가 있다. 하지만 본 연구는 호주의 원주민에 대한 정책이 정체성 형성을 중심으로 한 호주의 다문화주의 정치의 특징과 한계를 잘 보여준다는 점에서 간략하게 언급한다.

아 국가로부터 침입이 있을 경우 소수 인구로는 자주국방이 불가능
하다는 현실적 우려가 호주 사회로 확산되었다. 인구에 대한 호주인
의 우려는 그 당시에 호주 사회에 널리 퍼진 '인구를 증가시키거나
아님 소멸하거나(populate or perish)'라는 말을 통해서도 알 수 있다
(Rizvi, 1988). 그러므로 인구 증가가 요구되었던 호주에서 대규모의
이민은 피할 수 없는 선택이었다. 이러한 현실은 제2차 세계대전 이
후 정치적으로나 경제적으로 어려움을 겪고 있었던 일부 유럽 국가
(예, 이탈리아, 그리스, 독일 등)에서 외국 이민을 희망하는 사람들이
많다는 사실과 결부되어 호주는 결국 유럽 이민자들에게 문을 활짝
열게 되었다. 군사적 안보 이유 이외에도 그 당시 호주의 산업 발전
으로 인해 인구 증가가 요구되기도 했었다. 제2차 세계대전 이후 외
국인 투자의 증가로 인해 급속한 경제 성장을 이루고 있던 호주에 산
업 노동력, 특히 하층 노동력에 대한 수요가 급증했던 것이다. 주요
기업들은 호주 정부에 해외 이민을 통한 노동력 확보를 요구했고, 이
에 호주 정부는 해외 인력채용 프로그램을 운영하는 등 기업의 요구
에 적극적으로 대응했다. 결과적으로 이 시기에 약 삼백만 명에 달하
는 유럽 이민자들이 호주로 유입되었다. 이런 관점에서 본다면, 호주
정부는 기업이 필요로 하는 노동력을 이민을 통해 적극적으로 지원
함으로써 전후 호주의 자본주의 발전에 기여했다고 할 수 있다.

　　1950~1960년대 호주 정부의 이민자 정책은 주로 동화(assimilation)
정책이었다. 호주 정부는 호주 국민이 정치, 문화적으로 분리되지 않
은 단일체이기를 원했고, 그것이 기능하기 위해서는 이민자들이 기존
의 앵글로 켈틱 중심의 호주 문화, 사회, 경제적 구조에 적응하면 된
다고 여겼다(Leeman and Reid, 2006; Schech and Haggis, 2001). 그러므

로 이민자들이 우수한 앵글로 켈틱 문화에 동화되는 것은 자연스러운 현상이라는 인식 하에 호주 정부는 이민자들이 앵글로 켈틱계 호주인이 말하고, 행동하고, 살아가는 방식을 그대로 따라 하도록 정책을 펼쳤다. 하지만 그때에도 호주의 이민정책은 '동화가 불가능한' 유색인종들을 배제하기 위해 예전과 다름없이 여전히 차별적이고 선별적인 성격을 띠었다(Rizvi, 1988). 그 당시까지 대부분 앵글로 켈틱계 호주인은 아시아인 또는 황인종들을 호주 사회의 통합을 저해하는 존재로 인식하고 있었기 때문에 문화적으로나 인종적으로나 확연히 다른 아시아인들의 이민을 받아들이는 것은 호주 사회의 근간을 불안하게 할 뿐 아니라 자본의 이익에도 반한다고 여겼다. 결국 이런 이유에서 백호주의 정책이 1960년대까지 큰 저항 없이 유지될 수 있었다.

한편 그 시기에 호주 정부는 교육제도를 통해 동화정책을 펼쳤다. 호주 정부는 교육 커리큘럼을 직접 개발해서 전국의 학교에 보급했다. 그 커리큘럼은 앵글로 켈틱 인종 중심적으로 고안되었으며, 이민자 자녀에 대한 특별한 배려나 지원 프로그램이 포함되어 있지 않았다(Jakubowicz, 1988, Leeman and Reid, 2006). 오히려 이민자 자녀들에게 앵글로 켈틱 호주인의 자녀가 배우는 것과 다른 교육 커리큘럼을 제공하는 것은 호주가 중요하게 여기는 평등이념에 위배된다고 주장했다. 그 결과 1960년대 중반까지 비영어권 이민자 자녀를 위한 영어 교육이 체계적으로 이루어지지 않았다. 다른 한편, 이민자들은 경제적인 면에서 호주 사회의 순종적인 노동력으로 인식되었다. 호주 정부는 이민자들이 정치적으로 조직화하는 것을 막기 위해 노동조합의 협상력을 축소시켰으며, 임금 인상보다는 잉여 노동력을 창출함으로써 이민 노동자들을 통제했다. 전후 호주 정부의 이러한 이민 노동자 통제 정책을 연구한 일부 학자들은 이민 노동자들이 노동 시장의 하층 노동계급을 형성하며 호주의 자본 축적과 성장에 크게 이바지했다는 점과 나아가 그들이 호주 사회의 사회적, 경제적 불안감을 최소화하기 위해 동원되었다는 측면에서 그들을 마르크스의 '산업 예비군'에 비유해서 설명하기도 했다(Rizvi, 1988).

백호주의 동화정책과 민족 정체성 형성에 대해 연구한 스테판 캐슬(Stephen Castle) 외 여러 학자는 호주의 백호주의 동화 정책의 주요 개념을 다음의 세 가지로 정리한다(1990). 첫째, 호주는 영국의 가치와 제도에 기반한 문화적으로 동질적인 사회이다. 둘째, 이러한 동질성은 대규모의 유럽 이민의 증가에 의해서도 변질되지 않는다. 셋째, 호주에 아시아인 이민은 있을 수 없다. 위의 개념을 근거로 그들은 호주의 동화정책은 '어떤 특정한 문화들이 결코 양립할 수 없다는 사실을 전제로 한 명백한 인종차별 정책'이라고 주장한다. 그리고 그들은 호주 정부가 특정 문화들의 양립가능성의 조건으로 문화가 '유럽적'이냐 아니냐를 두고 판단한다고 언급했다. 이는 호주의 '백인'을 지키려는 욕구가 문화를 중심으로 형성되어 있고, 유색인종은 불가능하지만 백인 인종들은 호주의 민족문화에 동화할 능력이 있다고 믿는 호주인들의 백인 우월주의에 기반 한다. 결과적으로 동화정책은 앵글로 켈틱 문화로 구성된 '호주인의 삶의 방식'을 보존하는 것인데, 그것은 '호주인의 삶의 방식'과 양립 불가능한 다른 문화들을 배제함으로써 가능하다는 것이다.7) 이상과 같이 호주의 백호주의에 기반한

---

7) 호주 정부는 '호주인의 삶의 방식' 강조를 통해 영국의 식민지국으로서 호주가 가지는 영국의 인종·문화적 정체성과 구분되기를 원했지만, 실제 호주와 영국 간의 문화적 차이를 구분하기란 어려웠다. 예를 들어,

동화정책은 호주사회에서 현재까지 문제시되는 인종 갈등이 역사적이고, 정치적 맥락에서 형성되었다는 점을 보여 준다.

그러나 호주 정부의 기대만큼 동화 정책이 비영국계 유럽 이민자들의 삶을 안정시키지 못했고 이는 결국 그들의 불만 표출로 나타났다(Stratton and Ang, 1998). 먼저, 비영어권 이민자들은 '호주화' 과정을 따라도 시간이 지날수록 여전히 호주의 주류 문화로부터 고립되고, 방치되어 있고, 그리고 정치적으로 무능하다는 느낌을 가지게 되었다. 일부 이민자들은 민주주의 국가인 호주에서 여전히 최고 의사결정과정에 자신들을 대변해줄 대표자를 가지지 못하는 것에 대해 문제를 제기했다(Rizvi, 1988). 이러한 정치적 대표성 문제에 이어 이민자 대표들은 호주 사회에서 그들의 모국어와 문화가 철저히 배제되어 있다는 점을 들어 호주 주류 문화의 배타성에 항의하기 시작했다. 더욱이 동화정책에 대한 이들의 불만은 그들의 자녀가 언어와 인종차별 때문에 학교에서 제대로 된 교육을 받기 어렵다는 점 때문에 더욱 심화되었다. 이러한 불만은 1960년대 후반부터 산업현장에서도 터져 나오기 시작했다. 즉 그 당시에 호주 사회에서 상당한 규모의 노동자 계급을 형성하고 있었던 이민자들은 노동쟁의나 파업을 통해 정부에 호전적인 계급투쟁의 모습을 보여주기도 했다.

결과적으로 동화정책에 대한 비영국계 유럽 이민자들의 불만은 호주 사회에 새로운 고민거리를 안겨주었다. 앞에서 언급했던 것처럼, 1970년대 초반까지 호주는 국가 건립 이후 '백인' 인종의 순결성을

호주인들은 영국인들처럼 커피보다는 차를, 와인보다는 맥주 마시는 것을 선호했고, 이것이 이민자들이 동화되어야 할 '호주인의 삶의 방식'으로 간주되었다. 그러므로 호주의 동화정책에 의해 강화된 호주의 민족 정체성은 호주를 영국으로부터 탈식민화하려는 욕구를 반영하고 있지만 역사적이고 문화적인 깊이가 결여되어 있었다(Rizvi, 1998).

유지하기 위해 지속적으로 노력했으며, 이를 위해 백인 유럽인의 이민을 장려하고, 유색인종의 이민을 철저히 제한하고 있었다. 하지만 문제는 '백인' 인종 간에도 문화적 다양성이 존재한다는 것이었다. 즉 같은 인종인 백인 유럽인 사이에서 호주의 앵글로 켈틱계 언어와 문화 중심의 동화정책에 대한 반발이 터져 나왔기 때문에 호주 사회는 인종적인 동질성이 문화적 동질성을 의미하지 않는다는 것을 배우게 된 것이다(Stratton and Ang, 1998). 결과적으로, 호주 정부가 다문화주의 채택에 관심을 기울이기 시작한 결정적 계기는 호주가 백호주의·동화 정책 토대에서 역사성과 문화성이 결여된 국민 정체성 유지에 어려움을 겪었고, 나아가 백인 간의 문화적 이질성이 갈등으로 표출되기 시작했기 때문이다.

5. 다문화주의 채택과 전개(1973~현재)

1) 인종과 에스니시티

고프 위트램(Gough Whitlam)의 노동당 정부가 집권을 했던 1973년에 호주 다문화주의의 승리자로 불리는 이민국의 앨 그래스비(Al Grassby) 장관은 '미래를 위한 다문화 사회(Multi-cultural Society for the Future)'라는 보고서를 발표했다. 그는 보고서에서 오래된 동화 정책은 실패했고, "호주의 모든 구성원이 국민을 위해 특별한 기여를 할 수 있는 공정한 사회"를 만들어 가자고 역설했다. 이를 위해 호주 정부는 1978년에 갈보리 보고서 발간 이후 민족 특성에 맞는 이주, 정착서비스와 복지프로그램, SBS 방송시행, 가족초청이민 완화 등 권고, 지방에 에스닉 위원회 설치 등을 지원하는 다문화주의 정책을 시행했다.8) 구체적으로 오늘날 시행되고 있는 연방정부 차원의 다문화주의 정책과 사업에는 화합을 이루는 삶(Living in Harmony), 공동체 지원 프로그램, 파트너십 프로그램, 화합의 날이 포함되고, 이는 이민시민권부, 이민-다문화에 관한 장관급 위원회, 지역사회관계위원회 등에서 논의된다(이태주, 2007, 22). 다양한 문화 간의 화합과 통합을 이끌어 내기 위해 호주 정부는 중앙 및 지방 정부 차원에서 다양한 다문화 프로그램을 지원하고 있다. 대표적인 프로그램으로 교육, 종교, 스포츠 등의 프로그램을 통해 다민족 간의 화합을 조성하려는 지역 공동체에 대한 재정지원, 다문화축제 개최 등을 들 수 있다.

호주의 다문화 정책 중에 언어 지원 프로그램은 중요한 비중을 차지한다. 예를 들어, 이민자들의 언어 및 문화 장벽을 극복하기 위해 연방정부 및 지방정부는 온라인 및 전화서비스를 통해 다국어 통역 및 번역 서비스를 제공한다. 정부의 주요 정책 및 행정서비스 등도 다국어 온라인 서비스나 책자를 통해 안내되는데, 특히 사회복지, 의료, 법률 서비스 등이 이에 포함된다. 한편, 비영어권 이민자들의 영어교육을 위해 호주 정부는 매해 보조금을 지원한다. 이민자 자녀가 초등학교 입학 전 영어를 배울 수 있도록 지원하고, 성인들의 영어 교육을 위해 지역 커뮤니티 센터 및 개별 직장을 통해 부가적 재정지원을 한다. 또한 지역의 공공 박물관 및 도서관에 다문화권의 도서 및

---

8) 오늘날 호주 정부의 다문화정책의 주요 내용은 기존의 정책을 재정리하여 2003년에 발표한 "다문화호주: 다양성으로 통합(Multicultural Australia: United in Diversity)"에 잘 나타나 있다. 다문화 정책의 네 가지 기본 원리는 첫째, 시민적 책무(Responsibilities of all), 둘째, 상호존중(Respect for each person), 셋째, 상호 공평성(Fairness for each person), 넷째, 공동 이익추구(Benefits for all)이다. 이러한 기본원리를 지키기 위한 세 가지 실천전략은 첫째, 조화롭게 살기(Living in Harmony); 둘째, 더 공평한 정부 서비스 및 프로그램(Fairer Government Services and Programs); 셋째, 생산적 다양성(Diversity Works)이다(문경희, 2006).

문화 관련 자료 등을 제공하도록 정부가 지원한다(DIMIA, 2001). 호주 정부는 매해 3월 21일을 국가적 '화합의 날'로 지정하고 주로 지역 다문화 커뮤니티와 학교를 통해 다양한 다문화 행사를 주관하도록 장려한다. 이와 더불어 호주 대부분의 도시는 일 년에 한 번 각자 특성에 맞는 다문화 축제를 주최한다. 이 행사는 주로 소수민족 공동체들이 한자리에 모여 음식, 공연, 강연 등의 행사에 참여함으로써 다문화에 대한 이해를 높이는 교육의 장이 된다. 이러한 호주 정부의 다문화주의 이민, 문화정책은 이민자들의 초기 정착과 적응에 도움을 주는 순기능을 가진다.

한편 과거 동화 정책이 호주 사회의 동질성을 강조했다면, 다문화주의에 기반한 다문화 정책은 문화적 이질성에 초점을 맞추었다. 호주의 다문화주의 정책은 호주 사회가 문화적 다양성 수용에 실패한 것을 인정하는 것이었고, 그 정책의 목적은 '문화적 다양성을 관리하는 것(managing cultural diversity)'이었다.9) 그러나 스트래톤(Stratton, 1998, 105)에 의하면 여기서 '문화적 다양성'이 의미하는 바는 백인간의 '문화적 다양성'을 의미하는 것이므로 호주가 채택한 다문화주의는 '백인' 다문화주의이지 궁극적으로 다인종주의가 아니다. 다시 말하면, 다문화주의가 인종의 문제를 해결하는 것이 아니라 인종에 관한 언급을 전혀 하지 않음으로써 인종적 갈등 요소를 억누르고 있는 것과 같다. 이는 2절에서 지적했듯이, 호주의 다문화주의가 오랫동안에 역사적, 정치적으로 누적된 인종갈등에 대한 고려 없이 문화다양성에 대한 제도화에만 노력을 기울였다는 비판과 연계된다.

---

9) 상세한 호주의 다문화 정책에 대해서는 이태주, 줄리안 말티네즈(2007) 연구 참조.

　또한 존 스트래톤(1998)은 호주의 다문화주의 담론에서 '인종' 대
신에 '에스닉' 공동체라는 용어를 사용하고 있다는 점을 주시했다. 그
는 다문화주의 담론에서 '인종'이 아닌 '에스니시티(ethnicity)'를 쓰기
시작한 것은 제2차 세계대전 이후에 호주에서 전통적인 인종 담론에
토대를 둔 생물학적 원리주의를 배척하고, 인간 다양성에 문화적으로
접근하자는 내용으로 전개된 사회운동의 덕이라고 설명한다. 이때 에
스니스티는 출생지 또는 모국어에 따라 구분되었다. 그러므로 호주의
새로운 이민자들이 더 이상 '아시아인'·'황인종', '유럽인'·'백인'이
아니라 '베트남인', '피지인', '일본인', '한국인', '영국인' 등으로 분
류되기 시작했다. 이러한 에스니시티의 다양성을 강조하는 다문화주
의 정책의 시행으로 인해 1975년에 약 8만 명에 해당하는 베트남 전
쟁 난민이 호주사회로 유입되었을 때 호주 정부는 그들을 아시아 인
종이 아닌 베트남이라는 다른 문화권의 에스닉 그룹으로 집중 조명
함으로써 그들에 대한 호주사회의 인종적 경계심을 비가시화 시키는
데 성공했다고 한다. 이에 대해 피터 로렌스(Lawrence, 1983)는 1970
년대 베트남 '보트피플'의 이민 허용은 많은 호주인으로 하여금 자신
들의 국가가 더 이상 유럽인들의 거주지가 아니라는 생각을 갖도록
하는데 기여했다고 설명한다.

　그러나 오늘날 호주에서 '에스닉'이라는 용어는 주류 공동체 바깥
에 존재하는 소수 공동체를 일컫는 말로 이해되어진다. 일반적으로
에스닉 그룹은 "역사적으로 또는 신화에 의해 공통적인 조상을 가지
고, 동일한 역사적 과거에 대한 기억을 가지며, 하나 또는 그 이상의
상징적 요소에 문화적 의미를 부여해서 그것을 그들의 민족성으로
정의하는 그룹"이라고 일컬어진다(Baas John et al., 1993). 위의 정의

에 따르면 에스니시티는 누구에게나 적용될 수 있다. 그러나 현실적으로 그 용어는 종종 에스닉 소수 공동체를 일컫기 위해 사용됐고, 이러한 현실은 에스닉의 사전적 의미에도 반영되었다. 예를 들어, 1998년에 개정된 호주의 맥콰리 사전(Macquarie Dictionary)에 따르면 에스닉은 "이민 공동체의 일원이거나 영어가 모국어가 아닌 이민자들의 후손들"을 일컫는다. 즉 호주에서 에스닉 공동체는 비영어권 이민자를 일컫는다. 이러한 정의는 영어권, 구체적으로 엥글로 켈틱계 호주인들이 에스닉 공동체의 범주에 속하지 않는다는 것을 정당화한다.

구체적으로 '에스닉'에 대한 이러한 이해는 다문화주의에서 중요하게 여기는 단어인 '존중(respect)', '관용(tolerance)'의 말과 함께 쓰일 때 명백한 위계관계를 형성한다(Stratton and Ang, 1998). 예를 들어, '에스닉' 공동체의 문화 다양성에 대한 '존중'과 '관용'을 이야기할 때 '누가 누구를 존중하고, 관용해야 하는가' 또는 '누가 누구에 의해 존중받고, 관용되어야 하는가'에 대한 문제를 낳는다. 이는 결국 다문화주의가 호주 사회의 구성원을 이분법적으로 '존중하고', '관용하는' 능동적(주류) 공동체와 반면에 '존중받고', '관용되어야' 하는 수동적(비주류) 공동체로 나누는 결과를 초래했다는 것을 의미한다. 헤이지(Hage)는 이러한 에스닉 또는 문화 공동체 간의 상하 위계관계가 인종 차이, 즉 백인들과 유색인종들 사이에서 나타난다고 지적한다(1998, 134-5). 그는 호주 다문화 사회 내에서 백인들의 문화는 오래전부터 명맥을 유지하고, 도전받지 않는 문화인 반면에 타자의 문화는 더 풍요로워져야 하고, 백인들로부터 가치를 평가받아야 하는 문화로 간주되는데 이러한 생각은 백인들이 통치하는 나라(White Nation),

즉 다문화 사회 내 백인의 우월성에 대한 환상이라고 비판한다.

하지만 다문화 호주 사회에서 백인은 변화하는 개념이다. 수잔 쉐크와 제인 헤기스(Schech and Haggis, 2001, 147)는 과거 호주사회에서 인종적, 문화적, 정치적으로 기득권을 누리는 백인은 주로 앵글로 켈틱계 백인들이었으나 비영어권 유럽 이민자들의 수가 급증하며 백인의 범위가 넓어졌다고 설명한다. 그들은 최근에는 유럽의 도덕성이나 종교를 공유하는 중동인들까지 백인의 범주에 포함되기도 한다고 지적한다. 이때 기득권을 누리는 백인이란 '백인性(whiteness)'-백인들이 구조적 이익을 누리는 지점이자 인종적 특권(racial privilege)을 누리고, 그들의 문화가 보편적이라고 여겨지는 지점-을 가진 사람을 의미한다. 그들은 또한 '백인性'은 앵글로 켈틱 배경을 가지지 않은 사람이더라도 상징적 자본을 충분히 축적한 사람이면 '백인性'을 획득할 수 있다고 주장한다. 다시 말해서, '백인性'은 인종 중심으로 위계화된 물질적 권력을 말하는 것이지 인종 그 자체는 아니라는 것이다. 하지만 백색 피부를 가지지 않은 사람들(예, 아시아인)은 '백인性'을 획득하지 못한다. 그러므로 '백인性'의 영역은 유동적이지만, 백인의 피부색은 '백인性'에 내재된 전제조건과 같다. 이런 점에서, 호주의 '백인性'은 유동적이면서 고정적이다. 이러한 '백인性'에 대한 설명은 호주 정부가 다문화주의를 통해 '다문화 호주'라는 동질적 민족 정체성을 형성하려 했지만, 백인과 유색인종 간의 경계를 허무는 데는 성공하지 못했음을 알려준다.

다문화주의가 시행되는 호주에서 아시아인들은 애보리진과 마찬가지로 여전히 '인종적'으로 구분되고 있다. 특히 그들의 피부색, 외모의 차이로 인해 자본의 축적을 통해서도 백인들이 누리는 인종적 기득권을 누릴 수 없다. 수잔 쉐크와 제인 해기스는 아시아 호주인인 윌리엄 영(William Young)이라는 호주 예술가가 일본에서 그의 업적을 기념하는 자리에서 호주 국기와 국가를 통해 그가 소개되었을 때, 태어나서 처음으로 호주인으로 대접받아서 눈물을 흘렸다는 일화를 소개한다(2001, 151). 즉 호주에서 그의 조상이 아무리 오래 거기에 살았다고 하더라도 아시아 '타자(others)'로서 간주되어 왔고, 다시 말해서 호주인으로서 대접받지 못하고 살았다는 것을 의미한다. 이는 호주의 다문화주의가 민족을 새로 재이미지화하는데 한계가 있음을 명백히 보여준다. 이에 대해 중국계 호주인인 이안 앙(Ang, 2001, 146-8)은 아시아인들이 호주 사회 내에서 완전히 포함된 것도 배제된 것도 아닌 회색영역, 즉 모호한 공간(space of ambivalence) 또는 제3의 공간(third space)에 위치해 있다고 설명한다(문경희, 2006). 이런 점들은 호주의 다문화주의가 호주사회에서 오래간 인종 갈등을 해결하는 데 한계를 가진다는 것을 드러낸다.

2) 호주 다문화주의에서 '문화'

호주의 다문화주의에서 '문화'는 과거 에드워드 테일러(Edward Tylor)에 의한 인류학적 의미를 수용하고 있다(Stratton and Ang, 1998, 155). 1978년 호주 의회에서 발표된 '이민자들을 위한 정착 후 프로그램 및 서비스에 대한 검토(Review of Post Arrival Programmes and Services to Migrants, Galbally Report)'에서 문화는 "삶의 한 방식", 즉 "지식, 믿음, 예술, 도덕성, 법, 관습 또는 개인이 자신이 속했던 사회에서 습득한 다른 능력이나 습관"으로 정의되었다. 이는 호주의 다문화주의가 호주의 민족 정체성 형성에 있어 문화의 보편성 또는 개별성과 같은 이데올로기적 가치를 중요시하기보다는 문화적 관행(cultural practices)을 중시하고 있다는 것을 의미한다. 과거 동화정책에서 앵글로 캘틱 호주 문화만이 강조된 것과 대조적으로, 다문화주의 정책에서는 다양한 문화들이 호주를 구성하고 있다고 정의된다.

그러나 앞서 지적했듯이, 호주의 다문화주의는 구조화된 인종 차별문제를 은폐한 채 소수공동체의 전통적 문화 관행에 대한 존중과 기념에 초점을 맞추는 경향이 있다. 이는 결과적으로 소수공동체를 탈정치화시키고, 다수 문화로부터 분열시키기도 한다는 비판으로 이어진다. 예를 들어, 호주의 존 그레이(John Gray)는 다문화주의에 대한 정의에서, '다문화주의는 문화적 다양성이 존재하지 않는 것을 의미한다. 왜냐하면 그것은 오래되어 퇴색된 문화의 죽어가는 흔적을 기억에 남기려 하는 것이고, 그것들이 대중의 구경거리가 되게 한다'고 역설했다(Short, 1995). 이는 호주 정부가 다문화 축제 개최 등을 통해 전통 춤, 음식, 음악, 수공예 등과 같은 문화적 예술을 기념하지만, 이로 인해 문화가 소멸, 변형될 수 있는 동적인 개념이 아닌 '고정된(fixed)', '정적인(static)' 개념으로 이해되고 있다는 것에 대한 비판이다. 이로 인해 소수공동체는 '고정된' 그리고 '정적인' 문화 주체로서, 반면에 다수공동체는 '움직이는', '동적인' 문화를 소유한 집단으로 이분화된다. 더욱이 데이비드 베네트(David Bennett)는 호주의 정부 주도 다문화주의에 대한 연구를 통해 정부 주도 다문화주의에서 '문화주의'는 소수공동체의 문화를 대상화, 상품화하고 나아가 이국적인 것으로 간주한다고 비판했다(1998). 이러한 비판은 이들 국가에서 다문화주의가 소수 공동체의 전통요리와 축제를 중심으로 전개되고 있는 것을 염두에 둔 것이다. 그는 이들 국가의 '요리, 축제 다문화주의'는 소수 집단을 다수 집단에 단순히 '섞어 넣기'를 통해 다문화 사회 이미지를 재현하려는 노력의 방편으로 보았다.

한편 다른 '에스닉' 그룹의 문화유산 보존과 상호 문화 간의 이해 증진을 중요하게 여기는 다문화주의는 예기치 못한 문제에 직면했다. 모순적이게도, 다문화 축제는 영국계 백인들이 다른 에스닉 공동체에 비해서 문화적으로 결여되어 있다는 것을 깨닫게 했다. 예를 들어, 다문화축제 또는 학교의 '하모니 데이' 때 영국계 아동들은 특별하게 차려입을 전통의상이 없거나 특별한 전통음식을 소개할 수 없다는 점 때문에 소외감을 느끼기 시작했다(Schech and Haggis, 2001, 151). 이는 '우리'를 강조하고, 문화적 다양성을 기념하는 다문화 축제에서 영국계 백인은 축제에 주체적으로 참여할 '자격'이 없는, 즉 문화적으로 결핍된 존재로 자신을 인식하게 되었다는 것이다. 이런 측면에서 호주의 다문화주의는 영국계 백인이 '자신들의 나라'에서 이방인과 같은 느낌을 갖게 하며, 결국 타문화권 공동체에 대한 소외감과 열등감을 경험하는 데 기여한다고도 볼 수 있다.

6. 다문화주의 정체성 정치

호주에서 다문화주의에 대한 저항이 가시적으로 드러나기 시작한 시점은 1990년대 중반이다. 노동당의 폴 키팅(Paul Keating) 총리는 1990년대에 다문화주의 정책을 통해 호주의 아시아적 정체성을 확보하고, 원주민들과 국민 대화합(Reconciliation)을 추구했다. 하지만 그는 1996년에 정권 재창출에 실패했다. 폴 키팅 이후 가장 최근까지 11

년 동안 정권을 집권한 보수연합의 존 하워드 총리는 백인 우월주의 성향을 강하게 띠는 호주의 대표적인 정치 지도자이다. 하워드는 총리로 당선되기 이전부터 '하나의 호주(One Australia)'라는 구호 아래 외국 특히 아시아 이민자들의 호주 유입과 원주민들의 토지 소유권 등을 반대했다(Manne, 2004). 이런 맥락에서 그가 상상하는 '하나의 호주'는 백호이며, 이는 과거 1970년대 초반까지 호주가 이민, 문화 정책으로 채택했던 백호 정책에 기반 한다는 것을 보여준다. 그는 또한 공개적으로 다문화주의를 비판했다. 예를 들어, 1988년 총선에 출마한 그는 '다양성 속에 통합'을 강조하는 다문화주의는 그를 포함한 호주인들에게 "우리가 누구인지, 우리가 무엇을 믿어야 하는지에 관해 혼란하게 만드는 것"이라고 밝혔다. 그러므로 그는 아시아인들의 호주 이민을 제한해야 한다고 주장했다. 또한 그 당시에 문제가 되었던 원주민들의 토지 소유권을 인정하는 '애보리진 조약' 체결에 대해 그는 그 조약이 '하나의 호주'라는 이상과 양립할 수 없기 때문에 찬성할 수 없음을 분명히 했다(Warhurst, 2006).[10]

하워드 전 총리는 호주의 다문화 현실을 왜곡하고 백호에 기반한 정체성 정치를 이용해서 과거 연방총선에서 승리하려 했다는 비판을 받고 있는데, 2001년 총선 전의 '탐파 위기(Tampa Crisis)'가 그러한 주장에 설득력을 더해주는 일례이다. '탐파 위기'는 2001년 8월 26일에 노르웨이 화물선 탐파선이 호주 해군으로부터 긴급 전문을 받은 사건으로부터 시작되었다. 그 전문의 내용은 호주령 크리스마스 섬 인근 공해상에서 난민선이 표류하고 있으니 가장 가까운 곳에 있는

탐파선이 이들을 구조해 주라는 것이었다. 탐파호 선장은 호주 해군의 긴급 요청대로 좌초 중인 배에서 433명의 아프간계 난민을 구조해 가장 가까운 항구인 크리스마스 섬으로 향했다. 이는 공해상에서 좌초 중인 난민선을 발견하면 이들을 구조하고 가장 가까운 항구에서 난민을 수용해야 한다는 유엔 난민 협약을 따른 것이었다. 하지만, 존 하워드 정부는 난민을 구조한 탐파선에 호주 영해 진입 금지를 내리고 난민선의 출발지인 인도네시아로 향할 것을 요청했다. 이에 반발한 난민들은 호주로 가지 않으면 바다에 뛰어 내려 자살하겠다고 위협했다. 공해 상에서 1주일간 표류하던 탐파선은 크리스마스 섬으로 뱃머리를 돌렸다. 하지만, 하워드 총리는 공군특수부대(SAS: Special Air Service)를 동원, 이들로 하여금 탐파선의 통제권을 장악하게 했다. 이후 "호주는 난민을 수용하는 데 주권행사를 확실하게 시행할 것"이라고 선언한 하워드 총리는 난민들을 뉴질랜드와 태평양 연안 섬 국가인 파파 뉴기니아, 나우루 등에 분산 수용하는 데 성공했다.11)

그 당시에 하워드 총리는 그들 아프칸 정치 망명자들을 호주의 국경을 침입한 침입자로 간주하였다. 그는 호주가 침입자의 공격을 막기 위해 자기 방어를 해야 한다고 주장하며 새로운 '국경보호법 2001(Border Protection Act, 2001)'을 도입했다. 이 법안은 정치망명자를 다루는 데 있어 호주 정부가 사법부, 입법부와 상관없이 최종 결정을 내릴 수 있다는 내용을 담고 있다. 이로 인해, 그해 연방총선 있기 전인 8월 초까지 30%선의 지지로 바닥에 머물던 하워드 총리의 인기는 70%까

---

11) 호주국립대학교의 그레이 프라이(Grey Fry) 교수는 호주 정부가 정치망명자들을 분리 수용한 방식이 '수용소 논리'와 다를 바 없고, 이들 망명자를 수용한 힘없고 약한 태평양 연안 섬 국가를 '태평양 수용소(Pacific detention centre)'라고 불렀다(Devetak, 2004).

지 급상승 했고, 이러한 인기는 얼마 후 미국에서 9월 11일 테러가 발생하자 더욱 공고해졌다(DIMIA 2001). 이와 더불어, 하워드 총리는 11월 선거 운동 개시 초반인 10월 초 호주 영해에 진입한 이라크계 난민선에서 일부 난민들이 어린아이들을 바다에 내어 던졌다는 해군의 보고를 받았다며 "아동들의 생명을 볼모로 불법 입국을 시도하는 비인도적인 난민 희망자들은 한 명도 호주 땅에 발을 붙일 수 없다"고 주장했다. 총선 이후 이 사건은 사실이 아니라 하워드 정부에 의해 조작된 것임이 상원 조사위원회에 의해 밝혀졌다(Megalogenis 2006). 이후 선거 막바지에 여론조사에서 나타난 인기 하락에 당황한 하워드 총리는 그해 호주로 몰려든 수천명의 난민 중에는 오사마 빈 라덴의 지휘를 받는 테러집단이 포함됐을 개연성이 있다고 주장했다. 이를 통해 그는 '난민=테러리스트'라는 인식을 호주 사회에 급속도로 확산시켰다(DIMIA 2001). 그리고 마침내 2001년 11월 총선에서 하워드 총리는 그의 경쟁자인 노동당의 킴 비즐리(Kim Beazley)를 어렵지 않게 이기고 총리 재임에 성공했다. 결과적으로 하워드 총리의 '반난민, 반아시아계 이민 정서'를 부추긴 공포정치는 과거에 호주 정부가 백호주의 정책 하에 호주인들로 하여금 외부인 특히 아시아인들의 침입을 두려워하도록 조장한 '황색 공포(yellow peril)'의 위협을 다시 부활시킨 것과 다름없다.

　다른 한편, 1996년에 아시아 이민제한 및 원주민 복지서비스 중단을 요구하며 노골적으로 반다문화주의를 주장한 폴린 핸슨(Pauline Hanson)이 정계 진출에 성공하는 일이 발생했다. 폴린 핸슨이 선출직 의원으로서 정계 진출에 성공했다는 것은 많은 호주인들(특히 중상류층 지식인들)에게 당황스럽고 불편한 경험이었지만, 그녀를 지지한

유권자의 수가 상당하다는 측면에서 일부 호주 국민의 반다문화주의 정서를 보여주는 사건으로 볼 수 있다. 퀸즈랜드 주의 한 시골 마을에서 영국 식민지의 유산으로 꼽히는 대표 음식인 '피쉬 앤드 칩스(Fish and Chips)' 식당을 운영하던 핸슨은 직접 한민족당(One Nation's Party)을 창당하고 1996년 총선에 참여했다. '일반 호주인(ordinary Australian)'임을 강조한 그녀는 호주의 다양한 세금 납세자들이 산업을 번창시키지만, 이는 결국 원주민과 일부 다문화주의자, 그리고 소수 인종에게만 혜택을 주는 것이라고 역설했다(Stratton 1998, 96). 즉 그녀에게 다문화주의 정책은 백인들을 역차별하는 인종정책이었다. 핸슨이 세운 정당인 '한민족당'이라는 이름에서 나타나듯이 그녀는 호주가 "평화롭고 조화롭게, 그리고 단합되고 강하게 생존하기 위해서는 한 부류의 사람들, 한 민족, 한 국기만이 필요하다"고 주장했다. 하나됨 또는 단일함을 강조한 핸슨의 주장은 민족적(사회적, 문화적 또는 인종적) 동질성에 대한 강한 노스탤직 욕구를 반영하는 것으로서, 다문화주의를 통해 다양성을 기념하자는 다원주의자들에게 강한 반감을 보인 것으로 해석된다.

이와 더불어, 2005년 12월에 발생한 시드니의 크로놀라(Chronolla) 해변 인종분쟁 사건도 호주의 '조화로운 다민족 공동체' 이미지에 치명적인 손상을 입히고, 동시에 보수언론의 반다문화 정서를 보여준 사례이다. 크로놀라 해변에서 레바논계 젊은이들과 백인 젊은이들 간에 소소한 다툼에서 시작한 이 사건은 대규모의 인종 갈등 사건으로 번졌다. 이 사건이 백인 대 중동인 간의 인종분쟁 사건으로 확대된 데는 일부 보수 언론 및 방송인의 역할이 컸다. 예를 들어, 라디오 2GB의 논평가 중 한 명인 알렌 존스(Alan Jones)는 크로놀라 사건에 대한 논평에서 '중동인의 침입'에 대한 깊은 우려를 표명했고, 이는 일부 백인들의 반중동인 정서를 자극했다(The Sydney Morning Herald 2005/12/13). 또한 라디오 프로그램 2UE의 진행자인 스티브 프라이스(Steve Price)는 백인들의 힘과 의지를 보여주기 위해 백인의 집결 및 거리행진을 부추겼다. 이후 실제로 수천 명에 달하는 백인들이 거리에 집결해서 호주 국기가 그려진 옷을 입고 또한 호주 국기를 휘날리며 장시간 거리 행진을 했다. 이 거리 행진은 반중동인, 반중동 문화를 알리기 위한 목적으로 이루어졌고, 일부 행진 참가자들은 '우리는 여기서 자랐다, 너희는 여기로 이주해 왔다', '100% 호주 자존심' 등의 피켓을 들고 있었다(The Sydney Morning Herald 2005/12/11). 위의 사건과 같은 해 12월에 발생한 크로놀라 해변의 백인-중동인 간의 인종갈등 사건은 최근 몇 년 동안 국내외에서 나타난 앵글로계 서구와 이슬람계 비서구 공동체 간의 갈등과 연계되어 다문화 호주 사회 내 커다란 갈등의 불씨로 남아 있다.[12]

존 하워드 전 총리나 폴린 핸슨 그리고 크로놀라 해변 인종분쟁 사건을 통해 드러난 일부 호주인들의 반다문화주의 정서는 호주의 다문화주의가 기치로 내건 문화적 다양성을 관용하는 백인들의 한계가 드러난 것으로 볼 수 있다. 이들의 공공연한 반다문화주의 외침은 호주의 인종차별주의와 반이민주의, 반난민주의의 재출현과 함께 다문

---

[12] 특히 2007년 시드니의 한 이슬람 종교지도자인 Sheikh Taj El-Din Al-Hilali(이집트 태생, 64세)는 이집트의 한 텔레비전 방송에서 '앵글로 계통 호주인들은 수갑을 차고 호주에 왔지만 우리(모슬렘)는 자유인으로 호주에 왔다'고 언급함으로써, 무슬렘 호주인들이 죄수를 조상으로 둔 앵글로계 호주인들보다 호주에 살 자격이 더 충분하다고 주장했다. 그의 이러한 주장은 호주 사회에서 반무슬렘 정서를 확산시키고, 존 하워드 총리의 반다문화주의 성향을 더욱 강화시키는데 기여했다. Sheikh는 2006년에 여성의 복장과 관련해 호주의 비무슬렘 여성들이 자신들의 몸을 드러내는 옷을 입는 것에 관해 '포장되지 않은 고기(uncovered meat)'라고 표현하며, 그것은 '반이슬람적이며, 반호주적이고, 수용 불가능'하다고 주장하여 논란의 대상이 되기도 했다(BBC, 2007).

화주의에 대한 위기의식의 표출로 이해할 수 있다. 한편, 2007년 11월 24일에 치러진 연방총선에서 승리한 노동당이 정부를 구성하기 시작하면서 다문화주의에 토대를 둔 국가 통치 및 사회통합이 강조될 것이라는 기대가 형성되었다. 하지만 케빈 러드(Kevin Rudd)에서 줄리아 길라드(Julia Gillard) 총리로 이어진 노동당 정부는 과거 노동당 총리들처럼 다문화주의를 국가 통치 및 사회통합 이념으로 강조하고 있지는 않다. 오히려 현 노동당정부는 호주의 아시아적 정체성을 강조하기보다는 호주가 '아시아에 위치한 서구 국가'라고 강조하며 그동안 보수연합 정부가 강조해 온 호주의 서구적 정체성을 수용하고 있는 태도를 보이고 있다. 이런 점에서, 현 노동당정부의 다문화주의 정치 동학에 대한 고찰이 향후 이뤄져야 할 필요가 있다.

7. 나오며

앞에서 살펴보았듯이, 오늘날 다문화주의는 호주에서 발생하는 다양한 사회 문제의 중요한 원인으로 비판받고 있다. 다문화주의에 대한 비판의 핵심에는 인종 불평등의 문제가 위치한다. 다시 말해서, 인종 불평등이 구조화되어 있는 호주 사회에서 문화적 다양성에 대한 존중과 관용을 강조하는 다문화주의는 과거 백호주의 정책 아래 기득권을 누렸던 많은 백인 호주인들에게 위협적인 요소로 작용하고 있다. 백인 우월주의가 여전히 잔재한 호주에서 다문화주의가 표방한 '차이 속에 공존' 방식은 오히려 공동체 간에 문화적(에스닉, 인종적) 경계를 더욱 명확하게 하여 공동체 간의 분리를 심화시키는 역효과를 낳았다. 결과적으로 일상생활에서 나타나는 인종적, 문화적 갈등은 호주 정부가 외치는 '다양성 속에 통합'이라는 구호를 공허한 메아리에 그치게 한다.

다른 한편, 기존의 정치, 경제 체제 내에서 다양성에 대한 '관리'를 목적으로 하는 다문화주의 정책은 결국 호주 사회에서 관리자-백인, 관리대상자-소수 공동체(주로 유색인종)라는 인종적 위계질서를 강화시켰다. 백인이 '관리'하는 다문화주의 정책은 결과적으로 백인 기준에서 다양성이 정의되고 통제되는 문제점을 초래한다. 백인 '관리'자에 의해 정의 내려지는 소수 공동체의 문화는 역동성이 배제된 고정적인 개념으로 이해돼 과거 전통에 얽매여 재현되는 경우가 종종 있다. 또한 문화를 구체화하는 과정에서 지나치게 상품화하거나 이국적인 것으로 간주하는 경향도 나타난다. 더욱이 다문화주의 담론에 등장하는 에스니시티 또는 문화는 주로 언어(영어) 사용 여부에 따라 특정지어 지는데, 이는 과거에 인종을 경계지표로 사용한 동화정책과 크게 다를 바가 없다. '우리'를 강조하고, 다양성을 기념하는 다문화주의 정책에서 다양성이 부재한 또는 결여된 것으로 간주되는 백인들은 그냥 '구경꾼'이거나, 또는 '저들'이 다양성을 기념하도록 도와주는 '세금 납세자'로 자신을 인식한다.

이와 같이 지난 십여 년 동안 호주의 다문화주의가 직면한 위기상황은 다원화된 민주사회에서 국가가 정책적으로 다양성 '관리'를 통해 사회 통합을 이루어 낼 수 있다고 믿는 다문화주의 원칙에 문제가 있음을 드러냈다. 결론적으로, 인종에 기반한 정치적, 경제적 문제가 만연한 사회에서 문제의 본질을 외면한 채 그냥 문화적 배경이 다른 집단을 '위에서 아래로', 더욱이 단순히 '섞어서 흔들기' 식의 방식으로 사회통합을 추구한다면 그 의도한 바를 이루기는 어렵다.

호주의 정부 주도 다문화 정책이 가지는 문제점은 현재 다문화 사회를 대비하기 위해 고심하는 한국 사회에 시사하는 바가 크다고 본다. 최근에 한국은 역사적으로 그 어느 때보다 빠른 속도로 다양한 다문화 현상을 경험하고 있다. 무엇보다 지속적으로 단일 문화, 단일 인종 체제를 유지했던 한국 사회에서 급증하는 이주 노동자와 국제결혼 이민자들은 환영의 대상임과 동시에 한국의 단일 문화·민족 정체성에 위협을 주는 대상으로 인식되는 측면도 있다. 특히 그들 대다수가 한국과 지리적으로 가까운 아시아 국가 출신이기는 하지만, 한국인보다 피부색이 짙거나 경제적으로 어렵다는 이유로 사회통합에 위협을 줄 수 있는 경계의 대상이 되기도 한다. 이러한 다문화 현실에서 한국 정부는 문화적, 에스닉 다양성을 관리하고, 소수자 구체적으로 이민자들을 지원하기 위해 다문화 정책을 구상하고 있고, 일부 정책은 이미 시행되고 있다. 이런 시점에 본 연구가 초점을 맞춘 호주의 경험은 한국의 다문화 사회 대비가 정부 주도하에 인위적으로 문화적 다양성을 통합하고, 지원하는 것만으로 이루어질 수 없다는 것을 알려준다. 호주의 사례는 한국이 다문화 사회에 대응하는 데 있어서 다문화주의의 원칙에 대한 고려와 함께 한국 사회에 한국인 단일 인종, 단일 문화 중심으로 위계화된 권력질서를 해결하는 방식에 관해 깊게 고민해야 할 필요가 있다는 점을 시사한다.

〈참고문헌〉

문경희, 2006. "국제결혼 이주여성을 계기로 살펴보는 다문화주의(multiculturalism)
　　　와 한국의 다문화 현상." 21세기 정치학회보, 16. 3.
______. 2007a. "호주의 이주·난민 청소년 정책." 다문화 청소년 알아가기 시
　　　리즈 6, 무지개 청소년센터.
______, 2007b. "2007년 11월 연방총선을 앞두고 살펴 본 하워드 총리의 인종
　　　분리 정치." 동아시아브리프 8호.
이태주, 2007. "호주 다문화주의 역사와 정책 및 담론", <다민족·다문화사회
　　　진전에 있어서의 사회 갈등 양상과 극복과정: 호주와 일본의 사례>,
　　　경제·인문사회연구회 협동연구총서 07-19-06, 한국여성정책연구원,
　　　서울. 1-44.
권숙인, 줄리아 마르티네스. 2007. "호주의 다문화 프로그램 및 갈등 조정 사례",
　　　<다민족·다문화사회 진전에 있어서의 사회 갈등 양상과 극복과정: 호
　　　주와 일본의 사례>, 경제·인문사회연구회 협동연구총서 07-19-06, 한국
　　　여성정책연구원, 서울. 45-156.
Ang, Ien. 2001"The curse of the smile: ambivalence and the 'Asian' women in
　　　Australian multiculturalism." *On Not Speaking Chinese: living between Asia
　　　and the West.* Routledge. London. 138-49.
Australian Council on Population and Ethnic Affairs. 1982. "Multiculturalism for
　　　all Australians : our developing nationhood." Australian Government Publishing
　　　Service cat. no. 8206903.
Australian Human Rights & Equal Opportunity Commission. 2007. "Bring them
　　　home: the 'stolen children's report". "Aboriginal & Torres Strait Islander
　　　Social Justice.
Baas, John, Ewert, Alan and Chavez, Deborah J. 1993. "Influence of ethnicity on
　　　recreation and natural environment use patterns: managing recreation site
　　　for ethnic and racial diversity." *Environmental Management.* 17(4).
BBC News. 12/01/2007. "Australia Cleric in Convicts Jibe." Accessed 2008/01/20
　　　<http://news.bbc.co.uk/go/pr/fr/-/1/hi/world/asia-pacific/6255287.stm>
Bennett, David. 1998. "Introduction" in David Bennett(ed.), *Multicultural States.*
　　　Routledge. London: 1-26.

Bhabha, Homi. 1990. "Introduction: Narrating Nation." in Homi Bhaba (ed.) *Nation and Narration.* Routledge. London: Chapter 1.

Castles, Stephen, Kalantzis, Mary, Cope Bill and Morrissey, Michael. *Mistaken Identity: Multiculturalism and the Demise of Nationalism in Australia.* 2nd edtion, Pluto: Sydney. 1990.

Department of Immigration and Multicultural and Indigenous Affairs(DIMIA). 2001. "Immigration. Federation to Century's End 1901-2000." Canberra.

Devetak, 2004. Richard. "In Fear of Refugees: the politics of border protection in Australia." *International Journal of Human Rights.* 8(1). 101-9.

Gallbally, Frank. 1978. "Migrant Services and Programs: report of the review of post-arrival programs and services for migrants." Canberra: Australian Government Publishing Service.

Grassby, Al. 1973. "A Multi-cultural society for the future." *Making Multicultural Australia,* Canberra, Australian Government Publishing Service.

Hage, Ghassen. 1998. *White Nation: fantasies of white supremacy in a multiultural society.* Sydney. Pluto Press.

Hall, Stuart. 1990. "Cultural identity and disapora." in J. Rutherford (ed.) *Identity: Community Culture and Difference.* Lawrence and Wishart. London. 222-237.

Jakubowicz, Andrew. 1988. "The celebration of (moderate) diversity in a racist society: multiculturalism and education in Australia." *Discourse.* 8(2).

Joppke, Christian. 2004. "The reteatof multiculturalism in the liberal state: theory and policy." *The Britsh Journal of Sociology.* 55(2). 237-257.

Lawrence, Peter. 1983. "Australian Opinion on the Indo-Chinese Influx 1975-1979." Research Paper(No. 24) presented at Centre for the Study of Australian-Asian Relations. Griffth University. Brisbane.

Leeman, Yvonne and Reid, Carol. 2006. "Multi/intercultural education in Australia and the Netherlands." Compare. 36(1): 57-7.

Manne, Robert (ed.) 2004. The Howard Years. Melbourne: Black Inc.

Megalogenis, George. 2006/2/27. "They sank the boat, Howard says." The Australian.

Museum Victoria. 2007. "A White Australia', in Our Federation Journey 1901-2001." Accessed 2007/08/03 <www.federation.vic.gov.au>.

National Archive of Australia. 2007. "Immigration Restrict Act 1901." Accessed 2007/08/05

Rizvi, Fazal. 1988. "Multiculturalism in Australia: the construction and promotion of an ideology." Journal of Education Policy. 3(4). 335-50.

Schech, Susan and Haggis, Jane. 2001. "Migrancy, multiculturalism and whiteness: re-charting core identities in Australia." Communal/Plural. 9(2). 143-59.

Short, Jim. 1995. "Multiculturalism and Australian Identity." Paper presented in 1995 Global Cultural Diversity Conference. Sydney.

Smolicz, Jerzy. 1997. "Australia: From Migrant Country to Multicultural Nation." International Migration Review. 31(1). 171-86.

Stratton, Jon and Ang, Ien. 1998. 'Multicultural imagined communities: Cultural difference and national identity in the USA and Australia,' in David Bennett(ed.). Multicultural States. Routledge. London. 135-62.

Stratton, Jon. 1998. Race daze : Australia in identity crisis. Pluto Press. Sydney.

The Sydney Morning Herald. 11 December 2005. "Sydney's racial tension spread." Accessed 2008/02/02 <http://www.smh.com.au/news/national/sydneys-racial-tension-spreads/2005/12/11/1134235950547.html>.

______. 'One-way radio plays by its own rules, (written by D. Marr). 2005/12/12/ Accessed 2008/02/02 <http://www.smh.com.au/news/national/oneway-radio-plays-by-its-own-rules/ 1134236005956.html>.

Thomas, Martine. 2008. "A Multicultural Landscape: National Parks and the Macedonian Experience." National Heritage Centre. Accessed 2008/02/02 <http://www.migrationheritage.nsw.gov.au/readingroom/reports/npws/ npws-4.html>.

Warhurst, John. 2006. "The Howard Decade in Australian Government and Politics." *Australian Journal of Political Science*. 42(2). 189-94.

7. 호주, 과연 여성 천국인가?:
여성문제의 제도화와 주변화

정경자

1. 서론

흔히 호주는 여성이 가장 살기 좋은 나라로 알려졌다. 1970년대 여성 친화적인 휘틀람 정부의 등장과 여성운동의 조화로운 협력으로 호주는 세계 최초로 '성인지예산' 제도의 수립, 여성정책기구의 마련, 여성주의자·여성운동가의 대거 공직에의 영입 등을 통하여 여성주의 의제들을 적극적으로 반영한 선진적인 정책들을 시행해왔다. 이미 1970년대 중반부터 쉼터, 강간위기센터, 여성건강센터 등 여성운동단체들과 지원조직들이 정부의 전폭적인 재정지원으로 활발하게 활동하였으며, 이를 두고 국가 페미니즘이라고 학자들은 이름 붙였다. 여성주의 관료(femocrat)와 함께 여성운동이 국가지원을 받아 여성주의 원칙에 입각하여 여성주의 의제들을 실천·정책화해 나가는 것-즉 제도화가 호주 페미니즘의 두드러진 특징과 성과로 평가되어 왔다. 하지만 90년대 중반 하워드 정부(1996~2007) 등장 이후 여성운동의 의제들과 여성주의적인 시각이 정책 논의 과정에서 주변화되었거나 여성의 목소리는 배제되고 있다는 평가를 받고 있다. 이 글에서는 여성주의 관료와 여성운동의 제도화라는 두 전략이 왜 '성공 속의 실패'였는지 살펴보고 이를 통해 한국의 여성 정책과 운동에 주는 시사점은 무엇인지 살펴보고자 한다.

2. 호주 여성운동의 발전

호주의 제2의 여성운동·여성해방운동[1]은 1960년대 말 민권운동이나 반전운동에 적극적으로 참여했던 여성들이 이러한 운동 안에서의 여성에 대한 차별과 착취를 깨닫기 시작하면서 비롯되었다. 또한 1960년대 호주의 경제적 번영으로 보다 많은 여성이 고등교육과 노동시장에 참여하게 되었으며, 피임이 가능하게 된 것, 그리고 미국과 영국 등으로부터의 국제적인 영향도 여성운동의 발전 요인으로 지적되고 있다. 1960년대 중반에는 기존의 사회질서에 도전하며 여성의 성적 경제적 권리 즉 기본적 권리를 요구하는 시위들이 이어졌다. 예를 들어, 1964년에는 호주 출신의 여성주의자 저메인 그리어(Germain Greer)는 세계적으로 베스트셀러가 된 '거세된 여자(*The Female Eunuch*)'를 통해 여성들에게 성적 수동성을 던져 버릴 것을 촉구했다. 1965년에는 두 여성이 여성들도 남성들처럼 바에서 술을 마실 수 있는 권리를 요구하며 몸을 호텔 바 입구에 쇠사슬로 묶는 시위를 벌였다. 1960

---

1) 호주의 제2의 여성운동은 주로 참정권 운동이었으며 1902년 여성에게 투표권이 주어졌다.

년대 말 경에는 대부분의 주요 도시들에 학생과 지식인, 그리고 반전 운동을 했던 여성들이 주축이 되어 여성해방운동 모임들이 생겨났다.

여성해방운동은 주로 급진적인 여성주의를 근간으로 쉼터, 강간위기센터, 여성 건강센터 등을 세우는 데 주요한 역할을 했으며, 국가에 대해 비판적인 입장을 견지했다. 여성선거로비(Women's Electoral Lobby)를 중심으로 한 자유주의 페미니스트들은 정당, 정부 등 제도권 내의 참여에 보다 긍정적인 입장을 갖고, 제도권의 변화에 주력했다. 여성선거로비는 빅토리아주의 여성해방모임이 주축이 되어 1972년 설립되었는데, 이 단체는 당시의 다른 여성해방운동과는 달리 국가를 여성을 위해 변화를 가져올 수 있는 유용한 도구로 인식했으며 정당에 영향력을 행사함으로써 그들의 목표를 이루려 했다. 이 단체는 1972년 선거에서 낙태, 피임, 탁아, 동일 임금 등의 여성문제를 각 정당이 선거공약으로 삼는 데 중요한 역할을 했으며, 각 계의 여성 전문가들을 활용하여 정당보다 더 정교한 정책들을 제안했다는 평가를 받는다. 특히 휘틀람 정부 시절 '여성선거로비가 정부로 이사했다'는 말을 들을 만큼 많은 회원이 정부의 공직에 들어갔다.

1) 여성정책 기구의 마련: 여성 지위청과 여성부(Women's Units)

1972년 선거에서 승리한 휘틀람(Whiltlam) 정부(1973~1975) 아래에서 여성운동은 더욱 번성하였으며, 여성 친화적인 진보정부는 여성 정책에 대한 강한 지지를 보여주기 시작했다. 선거 후 2주 만에 양성평등 동일 임금에 대한 원칙들이 채택되었고, 모자가정에 연금을 지원하는 법이 제정되었으며 연방 정부 공무원들을 위한 유급모성휴가가 시행되었다. 이러한 모든 일련의 조처들은 여성운동의 요구에 부응하는 것이었다. 이와 더불어 새 정부는 여러 명의 페미니스트를 검찰청과 사회복지위원회 등에 영입했으며, 1973년 초에는 여성계의 요구에 따라 수상 직속의 여성문제 담당고문(adviser)을 설치하기에 이르렀다. 이 고문직 광고가 나갔을 때 400명 이상의 여성들이 지원했고 18명이 면접까지 올라왔으며, 호주국립대학에서 철학과 여성학을 가르치고 오랫동안 낙태 찬성 캠페인, 동성애 지지, 강간법 제정 등 급진적 여성운동에 적극적으로 참여했던 엘리자베스 라이드(Elizabeth Reid)가 최종적으로 선발되었다. 그녀는 '우리의 목표는 큰 떡 조각 몇 개를 더 여성에게 주려는 것이 아니다. 떡의 재료 자체가 변화해야만 한다' 라고 말할 만큼 여성의 삶이 변화하기 위해서는 사회 전체의 급진적인 재편이 필요하다고 강조했다.

그럼에도 그녀의 임명을 둘러싸고 여성운동계에서는 열띤 논쟁이 끊이지 않았다. 일례로 시드니의 한 페미니스트 잡지의 편집인들은 여성고문 선발위원회에 고문직 개설을 반대하는 공개서한을 보내기도 했다. 이들은 편지에서 '남자에 의해 선택된 여성이 우리를 대변한다는 것을 우리는 받아들일 수 없다.'라며 강경한 입장을 전했다. 여성운동계에서는 체제 안으로 들어가 정부가 여성을 위한 일을 할 수 있는지 시험해 봐야 한다는 자유주의 페미니스트 입장과 이러한 타협이 가져올 대가가 엄청날 것이기 때문에 이러한 유혹에 빠지지 말아야 한다는 급진적 페미니스트의 입장이 팽팽하게 맞서고 있었다.

이런 논쟁 속에서도 라이드는 여성들의 목소리를 수렴하기 위해 취임 후 13개월 동안 전국을 순회하며 이민자, 원주민, 농촌, 노인, 노동자 등 모든 계층의 여성과 대화를 나누었다. 라이드에 대한 여성들의 기대와 지지는 아주 높았으며, 라이드는 여성들로부터 수 천 통의 편지를 받았고, 이 편지의 내용을 정책의 기초자료로 사용하였을 뿐 아니라, 다른 관료들의 의식화를 위한 자료로도 사용하였다. 라이드 는 그녀가 받은 편지들에 기초해서 수상에게 수상 직속의 여성국 (women's affairs section)을 설립할 것을 건의했다. 이것은 또한 여성 선거로비의 제안을 받아들인 결과이기도 했다. 70년대 초부터 여성선 거로비의 지도자들은 어떤 정책구조가 여성의 이해를 가장 잘 반영 할 수 있을 것인가에 대해 토론을 해왔다. 몇 개의 가능한 안 중에서 수상 직속 여성지위청과 각 부서에 여성 담당 부서를 두는 모델이 받 아들여졌다. 라이드는 이러한 여성정책 기구의 마련을 여성문제의 제 도화를 위한 여성주의 관료제(femocracy)를 향한 첫걸음이라고 평가 했다.

2) 여성주의 관료, 그들은 누구인가?

여성주의 관료는 호주에서 만들어진 신조어로, 넓은 의미로는 여성 들이 여성의 권익을 신장하기 위해 관료직에 들어가는 경우를 일컫는 말이다. 좀 더 구체적으로 헤스터 아이젠스타인(Hester Eisenstein)은 여성주의 관료란 공무를 행함에 있어서 여성주의적 관점이 요구되는 그리고 그들이 헌신하고 있는 여성주의 때문에 그 직위를 얻을 수 있 었던 페미니스트들이라고 정의한다(Eisenstein, 1996). 소여(Sawer, 1990) 는 여성주의관료를 1970년대아 1980년대 수배 명이 전지 여성운동 활동가들이 여성운동에서 닦은 전문성과 경험을 바탕으로 여성정책 관련 부서에서 중간 이상의 직위에 자리를 잡게 된 여성들이라고 정의하고 있다. 한편 여성주의 관료란 용어는 여성운동을 등에 업고 고위직에 진출하여 개인적으로 성공한 사람들을 비난하는 뜻으로, 두둑한 월급을 챙기기 위해 여성운동을 팔아먹은 여성들이라는 부정적인 의미로 쓰이기도 했으며 공직 내에서의 커지는 페미니스트의 영향력을 두려워하여 남성들이 부른 호칭이기도 했다.

초기 여성주의 관료 중에는 전직 여성운동 출신과 대학의 여성학 관련 연구자들 그리고 노조 활동가들이 많았다. 초기의 여성운동가 중엔 여성선거로비(Women's Electoral Lobby)의 출신이 많았으며 여성선거로비에서 제안한 많은 안건이 정책으로 채택되었다.

3. 여성주의 관료들이 이루어낸 것: 비판과 한계

호주의 여성주의 관료들은 호주의 국가 페미니즘(state feminism) 혹은 공식 페미니즘(official feminism)의 상징적 존재로서 미국이나 영국과 달리 여성운동이 국가에 적극적으로 개입하고 참여한 전략의 하나였다고 할 수 있다.

여성주의 관료들은 연방정부와 주 정부 차원에서 여성 정책 구조(여성국과 여성부처)를 설립하여 여성들의 문제와 요구에 정부가 관심을 기울일 수 있는 여건을 마련하는 데 공헌을 했다. 여성주의 관료들이 정부 안에 위치함으로써 여성정책의 기초가 되는 정보에 접근하고- 예를 들어, 성별 자원 분배 등 의사결정과정에 참여할 수 있었다. 둘째, 여성주의 관료들은 여성운동과 아주 긴밀한 관계 속에서 일했다. 이를 통해 여성운동의 목표를 성취할 수 있도록 적극적 지지와 재정적 지원을 아끼지 않았다. 여성들을 위한 탁아, 쉼터, 재교육

과 재취업을 위한 프로그램 등을 계획하고 실행에 옮겼다. 셋째, 여성
주의 관료들은 성주류화(gender mainstreaming) 전략을 통해 여성의
문제를 정책의 주요 안건으로 주류화함으로써 여성들을 위한 정책
프로그램을 제안했을 뿐만 아니라 정부 내의 모든 의사결정 과정을
점검했으며, 예산, 세금 등 거시경제 차원에서도 성별 영향평가를 주
도하였다. 특히 호주의 가장 대표적인 여성 정책으로 평가받는 성별
예산평가(성인지 예산) 정책을 1984년부터 주도했으며 성별 영향 평
가가 정부 안에서 정책 틀로 자리 잡는 데 중요한 역할을 하였다. 끝
으로, 여성주의 관료들은 관료조직 내에서 여성들에 대한 태도와 행
위를 바꾸는 데 기여했으며, 이들은 성별(gender)이 정책분석의 틀로
서 갖는 중요성에 대해 정부 내에서뿐만 아니라 일반 대중들에게 알
리는 데 큰 역할을 했다고 본다.

1) 비판

하지만 여성주의 관료들을 향해 보수주의자들은 핵가족을 파괴하
고 유니섹스한 사회를 만드는 데 정부를 동원하고 있다고 비난하였
으며 여성운동계에서의 비난 또한 만만치 않았다.

첫째, 그들을 진짜 페미니스트라고 보기 어렵다는 것이다. 진짜 페
미니스트는 관료조직이 아니라 민주적이고 평등한 조직에서 일해야
한다는 것이다. 초기에 이들은 관료조직에 들어가서도 민주적이고 평
등한 그리고 여성운동이 가진 대안적인 문화들을 고수하려고 노력했
다. 예를 들어 사무실의 크기를 똑같이 한다든가 또 가장 잘 알려진
것으로는 이들의 파격적인 의상이었다. 초기의 여성주의 관료들은 자

신들을 급진적인 페미니스트로 규정하였으며 청바지 등의 복장으로 출근했는데 이는 여성운동과의 강한 연대 의식과 또한 그들이 헌신하고 있는 급진주의의 영향, 그리고 보수적인 정부조직에 대한 거부의 상징이었다.

하지만 이러한 관료제에 대한 도전은 그 후 화장과 '이탈리아 정장과 어깨 심'으로 상징되는 '권력 복장'으로 대치되었으며, 이는 한동안 남성이 정의하는 여성성으로 '남자 주인'의 비위를 맞추고 있다며 여성 운동계의 비판의 대상이 되기도 했다. 여성주의자는 여성주의 관료들이 여성주의에 대한 헌신을 잃어가고 있다는 자각 없이 관료주의 그리고 가부장제에 서서히 물들어 갔다고 비난했다.

둘째, 여성주의 관료들은 모든 여성을 대변한다고 주장하지만, 이들은 고액의 월급을 받고 대부분 상류계층의 엘리트이며 주로 백인 여성들이기 때문에 다른 인종의 여성들과 보통/기층 여성의 이해를 대변할 수 없다는 것이다. 실제로 이민자나 원주민 여성의 경우 여성주의 관료가 된 경우는 아주 소수였고 관료 조직 안에서의 권한도 아주 미미했다.

셋째, 여성주의 관료들은 이미 국가에 의해 변질(cooption)되어 버렸다는 것이다. 여성주의 관료의 순응으로 인해 국가는 여성운동을 통제할 수 있었으며 근본적 변화 없이 여성에 관한 정책들을 합리화할 수 있다고 보았다. 전반적으로 여성주의 관료의 공헌은 제한적이었다고 평가한다. 즉, 여성들에게 기본적인 권리를 그리고 여성을 위한 기본적인 서비스에 정부가 재정지원을 하도록 한 그 이상을 넘어서지 못했다는 지적이 지배적이다. 실재로 여성의 경제적 독립과 같은 근본적 문제에 비해 성폭력이나 가정폭력 등 여성이 피해자로 부각되는 문제들이 정부에게 재정이나 정책수립을 요구하기 쉬웠다고 호주의 전·현직 여성주의 관료들은 이야기한다. 특히 남성에 의해 선발될 수밖에 없는 정치적 상황 속에서 여성주의 관료들은 시간이 지나면서 여성의 이해를 국가에 대변하기보다 국가의 이해를 여성에게 대변하는 역할로 변질할 수밖에 없다고 본다.

한편에서는 관료제의 행정구조와 업무에 적응함으로써 관료제를 이용해야 하고 동시에 여성주의 관점을 설득시키고 일반 여성에 대한 지원을 강화해야만 하는, 여성주의 관료의 이러한 역할에 있어서의 갈등을 호주 최초의 쉼터 설립자이며 연방 정부의 여성정책 전담기구인 여성 지위청(Office of the Status of Women)을 1983년부터 85년까지 이끌었던 앤 서머스(Anne Summers)는 '고위직과 선교사(Mandarins or Missionaries)'의 역할로 묘사하고 있다. 한 여성운동가는 여성주의 잡지에 기고한 글에서 여성주의 관료들이 과연 무엇을 이루었느냐고 힐난하고 있다.

> ······ 정부의 고위직에 있는 우리 자매들에게 묻는다. 많은 훌륭한 여성들(70년대 여성해방의 치열한 싸움을 함께했던)과 정부에서 일하는 여성들에게 묻는다. 왜 우리에게 여전히 낙태할 법적 권리가 없는가? 왜 양질의, 아니 충분한 수의 탁아시설이 없는가? 왜 우리는 여성건강센터나 쉼터를 유지해 나가기 위해 계속 투쟁해야만 하는가? ······ 왜 여자들은 아직도 남자들 수입의 66.5%밖에 가져오지 못하는가? ······ 여성주의 관료들은 곤혹스러워한다. 그리고 그들이 여성들을 위해 무엇인가 하려고 할 때마다 상사와 어려움을 겪는다고 말한다. 또한 줄무늬 정장을 입는 것에 대해 양심의 가책이 있음을 고백한다. 그리고 그들은 일의 형편상 기층여성운동과의 긴밀한 관계를 잃어가게 됐다고 고백한다. 예를 들어 대부분의 일반 여성에 비해 그들의 임금이 아주 높아지는 것처럼(Refractory Girl, 1993; Eisenstein, 1996에서 재인용).

그들이 이처럼 제한적인 영향력을 행사할 수밖에 없었던 데는 그들이 관료 조직 내에서 충분히 영향력을 행사할 만한 지위를 갖지 못한 점을 들고 있다. 그리고 정부의 전 영역에 관여하고 있다고는 하지만 실제로 대부분의 여성주의 관료는 여성의 일이라고 알려진 보건, 복지, 교육 등의 부서에 주로 배치되었다. 또한 그들의 조직 내에서의 지위 또한 대부분 높지 않았다.

여성주의 관료들은 그들의 한계로 지적되는 행정력과 관료조직에 대한 이해부족을 그들 간의 네트워크 형성과 상호협조로 극복하려고 노력했다. 이러한 네트워크는 비공식적인 통로(운동이나 정당 활동을 통해 알아왔던 동료들)도 있었고 각 주의 여성문제 담당 고문들의 모임과 같은 공식적인 통로도 있었다. 하지만 관료조직의 특징인 부처 간 경쟁과 여성주의 관료들 사이의 반목과 경쟁 또한 심각했으며 여성운동의 정서였던 자매애는 여성주의 관료들 사이에서 점차 찾아보기 어려워졌다. 그들도 점차 경쟁적인 남성 관료들처럼, 전시효과가 있는 일에 관여하고자 했으며 가장 영향력 있는 여성주의 관료의 휘하에서 그들끼리의 '놀이터' 정치를 하며 '내가 가장 완벽한 여성주의 관료다, 나만큼 여성주의적인 관료는 없다' 고 주장하며 배제와 편 가르기를 했다고 한다.

하지만 호주의 전·현직 여성주의 관료들은 여성주의 관료가 된 것은 여성운동의 여러 전략 중 하나이며 그들은 다른 여성운동가라고 주장한다. 여성주의 관료들의 성취해낸 것이 있다 해도 그것은 여성운동의 도움이 없다면 불가능했다고 생각하며, 정부 안팎에 있던 여성운동가가 함께 정보를 공유하며 강한 신뢰 속에 일했던 70년대 중반을 황금기로 지적하며 여성운동의 퇴보와 여성운동의 전략의 변

화에 따라, 즉, 대중집회나 시위 등의 전투적인 전략보다 문제 별 로
비활동 등에 중점을 두는 보다 온건한 전략을 취함에 따라 정부 내에
서 여성주의 관료들의 영향력도 줄어들 수밖에 없었다고 한다. 또한
1980년대 중반 이후 점차 여성운동 경험이나 여성문제와 관련이 전
혀 없는 여성들이 여성관료직에 들어가게 됨에 따라 여성주의 관료
와 여성운동의 관계도 더욱 더 멀어지게 되었다.

4. 여성정책의 퇴보와 여성의제의 주변화

1) 여성 정책기구의 축소 혹은 폐지

90년대 중반, 보수적인 그리고 공공연하게 여성주의에 적대적인
존 하워드(John Howard, 1996~2007) 정부가 들어선 이후 그때까지
여성운동과 여성주의 관료에 의해 성취되었던 많은 것을 잃어가고
있다[2]. 우선 여성 정책 전담기구가 축소되거나 폐지 혹은 예산이 삭
감되었다. 연방기구인 여성지위청의 예산과 인원이 감축되었으며, 각
부서에서 여성정책을 담당했던 전담부서가 없어졌다. 1996년 연방여
성지위청(Office for the Status of Women)의 예산 40%가 삭감되었으며
직원도 48명에서 31명으로 줄었다. 이로 인해 지위청의 재정지원을
받았던 통계청 산하의 여성통계부가 1997년 문을 닫았으며 국제적인
호응을 얻었던 성별 평등척도 등 유용한 통계자료가 사라지게 되었
다. 각 부서에서 여성정책에 핵심적인 역할을 했던 여성 전담부서들

---

2) 큰 흐름으로 볼 때 2007년 노동당 집권 이후도 사정은 다르지 않다.

이 사라졌다. 호주의 혁신적인 연방 정부의 성별 예산·성인지 프로그램은 간신히 명백만 유지해나가고 있다. 각종 예산에 대한 비판적인 평가가 담겨 있던 수백 쪽에 달했던 이 보고서는 이제 정부가 여성을 위해 무엇을 하고 있는가를 선전하는 십여 쪽의 홍보물로 대치되었다. 이와 함께 여성지위청의 전반적인 정책에 대한 조정 권한도 점차 축소되어 갔다. 유사하게 인권기회균등위원회(the Human Rights and Equal Opportunity Commission) 안의 성차별국은 직원의 수가 반으로 줄었으며, 성차별 위원장 자리는 폐지될 거라는 소문 속에 일년간 공석으로 남아 있었던 적도 있었다. 이러한 상황은 주 정부에서도 크게 다르지 않아 독립적인 여성정책 전담기구들이 주수상 직속기구로 혹은 다른 부서와 합병 혹은 축소되었다. 예를 들어 독립적인 여성부를 갖고 있던 노동당이 집권하고 있는 뉴 사우스 웨일즈(N.S.W: New South Wales) 주 정부도 여성부를 2004년 7월 1일부터 수상 산하로 이관하였고 인원과 예산을 감축하였다. 2005년에는 예산이 반으로 그리고 다음 해에는 20%까지 감축되었다.

2) 여성단체에 대한 지원 감소와 여성단체의 주변화

이와 함께 대부분의 여성 단체들은 정부의 심각한 재정압박 속에서 하루하루 '살아남기'에도 힘겨워하고 있다. 특히 정부의 정책에 비판적인 분석을 제공해 왔던 단체들의 경우 재정지원이 축소되거나 중지되었다. 대표적인 여성 조직으로 많은 정책 제언과 여성주의 관료를 배출한 여성선거로비(Women's Electoral Lobby)는 1996년부터 정부의 재정지원이 끊어져, 유급 직원 없이 자원봉사자들의 도움으로 단체를 유지해 나가고 있다. 또한 비영어권, 회교권 여성, 레즈비언을 위한 단체들의 기금이 삭감 혹은 중지되었다. 또한 재정 지원을 받을 시 규제조항을 강화함으로써 정부의 정책에 대한 비판적인 견해를 정부의 공식적인 승인없이 발표하는 것을 금지하는 조치가 취해졌다. 한 고위 관료는 여성 단체에 대한 재정지원의 기준이 바뀌었음을 공개적으로 인정하며 종교 단체인 구세군(Salvation Army)과 미션 호주(Mission Australia)가 가장 강력하게 호주의 여성 관련 사회 정책에 영향을 미치는 단체라고까지 언급했다(Donaghy, 2003). 2003년 호주에는 92개의 전국조직을 두고 있는 여성단체들이 있었는데 정부는 3개의 보수적 단체를 대표단체로 지목하였고 이들을 통해 여성계의 의견을 수렴했다.

3) 정부 내 여성주의 관료와 여성주의 전문가(gender expert)의 감소

운동의 점진적인 약화와 함께 신자유주의와 시장 이데올로기 등의 공세는 여성주의 관료들의 입지를 더욱 어렵게 만들었다. 1999년 도입된 공무원 법령은 여성주의 관료를 포함한 공직자들이 정부 정책에 대해 비판적인 견해를 피력하기 어렵게 만들었다. 여성지위청에서 일하는 한 공무원은 여성지위청과 그곳에서 일하는 직원들이 여성주의 안건들을 반영하고 있느냐는 질문에 대해 여성주의는 개인적인 이데올로기며 공직자로서 마땅히 비정치적이어야 하기 때문에 공직자에게 이런 질문을 하는 것은 부적절하다며 답변을 회피했다고 한다. 이러한 상황에서 여성주의 관료들은 관료제 내에서 그들의 설 자리를 잃었고 그들이 성취했던 많은 것들이 약화되거나 당시 정책환경에서 부적절한 것으로 여겨졌다. 따라서 공직에 몸담았던 대부분의 여성주의 관료들이 1996년 이후 정부를 떠났고, 이러한 현상은 '여성주의 관료들의 죽음'으로 까지 표현되고 있다. 이 결과 여성정책 전문가들이 줄어들었고 이러한 추세는 계속되었다. 이로 인해 정부 부처 내에 여성관련 전문가가 부족하거나 여성문제에 대한 지식이나 이해가 부족한 것으로 나타났다. 한 연구에서는 면접에 응한 대다수의 고위 공직자들이 여성정책의 주요 전략인 성주류화(gender mainstreaming)가 무엇인지 알지 못했고 그 부처에 성주류화 관련 정책이나 전략이 있는지조차 모르고 있었다고 지적하고 있다(Donaghy, 2003).

4) 보수 담론으로의 회귀: 성주류화는 여성이 보이지 않는 것

90년대 중반 이후 호주에서는 여성기구나 여성 서비스가 일반 조직에 합병되는 것을 주류화라고 표현하고 있으며, 종종 주류화가 여성정책기구를 없애거나 축소시키는 구실로 사용되고 있기도 하다. 앤서머스는 '주류화=잊혀지는 것'이라며 일단 주류화되면 이제 그 문제는 다시 논의하기 어렵게 된다고 주장한다. 즉 여성문제가 여성문제로 명명되지 않는다. 예를 들어 여성문제로 명확히 보이는 성폭력은 정부의 재정지원이 점차 감소되거나 폐지되고 있으며 심각한 가정문제의 하나로 보이는 가정폭력 문제에 대한 지원이 증가하고 있다. 이러한 상황에서 단체들은 살아남기 위해 단체의 이름을 여성폭력 센터에서 가정폭력 센터로 바꾸는 등 발 빠르게 대응하고 있다. 대부분의 여성 단체들이 여성운동 단체임을 표방하거나 페미니스트 단체임을 전면에 내세우기보다는 서비스를 제공하는 단체로 자신들 재규정해 나가고 있다. 여성운동 단체의 활동 내용 자체도 변화하고 있다. 예를 들어 호주의 뉴 사우스 웨일즈주의 이민 여성들의 위한 우산조직인 이민 여성 연합의 주요활동은 가정폭력 지원, 가족 지원 그리고 취업 지원 업무로 이루어져 있고 정치적 활동은 약화되었다.

보수주의자로 정평이 나 있는 하워드(1996~2007) 수상은 기회가 있을 때마다 여성이 있을 자리는 가정임을 강조하며 일하는 여성보다 가정에서 아이를 키우는 여성들에게 수혜가 돌아가는 정책을 펴왔다. 1996년부터 2000년 사이에 8억 5천만 불의 탁아·보육 예산이 삭감되었고 그 결과 많은 탁아/보육 시설이 문을 닫거나 탁아·보육비를 인상해야만 했다. 이러한 여파로 현재 호주 여성들의 노동 참여율은 상당히 저조한 편이다. 여성의 70%만이 노동시장에 참여하고 있으며(남성 83%), 이들 중 다수가 저임금 노동자이다. 여성의 저조한 노동참여율은 가정과 일 양립의 어려움에 기인하는 것으로 보고된다. 여성들이 육아, 가사노동, 장애인과 노약자들의 보살핌 노동을 주로 담당하고 있기 때문에 일을 하지 못하거나, 일을 적게 해야만 한다. 이는 경력 단절로 이어지고 나중에 복직이 어렵게 된다. 또한 평균 여성의 임금은 남성의 83%이며, 연금이나 수당에 의존해 사는 여성의 비율이 남성의 비율보다 많다. 은퇴 시에도 퇴직연금이 남성의 60%에 불과한 것으로 나타났다. 호주의 여성 중 1/3이 신체적 폭력을 당한 적이 있으며 1/5 성폭력을 당한 것으로 보고하고 있다. 폭력을 경험한 여성 중 90%는 어디에서도 이 문제에 대한 도움을 받을 수 없었다고 밝혔다(ALP, 2011). 가정폭력으로 인한 여성노숙자의 증가도 호주에서 현재 관심을 갖고 있는 문제이다. 2010 세계 경제 포럼의 양성격차 지표에서 호주는 23위를 기록해 다른 선진국들보다

뒤져 있음을 보여주고 있다.

2007년 케빈 러드(Kevin Rudd: 2007~2010) 노동당 정부의 집권 이후에도 상황은 크게 달라지지 않았다. 하지만 18주간의 출산 후 부모 출산휴가를 통과 킨 점은 큰 성과라고 보겠다. 또한 하워드 정부와 달리 6개의 단체(여성연합체-원주민여성연합·이민·난민여성연합·농촌여성연합·여성의 경제안정을 위한 연합·동등권 연합·여성폭력 연합)를 통해 다양한 여성계의 의견을 수렴하고 있다. 하지만 2010 연방선거에서도 주요 정당들이 여성정책에 대한 구체적인 공약을 제시하지 않았고 뒤늦게 노동당은 14페이지의 여성정책 골자를 발표했으며 연합당은 홈페이지에 한 페이지를 여성정책에 할애하고 있다(Sawer, 2010). 여성이 수상(줄리아 길라드 Julia Gillard)과 총독(퀜틴 브라이스 Quentin Bryce)이 되었고, 호주 최초로 아시아계 동성애 여성(페니 웡 Penny Wong)이 경제 관련 장관으로 임명되는 등 여성의 정치적 대표성에 있어서는 성과가 있다고 보겠다. 길라드 수상은 여성임에도 불구하고 여성 이슈에는 거리를 두고 있다는 평가를 받고 있다. 특히 그녀의 사생활(남자 친구와 동거하며 아이를 갖지 않는 것)이 야당과 보수적인 유권자들의 비난의 대상이 되기도 했다. 현 노동당 정부는 여성이 기업 이사진의 40%에 이르도록 하는 것과 여성폭력에 대한 지원을 주요 정책으로 내세우고 있다.

5. 여성운동의 약화

이상에서 본 여성정책의 주변화와 더불어 여성운동에 대한 대중적인 지지조차 약화되고 있음을 어디서나 느낄 수 있다. 대학 캠퍼스에서도 대중매체에서도 여성운동의 열기는 느낄 수 없다. 대표적인 여성운동계의 연대 행사였던 '밤길 되찾기 운동(Reclaim the Night)' 등도 1995, 1996년만 해도 천여 명의 인원이 모여 거리 시위와 행사를 했던 것과는 달리 2000년 이후에는 오직 50여 명에서 많게는 200명의 사람만이 참여하는, 어떤 대중매체도 관심을 기울이지 않는 조촐한 행사가 되어 버렸다.

'페미니즘이 도를 넘어섰다(Feminism had gone too far)'라는 분위기가 팽배한 가운데 여성주의는 더욱 더 주변화되고 있다. 예를 들어 정부위원회는 페미니스트들을 더 이상 부르지 않으며 언론에서도 더 이상 페미니스트들의 의견을 들으려고 하지 않는다. 여성문제를 대신하여 가족 문제가 정책의 핵심으로 부각되고 있으며 심지어 남성들이 받았던 역차별 문제에 관심이 모아지고 있다. 대학의 여성학과나 여성학 관련 연구소가 이름을 바꾸거나 문을 닫고 있다. 한때는 양성평등을 선도하는 선진 여성정책으로 국제적인 귀감이 되었던 호주가 여성 정책에서의 퇴보로 인해 UN 여성차별철폐협약에 의해 공식 경고를 받기까지 이르렀다. 이러한 상황을 놓고 일부에서는 '이미 여성운동은 죽었다'고 진단하기도 한다.

이렇게 호주의 여성 정책이 퇴보한 이유는 무엇일까?

① 정치적 의지의 약화와 부재

샤프와 브룸힐(Sharp and Broomhill, 2002) 은 정치적 의지가 여성정책의 성공에 중요한 요수임을 지적한다. 특히 보수정부인 하위드 정부에서는 여성 정책에 대한 정치적인 의지가 부족했기 때문에 여성정치기구들이 없어지거나 규모가 줄어들었고 여성주의 관료들이

거의 정부를 떠났으며 여성단체에 대한 정부지원은 삭감되거나 끊겨
버렸다.

② 여성주의 관료와 전문가의 퇴거

여성정책 수행의 성공은 또한 여성주의관료·학자·여성 단체들을
어느 만큼 수용하는가에 달려 있다고 연구자들을 지적한다(Woodward,
2003). 호주의 경우 여성주의 관료들이 90년대 이후 대거 퇴직하였고
정책구조 내에서 여성정책 전문가들이 일반 관료들로 대치되었다. 실
제로 여성주의 관료를 면접한 도나휴의 연구에 따르면 여성부에서
일하는 공무원들은 여성 정책의 전략에 대해 제한된 이해를 갖고 있
고 또한 고위 관료들은 성주류화 정책을 발전시키는 데 호의적이지
않았다고 보고한다(Donaghy, 2004).

③ 자원의 부족

충분한 물적 인적 자원의 확보가 여성 정책의 성공에 또한 중요하
다. 호주의 경우 여성지위청은 늘 충분한 예산을 확보하지 못했고
2003년 예산에서도 성주류화와 관련된 프로그램에는 여성지위청 예
산의 0.04%만이 주어졌다. 따라서 여성정책, 예를 들면, 성별영향평
가를 수행할 만한 예산을 확보하지 못했다. 특히 각 부처에 흩어져
있던 여성정책부(women's policy unit)들이 없어져 버림에 따라 여성
정책의 시행은 오직 여성지위청의 제한된 자원에 의존하게 되었다.
호주의 경우 여성정책을 지원할 수 있는 법적 근거가 없다. 따라서
이 정책을 모니터하고 평가할 수 있는 기구 또한 없다. 이런 상황에
서 여성지위청이 다른 부서의 업무에 대해 평가하고 감독하기는 불

가능하다.

④ 제도화된 여성운동

호주가 여성운동의 제도화를 통해서 많은 것을 이루어냈음을 부정할 수 없다. 여성정책기구의 마련, 각종 선진적인 법 제정, 성인지 예산과 같은 혁신적인 프로그램의 개발 등이 대표적인 예이다. 한때는 여성운동이 국가에 여성주의적인 관점을 제공하는 중요한 역할을 했다고까지 평가받았다. 제도화의 과정 속에서 여전히 여성운동의 강한 역량이 필요했음에도 불구하고 여러 가지 자원을 국가에 의존하면서 자율적이고 독립적인 위상을 키워내지 못했다. 맥키논(MacKinnon, 1989, 161)의 지적처럼 국가에 여성문제에 대한 해결을 요구하면서 국가에 더욱 힘을 실어주는 결과가 초래했는지도 모른다. 정부로 진출한 여성주의 관료들에게 지나치게 의존한 것이 이런 결과를 가져왔다는 반성도 있다. 제도화는 여성운동의 전략 중 하나이지 최종 목표일 수 없으며, 여성운동이 독립성과 자율성을 확보한 강한 힘이 없다면 이미 제도화를 통해 이룩한 것조차 잊어버릴 수 있음을 호주 사례는 보여준다.

앤 서머스(Anne Summers)는 다음과 같이 여성 정책 퇴보의 원인을 여성운동에서 찾고 있다.

지금 생각해보면 우리가 한 실수는 이러한 정부의 지원이 항상 계속되리라고 믿은 것이다. 그 당시 우리에겐 친 여성주의적인 정부가 있었고 나처럼 여성주의자들 즉 유명한 여성주의 관료들이 정부에서 일하고 있었기 때문에 더욱 그렇게 생각했다. 내 생각엔 이 점이 여성운동에 아주 부정적인 영향을 미쳤다. 여성운동은 정부에

너무 의존하게 되었고 운동의 힘을 잃어 갔다. 그 대가를 우리가 오늘날 혹독히 치르고 있다. 정부는 아주 친여성주의적인 정부조차도 언제나 변할 수 있음을 기억해야 한다. ……정부에 흡수되지 말고 강하고 독립적인 여성운동을 지켜나가야 한다. 호주의 여성 운동은 국가에 재정을 의지함으로써 아주 실패하고 말았다. … 정부 안에서 강인한 목소리가 있었지만 밖에서 똑같은 강도의 요구와 압력이 없었다. 현재 호주의 여성운동은 지금 상황에서 반드시 요구되는 정치적인 기술과 에너지를 갖고 있지 못하다(저자 면접, 앤 서머스, 2004년 4월 27일).

호주의 여성단체들은 30여 년 동안 정부에 자원을 의존하는, 즉 제도화의 결과 더 이상 독립적인 운동 단체로서의 위상을 상실한 채, 국가에서 위탁한 업무를 저렴한 비용으로 담당하는 하나의 기관으로서 정부에서 지원해 주는 활동만을 하는 처지에 놓여 있다. 사회민주주의를 신봉하는 대표적인 복지국가로 알려진 호주가 신자유주의 경제체제를 도입하면서 공공 영역에 대대적인 구조조정이 이루어졌다. 이에 따라 시민·여성 단체에 대한 지원이 중지되거나 삭감되었고, 여성 단체들이 일반 NGO에 통합되었으며, 업무 수행에 대한 평가가 강조되었다(Weeks, 1998). 조직 운영에 있어서도 '시장형(market type)' 체제가 도입되어 방문상담자 수를 기준으로 재정지원이 이루어졌고 캠페인, 연대 활동 등의 정치적인 활동에는 재정지원이 이루어지지 않았다. 한 전직활동가는 이러한 변화를 다음과 같이 말하고 있다.

우리는 그전처럼 밖으로 나가 시위하고 활동하지 못한다. 우리는 이제 보건부가 정한 우리 업무에 대한 규정을 따라야 한다. 우리는 이 안에서 방문상담자들을 지원해야만 한다. 우리가 거리에 나가서 투쟁하는 동안 다른 여성들에게 우리의 일을 하라고 불러들일 수 없는 구조가 되어 버렸다(Hay, 1996).

　호주의 여성운동은 제도화 과정 속에서 교섭력과 협상력 또한 상실했다(Maddison and Jung, 2008). 운동단체 지도자들의 제도권 진출도 그 원인으로 지적되고 있다. 일례로 앞에서 언급한 바 있는, 70년대 여성고문직 개설에 반대하는 공개서한을 보내며 여성활동가들의 공직 진출을 신랄하게 비난했던 여성주의 동인지의 편집진들은 1984년 모두 정부 안에서 일하고 있었다. 친여성주의적인 정부에서는 운동권이 막강한 압력 집단으로 강하게 행동하지 않아도 여성의제들을 주류화하고 정책으로 반영할 수 있었지만 보수적인 정부하에서 여성운동의 강력한 목소리가 요구되는 상황에서 여성운동은 그만한 힘을 끌어내지 못했다. 제도화의 한 결과이기도 한 여성운동 내에서의 분열은 여성운동의 연대를 저해한 것으로 보인다. 여성운동이 각각의 특정 집단과 특정 문제를 대변하는 전문적인 모임들의 집합으로 변해 버렸고 이러한 다양한 여성모임들과 부문 운동(쉼터운동, 성폭력운동, 여성건강운동, 이민여성운동 등) 존재하나 이들이 연대하지 못했고 여성운동계를 아우를 수 있는 대중적인 기반을 갖고 있는 우산조직이 없는 것도 한 요인으로 지적되고 있다(Sawer, 1994).

　대부분의 여성운동 단체들이 유급 활동가로 이루어져 있고 자원활동가의 참여와 활동은 '여성 노동력 착취'라는 이유로 가능하지 않게 되었다. 일반 여성들이 자유롭게 참여할 수 있는 통로가 마련되어 있지 않았다. 특히 젊은 여성들을 끌어들이는 데 실패했다. 여성운동단체들의 제도화에 따른 탈정치화는 운동을 담당해 낼 훈련된 여성운동가들을 키워내는 데 실패했고 특히 젊은 여성들을 끌어들이는 데 실패했다.

6. 한국 여성 운동에 주는 함의

90년대 중반부터 이명박 정부가 들어서기까지 한국의 여성정책은 그야말로 호시절을 맞았다. 진보적인 여성단체들이 정부의 재정지원을 받게 되었고 여성 정책전담기구의 설립과 여성관련법 제정 등 여성정책의 기초가 다져졌다. 그러나 이명박 정부 등장 이후 여성계는 현재를 한국 여성운동과 여성정책의 위기로 진단한다. 여성 친화적이지 않고 보수적인 현 정부와 직면해서 한국의 여성운동과 정책도 그동안 성취한 것을 잃지 않으려고 노력하고 있다. 어찌 보면 호주의 90년대 중반 이후의 상황과 아주 흡사한 지형에 한국의 여성이 놓여 있다.

호주의 경험에서 보듯이 국가를 통해 여성이 성취한 것은 언제든지 정치, 경제 상황의 변화, 정치적인 지도자들의 여성정책에 대한 의지 등에 따라 다시 없어질 수 있고 제한된 것임을 주목해야 한다. 여성주의 관료 배출 등과 같이 국가와 적극적으로 교섭하는 전략이 중요한 만큼 그것의 한계를 인지하고 이것으로 인해 치러야 할 대가에 (급진성을 잃는 것, 관료화 그리고 정치적 변질 등) 대해 예견하고 전략적으로 대응할 필요가 있다.

한국 여성 운동계 내부에서 이렇게 변화된 여건이 가져온 것이 무엇인지 심각하게 고려해야 한다. 제도화의 이점과 함께 그것이 가져올 부정적인 결과를 한국의 여성운동이 고려해야 한다고 일부 학자들과 활동가들이 이미 주장해 왔다(김현정, 2000; 조순경, 2002; 한국여성단체연합, 1999). 무엇보다도 정부 재정 지원의 한계를 분명히 인식할 필요가 있다. 한국에서도 여성단체들이 재정삭감과 지원중지 등을 경험하고 있는 현실이다.

호주의 사례에서 보면 여성문제 전문가들의 정책결정 과정과 각 정부에의 참여가 각 부서의 성인지 감수성을 높이는 데 기여한 것으로 나타났다. 또한 정책 결정자 또한 담당 공무원들에게 성별분석기술을 습득하게 하는 것이 여성 정책에 효과적인 것으로 보고 있다. 우리나라에도 정치권의 여성 표에 대한 인식, 그리고 여성운동과 이미 정치권에 진출한 페미니스트들의 노력으로 점점 더 많은 수의 여성주의 관료들이 생겨날 전망이다. 따라서 여성주의에 헌신하는 그리고 여성주의로 훈련된 여성들을 정치권에 보낼 필요가 있다. 또한 제도권 진입 후에도 과연 그들이 여성을, 여성운동의 의견을 반영하고 있는지 주시하고 비판해야 한다. 그들이 그저 안정적인 지위에 만족하고 여성주의에의 정열을 잃어가지 않도록 격려와 함께 채찍질이 필요하다. 호주에서 초기 여성 고문직을 맡았던 라이드는 재임 당시 여성운동으로부터의 비판은 꼭 필요한 것이었으며, 여성주의에 대한 헌신을 잃지 않고 여성주의 목표를 양보하지 않는 데 도움이 되었다고 회고한다.

보다 많은 여성들이 정치권에 들어가는 것으로 모든 것이 이루어지는 것은 아니다. 그 여성들이 힘과 여성주의 시각을 가지고 효과적으로 일할 수 있기 위해서는 호주의 경험에서 보듯이 강력한 여성운동이 뒷받침되어야 한다. 강력한 여성운동의 지원이 없다면 정부 내에서 여성주의 관료의 영향력 또한 약화될 수밖에 없다. 여성의 정치권 진출이 오히려 여성운동계의 분열을 가져올 수 있으며, 공직 내의 여성 참여율이 높다고 해서 친여성적인 성주류화 정책이 충분히 입안되는 것은 아니다. 오히려 강하고 독립적인 여성운동의 존재가 정부의 여성 정책에 가장 큰 영향을 미칠 수 있음을 기억해야 한다. 실제로 1996년 호주는 연방의회에 역사상 최대의 여성의원을 당선시켰다. 여성 의원 비율이 15%에서 25%로 현저히 증가했다. 그럼에도 불구하고 이 시기 호주 여성정책은 이미 언급하였듯이 주변화되어 갔다. 여성운동의 성장과 발전, 지지 없이 여성주의 관료들은 정부 제도권 내에서 여성운동가로 결코 그 역할을 제대로 해낼 수 없다.

끝으로 여성정책의 성공은 그 사회 전반의 양성평등을 향한 의지, 특히 여성운동과 밀접한 관계가 있음을 잊지 않아야 한다. 여성운동과 같은 시민사회의 한 축들이 정책과정에 참여할 수 있을 때 성주류화가 효과적으로 이루어질 수 있다. 36개국의 여성운동과 정책과의 관계를 분석한 웰든(Weldon, 2002)의 연구에 따르면 여성정책이 성공적으로 수행된 나라의 경우, 중요한 것은 여성 공직자 수/비율, 정부의 진보성, 문화나 종교 등이 아니라 '강력하고 독립적으로 조직화된 여성운동의 활발한 활동'이었다고 결론짓고 있다. 호주의 경우 여성운동의 의제들이 제도화됨에 따라 여성운동이 쇠퇴하였고 여성운동의 쇠퇴는 곧 여성주의 관료들이 입지를 약화를 초래했으며, 이는 여성의제들이 정책 의제에서 주변화되는 악순환을 보여준다.

참고문헌

김현정. 2000. "여성운동과 국가에 대한 연구." 이화여자대학교 석사논문(미간행).

조순경. 『여성신문』. 2002. 5. 10 '쟁점'.

한국여성단체연합. 1999. "진보적 여성 운동의 전망과 대안 찾기." 『여성연합 99년 정책 수련회』 자료집.

Australian Labour Party (ALP). "Equality For Women." Accessed 2011/09/28. <http://www.alp.org.au/agenda/more—policies/equality-for-women>.

Donaghy, Tahnya B. 2003. "Gender and Public Policy Making in Australia: The Howard Government's Big Fat Lie." *Australian Political Studies Association Conference*. Hobar. Tasmania.

Donaghy, Tahnya B, 2004. "Applications of Mainstreaming in Australia and Northern Irelan." *International Political Science Review* 25(3): 433-450.

Eisenstein, Hester. 1996. *Inside Agitators: Australian Femocrats and the State*. St Leonard: Allen & Unwin.

Hay, Ashley. 1996. "Rape Crisis: From collectives to bureaucracy" in Bail, Kathy(ed). *DIY Feminism*. St Leonard: Allen & Unwin.

MacKinnon, C. 1989. *Toward a feminist theory of the State*. Cambridge. MA: Harvard University.

Maddison, S and Jung, K. 2008. "Autonomy and Engagement" in Grey, S & Marian Sawer (eds.). *Women's Movements Flourishing or in Abeyance*. London: Routledge.

Sawer, Marian. 1990. *Sisters in Suits: Women and Public Policy in Australia*. London: Allen&Unwin.

Sawer, Marian, 1994. "Locked Out or Locked In? Women and Politics in Australia," in *Women and Politics Worldwide*. Barbara Nelson and Najma Chodhury (eds.). New Heaven: Yale University Press: 73-91.

Sawer, M. 2010. "Managing Gender: The 2010 Federal Election." *Australia Review of Public Affairs*. Accessed 2011/08/17. <http://www.australianreview.net/-digest/2010/10/sawer.html>.

Sharp, R. and Broomhill, R. 2002. "Budgeting for Equality: The Australian experience." *Feminist Economics* 8(1): 25-47.

Weeks, W. 1998. "The Sites of Women's Citizenship?: Australian women-specific services." *Women Against Violence*. No 5: 4-14.

Weldon, S.L. 2002. *Protest, Policy and the Problem of Violence Against Women: A Cross-National Comparison*. Pittsburgh: Pittsburgh University Press.

Woodward, A. 2003. "European Gender Mainstreaming: Promises and pitfalls of transformative polic." *Review of Policy Research*. 20(1): 65-88.

김환식

1. 서론

우리에게 호주는 시드니의 오페라 하우스나 캥거루로 유명한 나라, 영어를 공부하기 위해 어학연수나 조기유학을 떠나는 나라, 또한 학생 시절에 워킹 홀리데이 비자(working holiday visa)를 받아 영어를 배우면서 일도 하고 관광도 즐기는 나라, 아니면 한국을 떠나 새로운 삶을 설계하는 기회의 나라로 알려졌다. 이처럼 호주로 어학연수를 떠나건, 워킹 홀리데이 비자를 통해 호주에 체류하건, 유학을 가건, 아니면 영주권 취득을 위해 호주에서 일하건, 이들 모두 호주 교육시스템에 의해 직·간접적으로 영향을 받게 된다. 따라서 우리나라의 학생·학부모들이 연수, 유학, 일, 이민 등의 목적으로 호주를 선택할 때 유아교육에서부터 시작하여, 초·중등교육, 고등교육, 그리고 직업교육훈련 전반에 걸쳐 호주 교육제도의 특징을 이해하는 것이 필요하다.

대한민국 교육은 여러 이유로 인해 미국의 영향이 크다. 그래서 교육하면 미국을 먼저 떠올리며, 교육에 대한 담론도 미국 교육 제도를 중심으로 형성되곤 한다. 그렇기 때문에 미국이 아닌 다른 나라 교육을 이해하는 데 어려움이 있다. 호주 교육도 마찬가지이다. 외관상 호주는 여러모로 미국과 비교된다. 영국 식민지로 시작한 나라에서 이민자를 받아들여 연방(聯邦)의 형태로서 단일 국가로 형성되었고, 똑같이 원주민(미국은 인디언, 호주는 Aborigine)의 문제를 갖고 있으며, 영토 크기도 거의 대동소이하다(호주는 미국의 알래스카를 뺀 정도의 크기). 하지만, 영연방 국가임을 알 수 있는 호주 국기(國旗)와 그러하지 않은 미국 국기와의 차이처럼, 공·사립학교에 교복(school uniform)이 존재하는 호주와 그렇지 않은 미국의 차이처럼 교육 측면에서 두 나라는 많은 차이가 존재한다.

OECD PISA 2009[1])에 의하면 호주는 읽기 515점(OECD 평균 493, 미국 500), 수학 514점(OECD 평균 496, 미국 487), 그리고 과학 527점(OECD 평균 501, 미국 502)으로서 상위권에 위치한다.[2]) PISA 2009의 Digital Literacy에서도 호주는 한국과 뉴질랜드 다음으로 3위(537점, OECD 평균 499점)에 위치한다.[3]) 또한 OECD PISA 2006 결과 분석에 의하면 호주는 우리나라처럼 High Equity와 High Quality를 모두 달성하고 있는 국가로 평가된다.[4]) 즉, 호주는 학생의 성취수준도 높을 뿐

---

1) 경제협력개발기구인 OECD가 시행하는 PISA(Programme for International Student Assessment)는 '학업성취도 국제비교 평가'이다. 의무교육이 끝나는 만15세 이상 학생들의 읽기, 수학, 과학 영역의 성취 수준을 평가하여 각국 교육의 성과를 비교·점검하는 데 목적이 있다. 2000년에 시작해 3년의 간격을 두고 시행된다.

2) http://www.oecd.org/dataoecd/54/12/46643496.pdf

3) http://www.oecd.org/dataoecd/47/28/48271272.pdf

4) http://www.acer.edu.au/documents/MR_PISA2006－7HighQualityHighEquity.pdf

만 아니라 학생들 간 성취수준 차이도 비교적 적은 국가인 것이다. 비록 호주의 성취수준은 세계 최고인 우리나라보다는 떨어지지만, 영어가 모국어가 아닌 이민자가 인구의 상당수를 차지하고, Aborigine이 존재하며, 국가 차원의 교육과정도 구체적이지 않고,5) 검·인정 교과서도 없으며, 정보화에 대한 전폭적 지원도 없는 그리고 사교육도 거의 없는 국가라는 점에서 볼 때는 대단한 성적이 아닐 수 없다.

호주 교육은 학업성취도만으로 설명할 수 없는 더 중요한 특징이 존재한다. 국제연합교육과학문화기구(UNESCO)는 1996년 21세기 교육위원회를 구성, 21세기 교육이 나아가야 할 방향을 "Learning: the Treasure Within"이라는 보고서를 통해 네 가지로 제시한 바 있다. Learning to be, Learning to live together, Learning to know(뒤에 Learning to how to learn으로 수정), 그리고 Learning to do가 그것이다6). 호주는 네 가지 학습이 비교적 균형적으로 달성되고 있는 국가로 필자는 평가한다. 정체성 교육에 관련된 Learning to be와 공동체 교육에 해당하는 Learning to live together는 민주시민교육으로 대변된다. 호주는 민주시민 양성을 교육의 핵심으로 보고 있고, 학교생활도 민주시민으로서의 가치와 윤리를 배양할 수 있도록 구성된다. 백호주의 정책(White Australian Policy)이 사라진 이후에 많은 비(非)유럽권 국가의 이민자들 자녀가 호주의 민주시민교육을 통해 호주의 건강한 시민으로 성장하고 있다. 지식교육이나 방법론 교육과 관련되는 Learning to know 역시 짧은 대학 교육 역사에도 불구하고 10명 정도의 노벨상 수상자가 배출된 것만으로도 충분히 그 우수성을 판단할 수 있다. 이는 학

---

5) 호주는 최근에서야 국가 차원의 교육과정을 만들어가고 있다.

6) http://www.unesco.org/delors/delors_e.pdf

교교육이 지식전달이 아닌 지식을 만들어내는 학습방법을 체득할 수 있는 역량교육을 중시한 결과이다. 마지막으로 직업교육이나 실용교육과 관련되는 Learning to do 역시 OECD는 호주 직업교육훈련시스템이 매우 잘 체계화되어 있다고 평가하고 있다.[7]

한국은 2만 달러의 국가에서 선진국으로 진입을 앞두고 있다. 선진국이 되기 위해서는 다문화사회로 변해가는 현실을 교육이 수용해야 한다. 과도한 지식 전달 교육에서 탈피하여 기초·기본 역량의 토대 위에 자기주도 학습역량을 갖춘 인재를 길러 내야만 기술개발과 평생학습이 가능해진다. 동시에 과도한 대학 진학열을 냉각시켜 고교 졸업 이후 먼저 취업하고 나중에 필요할 때 필요한 공부를 하는 '선취업-후진학'체제를 구축할 필요가 있다. 이러한 한국 교육의 문제를 완화하는 해결책의 일단을 우리는 호주 교육에서 찾을 수 있다.

이 글은 먼저 호주 교육제도의 기저(基底)를 구성하는 자격제도와 학습 단계를 설명한다. 다음 호주 교육제도를 개관하고, 유아교육에서부터 직업교육훈련에 이르기까지 호주 교육의 주요 특징을 설명한다. 주한 호주대사관의 홈페이지[8]는 '호주 유학, 꼭 가야 할 10가지 이유'를 제시하고 있다. 필자는 이러한 이유 이외에도 필자가 실제 경험하고 공부했던 내용을 중심으로, 우리나라 교육제도와 비교하는 방식으로 호주 교육제도의 특징을 설명한다.[9] 독자들은 이 장을 통해 호주 교육의 '학습자 중심', '평생학습 지향성'을 느끼게 될 것이다.

---

7) http://www.oecd.org/dataoecd/27/11/41631383.pdf

8) http://www.studyaustralia.or.kr/study/10_reasons.php

9) 이 장은 필자의 "호주의 직업교육훈련"과 "호주의 학교교육" 2권의 책을 토대로 하고 있다. 주로 필자가 2년간 체류했던 퀸즈랜드 교육을 설명하고 있지만, 호주 교육제도 이해라는 본 장의 취지에 벗어나지는 않는다.

동시에 기술교육과 지식교육 측면에서의 한계 역시 알게 될 것이다.

2. 호주자격제도

호주 교육 이해는 호주자격제도(AQF: Australian Qualification Framework) 이해로부터 시작해야 한다. 자격제도를 이해해야 호주의 학습자 친화 적인 교육제도를 그리고 학습자의 학습 경로(learning pathway)와 경 력개발 경로(career pathway)를 이해할 수 있다.

가. 호주자격제도 개관

호주자격제도는 주(州) 정부 차원의 교육과 훈련을 국가 차원에서 통일적으로 규율하기 위해 만들어진 사회제도이다. 자격이란 학습자 의 학습결과가 평가·인정되어 학습자가 학습을 제대로 마쳤음을 대 외적으로 표시하는 신호(signal) 기제이다. 따라서 학습자는 학습결과 를 대외적으로 통용하기 위해 자격 취득을 하게 된다. 서로 다른 교 육제도가 존재해도 자격을 통해 상호 교류가 가능해진다. 호주 역시 주 정부 간의 학생 이동과 근로자의 이동이 증가되기 시작하면서, 그 리고 호주가 대외적으로 개방되면서 국내·외 학생과 근로자가 취득 한 자격(또는 면허)의 인정이 중요한 문제로 대두되었고, 이를 위해 만들어진 제도가 바로 호주자격제도이다.

우리나라에서 자격은 정부처리기사, 미용사 등과 같은 국가기술자 격을 의미하지, 학교 졸업장이나 대학 학위처럼 교육기관에서 발급하 는 것이나 병원의사, 간호사처럼 전문직업인의 자격은 자격이 아니라

[표 1] 호주 자격제도 구조

수준	학교 영역	직업교육훈련 영역	고등교육 영역
10			doctoral degree
9			masters degree
8		vocational graduate diploma, vocational graduate certificate	graduate diploma, graduate certificate
7			bachelor degree
6		advanced diploma	associate degree, advanced diploma
5		diploma	diploma
4		certificate IV	
3	senior secondary certificate of education(SSCE)	certificate III	
2		certificate II	
1		certificate I	

자료: AQFAB(2007), AQFAC(2011)

고 본다. 이처럼 자격을 국가기술자격으로 제한하는 인식은 자격이 교육제도와 연관되지 않은 채 검정(test)에만 합격하면 되었기 때문에 형성된 듯하다. 호주는 다르다. 교육기관의 과정과 자격이 일치되어 있다. 호주 자격은 교육기관이 제공하는 과정을 충실히 이수한 자만 발급받는다. 따라서 우리나라 자격을 검정(檢定)형 자격이라 한다면, 호주의 자격은 과정(課程)형 자격이다.10)

AQF에서 공식적으로 인정되는 자격은 16개이며,11) 총 10개의 수준(level)으로 구분된다([표 1] 참조). 우리의 경우 직업교육과 직업훈련이 구분되고 직업교육과 고등교육은 통합되어 있는 반면, 호주는 직업교육과 직업훈련이 통합되어 있고 직업교육훈련과 고등교육이

---

10) 우리나라도 과정형 자격을 도입하기 위해 2011년도에 자격기본법과 국가기술자격법의 개정을 추진하고 있다.

11) 고등교육 영역의 associate degree와 advanced diploma는 같은 수준이다.

분리되어 있다. 학교(school) 영역에는 고등학교를 성공적으로 마쳐야 받는 자격(SSCE: senior secondary certificate of education), 직업교육훈련(VET: Vocational Education and Training) 영역에는 8개의 자격이 있다. 이 중 vocational graduate certificate(& diploma)는 학사 이상의 자격이다. 고등교육(Higher Education) 영역에는 7개의 자격이 있다. 우리나라에 전문학사, 학사, 석사, 그리고 박사 자격이 존재하는 것과는 차이가 있다. 일반적으로 SSCE는 certificate II와 III 중간 수준이며, certificate III와 IV는 중등 이후 자격(post-secondary qualification)으로 인정된다.

고교 졸업자격은 대부분 학교(school)에서 발급되며,[12] VET 영역 자격은 TAFE Institute와 같은 직업교육훈련기관(RTO: Registered Training Organisation)에서 발급된다(일부 고등교육기관도 발급). 그리고 고등교육 영역 자격은 고등교육기관(HEIs: Higher Education Institutions)에서 발급되나, TAFE Institute와 같은 RTO도 숙련(skilling) 중심이 아닌 지식과 이론 중심의 과정을 제공할 수 있는 역량이 있다고 평가·인정받으면 고등교육 영역에서의 자격을 수여할 수 있다.[13][14]

---

12) TAFE Institute에서의 공부를 통해서도 또는 우리의 검정고시와 유사한 제도를 통해서도 가능하다. 퀸즈랜드의 MSIT(Metropolitan South Institute of TAFE)에는 고교 졸업자격 취득 과정이 있으며, 성인중등교육센터(Centre for Continuing Secondary Education)에서 고교 과정을 공부할 수 있다. 출석이 어려우면 우리의 검정고시와 유사한 'External Senior Examinations'를 통해 졸업자격을 취득할 수 있다(김환식, 2010).

13) 퀸즈랜드에 있는 TAFE Institute인 SBIT(South Bank Institute of Technology)는 'Associate Degree in Civil Engineering' 학위를 발급할 수 있다. 2013년 12월 31일까지 인가를 받았기에 그 이후에도 과정을 개설·운영하려면 중간에 평가·인정을 통해 재인가를 받아야만 한다.

14) http://www.aqf.edu.au/RegisterAccreditation/AQFRegister/tabid/174/Default.aspx 사이트(AQF Register)를 검색하면 학생·학부모가 선택하려는 과정이 정상적인 과정인지 확인할 수 있다.

나. 다양한 학습 경로 설계를 가능하게 하는 호주자격제도

　AQF는 영역 간 자격연계(Cross-sectoral Qualification Linkages)를 통해 학습자의 학습 경로(learning pathway) 설계를 지원한다. 고등학교 재학 중에 VET 영역 자격 취득이 가능하다. 고교 12학년을 마치지 않더라도 VET 영역의 certificate Ⅰ(또는 Ⅱ)과정에서부터 시작하여, 노동시장으로 또는 직업교육훈련시장으로 또는 고등교육시장으로 이동할 수 있다. 10학년 과정만 마치고 고등학교가 아닌 TAFE Institute 등에서 공부할 수도 있다. 고등학교를 졸업할 때 고교 졸업장뿐만 아니라 직업분야 자격증 취득도 가능하다. 고교 졸업자는 VET과 고등교육 영역으로 학습 경로를 설계할 수 있다. 동시에 VET 영역과 고등교육 영역은 상호 연계되어 있다. VET 자격을 이용하여 고등교육 영역의 자격과정으로 이동할 수 있다. 예를 들면, diploma나 advanced diploma 자격을 이용하여 고등교육의 학사 학위(bachelor degree) 과정으로 이동할 수 있으며, vocational graduate diploma를 이용하여 석사 학위(master degree) 과정으로 이동이 가능하다([그림 1] 참조).

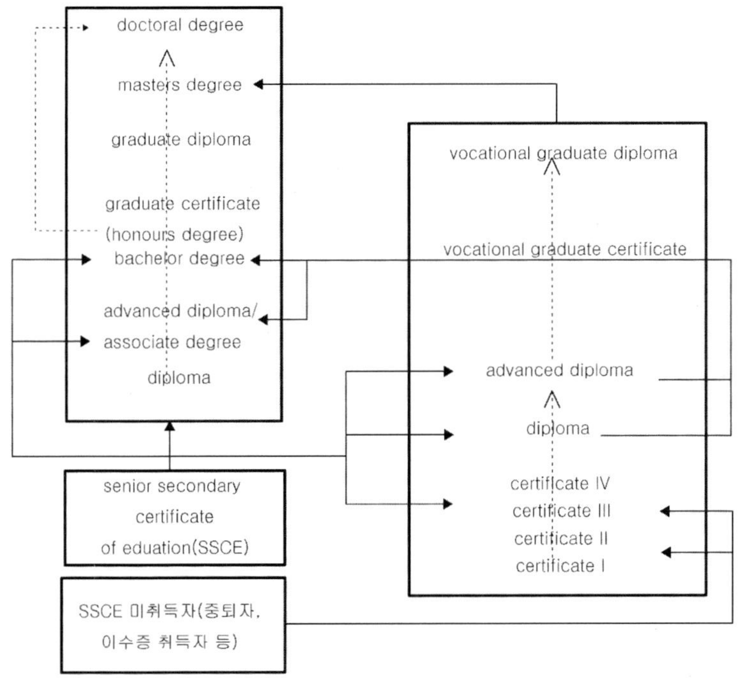

출처: 김환식(2010)

[그림 1] 일반적인 학습 경로

　이러한 연계를 노동시장에서의 다양한 학습까지 고려하여 연계해
보면 [그림 2]와 같다. [그림 2]에서 확인할 수 있듯이 학점인정, 자격
인정, 그리고 입학자격 부여라는 세 가지 형태로 VET 영역과 노동시
장에서의 학습이 고등교육에서 또는 VET 영역에서 활용될 수 있다.
상술하면, TAFE Institute나 대학교에서의 학습은 형식학습에 해당하
기에 과정을 충실히 이수하면 학위(자격)를 받게 된다. 반면, 노동시
장에서의 직장 근무, 직장 내 연수 등은 비형식학습이거나 무형식학
습이기에 평가·인정이 되지 않는 게 일반적이다. 그러나 호주는 직

장 등에서의 비형식학습이나 무형식학습 결과를 학점(credit) 또는 자격
으로 인정해준다. 또한 입학자격을 인정하기도 한다. VET 영역의
certificate Ⅰ~Ⅲ 과정은 아무런 자격이 없더라도 입학이 가능하고, 학
사 이상인 vocational graduate certificate(diploma) 과정도 선행 자격(예:
학사 학위 등)이 없더라도 직장 경력을 평가한 이후 해당 과정에 대
한 충분한 학습역량이 있다고 판단되면 입학이 가능하다. 이처럼 선
행학습이나 경험을 평가·인정해주는 제도가 선행학습평가인정제로
불리는 RPL(Recognition of Prior Learning)이다. 학습자는 RPL을 이용
해서 학점을 인정받을 수 있을 뿐만 아니라 완전한 자격(full qualification)
까지도 취득할 수 있다. RPL 덕분에 학습자는 대학이나 TAFE Institute
등에서 자격 취득에 필요한 모든 과정을 이수할 필요가 없고, 따라서
자격 취득에 필요한 시간과 비용이 절약된다. 우리나라도 취업자 전
형이나 재직자 특별전형 등과 같이 노동시장에서의 근로경력을 인정
하여 대학수학능력시험 성적과 관련 없이 대학입학자격을 주는 제도
가 있다. 다만, 우리는 이들 전형에 대한 국가 차원의 기준이 없이 대학
에 거의 100% 권한이 주어져 있다면, 호주는 국가 차원의 일정한 기준
과 원칙이 존재하고 질 관리가 이뤄진다는 점에 차이가 있다.

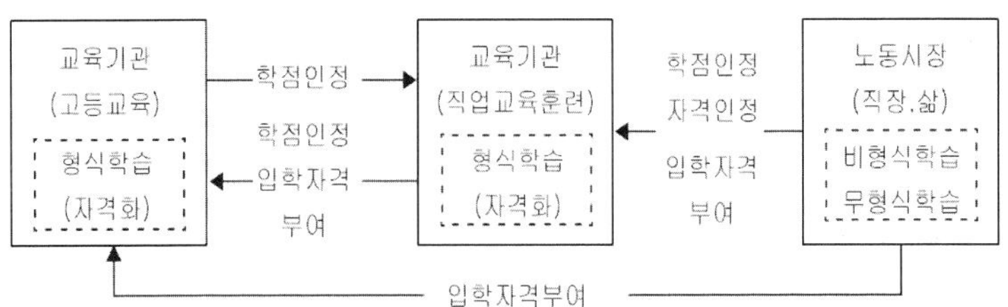

[그림 2] 고등교육, 직업교육훈련 그리고 노동시장에서의 학습의 상호 연계

VET 영역인 RTO에서 공부하더라도 고등교육을 받을 기회 역시 존재한다. 대표적인 제도가 학점인정(credit transfer)과 교육과정 연계(articulation)이다. 학점인정은 RTO 졸업생들이 고등교육기관에 입학했을 때에 RTO에서의 학습 내용을 고등교육기관에서 평가하여 일부 학점을 인정해주는 제도이다. 교육과정 연계는 과정 개설에서부터 RTO와 고등교육기관이 연합하여 과정을 개발하고, RTO에서 이수해야 할 과정을 모두 충실히 이수하면, 협약이 체결된 고등교육기관으로의 입학이 보장되고 학점도 인정되는 제도이다. 이때 학점인정 범위는 협약에 의해 좌우된다. 일반적으로 고등학교를 졸업하고 고등교육기관으로 바로 입학한 경우보다 RTO와 고등교육기관과의 연계과정을 공부하는 경우가 수학기간이 단축된다. 이러한 점 때문에 호주에선 고등학교 졸업 이후 무조건적으로 대학으로 진학하지 않아도 되고, 평생학습을 선택해도 계속교육에 어려움이 없도록 교육제도가 형성되어 있다.

다. 경력개발 경로를 구체화시킬 수 있는 호주자격제도

학습 경로는 곧 경력개발 경로로 연결된다. 학습의 목적은 경력을 개발하는 데 있기 때문이다. 호주는 AQF를 중심으로 학습 경로와 경력개발 경로가 연계된다. 특히 VET 영역에서는 산업분야별로 훈련패키지(training package)가 있고, 훈련패키지 내에 해당 산업에 존재하는 자격들이 체계적으로 분석·정리되어 있기 때문에 노동시장 진입 이후의 계속학습이 향후 어떠한 경력으로 발전할 수 있는지를 이해할 수 있다. 호주는 외부노동시장 성격이 강하기 때문에 특정 직업

(직무)에의 진입이 특정 조직 내에서만 이뤄지는 것이 아니라 해당 분야의 자격을 갖춘 외부 인사가 임용될 수 있기에 지속적 학습을 통한 경력개발의 유인이 존재한다. 우리나라는 내부노동시장 성격이 강해 지속적 학습이 향후 경력개발이나 경력전환과 연계되기 어려운 점과는 대조적이다.

[그림 3]을 보면 AQF가 학습 경로와 경력개발 경로(career pathway)를 어떻게 연계하도록 만드는 지를 이해할 수 있다. [그림 3]은 Manufacturing Skill Council[15]이 2011년 정부로부터 승인을 받은 훈련패키지(Laboratory Operations Training Package)에서 제시한 경력개발 경로이다. 일부 직업(과학자나 관리자 등)을 제외하고는 언제든지 해당 직업에 진입할 수 있고, 상급 자격을 취득하면서 경력개발을 할 수도 있다. 또한 해당 분야의 관리자(manager나 supervisor)(주로 경영역량이 필요한 분야)로의 성장 경로도, 학자·연구자(Scientific Analyst, Scientist 등)로 성장할 수 있는 경로도 제시되어 있다.

---

15) Manufacturing Skill Council은 우리의 산업별인적자원개발협의체(sector council)와 유사한 기관으로서 호주의 11개 Industry Skill Council 중의 하나이다. 제조업에 속하는 산업, 직업, 자격, 직무 등을 토대로 직무역량 등을 여러 훈련패키지에 체계적으로 정리하고 있다(http://www.isc.org.au/ 참조)

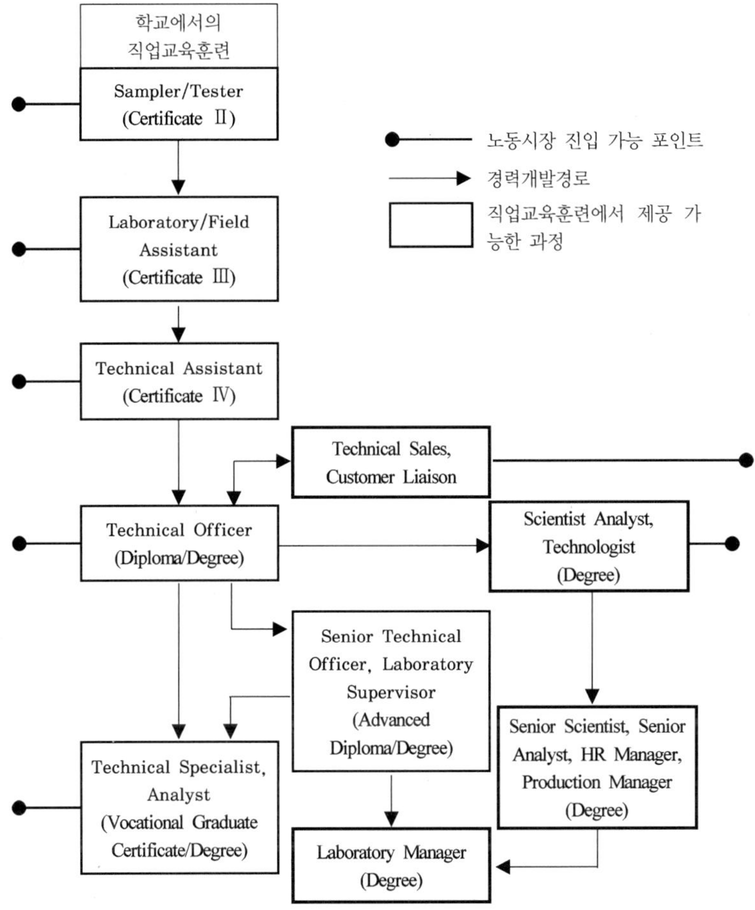

출처: Manufacturing Skill Council(2011)

[그림 3] 실험실(Laboratory) 관련 직업에서의 경력개발 경로

3. 학교교육제도와 학습 단계

가. 학교교육제도

호주는 1901년 연방국가로 탄생되기 이전에는 주(州)가 하나의 국가처럼 활동했고, 그 결과 교육제도도 영국식 제도에 기반을 두고 있지만 주 정부마다 독자적인 제도가 형성되었다. 가장 큰 차이는 초등학교가 6년제 또는 7년제 여부, 중학교 단계의 존재 여부 등에 있다. 다만 10학년까지가 의무교육이라는 점은 동일하며, 고등학교가 5년제라 하더라도 8~10학년은 중학교 단계라고 봐도 무방하다.

학기(semester)는 2개로 구분되고, 학기는 다시 2개의 텀(term)으로 나뉜다. 개학은 가을 학기에 시작되나, 우리의 봄 학기와 개학 시점이 유사하다. 보통 텀은 10주간 지속되며, 텀과 텀 사이에 2주간의 짧은 방학이 있다. 여름 방학은 6주 정도이다.

호주에서 무상의무교육(free and compulsory education)은 10학년까

〈표 2〉 주 정부별 초등단계와 중등단계 학교

단계	나이	주 정부16)	
		NSW, VIC, TAS, ACT, NT	QLD, SA, WA
중등단계 (Secondary Schooling)	17~18세	고등학교 11~12학년	고등학교 11~12학년
	12/13~16세	고등학교 7~10학년	고등학교 8~10학년
초등단계 (Primary Schooling)	6~11/12세	초등학교 1~6학년	초등학교 1~7학년
	5세	예비학교/유치원	예비학교/유치원

---

16) NSW는 New South Wales주를, Vic은 Victoria주를, Qld은 Queensland주를, SA는 South Australia주를, WA는 Western Australia주를, Tas는 Tasmania주를, ACT는 Australian Capital Territory 준주(準州)를, 그리고 NT는 Northern Territory 준주를 의미한다.

지이다. 학생들은 의무교육을 마치면(또는 17세가 되면) 학교를 떠나 노동시장에 진출할 수 있다. 퀸즈랜드의 경우 11학년과 12학년을 '의무참여단계(compulsory participation stage)'로 칭한다. 의무참여란 주당 25시간 이상의 임금 근로(paid employment)를 하지 않으면, 학교나 RTO 등에서 공부해야 한다는 의미이다. 물론 일과 교육훈련을 병행할 수도 있다.17) 하지만 공부도 하지 못하고 일도 하지 못하면서 방황하는 학생이 있기에 이들을 위한 Re-engagement 프로그램이 존재한다. 이는 기본학습 단계(middle phase of learning)의 가치가 교육에의 몰입(engagement)인 점을 볼 때 당연하다. 기본학습 단계에서 몰입하지 못한 학생들에겐 상급학습 단계에서라도 다시금 학업에 몰입시키는 것이 중요한 것이다.18)

나. 학습 단계

호주 교육을 심층적으로 이해하기 위해서는 초등학교 7(6)학년과 고등학교 5(6)학년이라는 물리적 구분인 학제(學制)(school system)보다는 학습 단계(Phase of Learning)를 중심으로 이해하는 것이 적절하다. 그래야 의무교육이나 공통교육과정, 선택교육과정 개념을 이해할 수 있다. 학습 단계19)는 주 정부마다 상이하나 11학년부터가 후기중등교육(우리의 고등학교)이라는 점에서는 대동소이하다.

---

17) http://www.schools.nsw.edu.au/leavingschool/schoolleaveage/faqs/index.php

18) 초등학교 4학년에서 학력 격차가 나타나기 시작하고, 한번 격차가 발생하면 그 이후 격차가 더욱 심화되는 우리의 일반적 경험을 고려하면 이해하기 쉽다.

19) 우리나라 2009 교육과정의 학년군 개념과 비교된다. 다만, 우리는 학년군에 성장과 발달이라는 관점이 포함되어 있지 않아 학년군마다 도달해야 할 수준(level)이 설정되어 있지 않다. 호주에선 학습 단계와 수준이 연계되어 있기 때문에 학습 단계를 마칠 때마다 학생들의 수준에의 도달 여부가 판단될 수 있으며, 상급학년으로 진급하더라도 부족한 부분이 무엇인지를 이해할 수 있고 처방이 가능해진다.

Prep	Y1	Y2	Y3	Y4	Y5	Y6	Y7	Y8	Y9	Y10	Y11	Y12

Prep	초등학교		고등학교
무상의무교육 단계			의무참여 단계
기초학습 단계 Access 강조	기본학습 단계 Engagement 강조		상급학습 단계 Pathway 강조

출처: QSA(2009) Learning P-12: Informed prescription 〉 Informed professionalism

[그림 4] 학교제도와 학습 단계 비교

퀸즈랜드는 유치원에서 12학년까지를 3단계로 구분한다. 유치원에서 3학년까지는 기초학습 단계(early phase of learning), 4학년에서 9학년까지는 기본학습 단계(middle phase of learning), 그리고 10학년에서 12학년까지는 상급학습 단계(senior phase of learning)가 된다.[20] 교육활동은 초등학교, 고등학교라는 기관(機關) 단위를 넘어 학습 단계에 기초해서 행해진다. 그리고 각 학습 단계마다 중시되는 교육적 가치가 존재 한다.[21] 기초학습 단계는 '교육에의 기회 제공(access)', 기본학습 단계는 학생들의 '학습에의 몰입(engagement)', 그리고 상급학습 단계에서는 계속 학습이나 직업 등을 고려한 '학습과 경력개발 경로(pathway)'가 중시된다. 즉, 누구나 다 9학년까지의 공통교육과정을 통해 건강한 시민으로서 살아가는 데 필요한 보편적 기초교육을 받고, 학습에의 몰입을 통해 기본역량을 제고하며, 그리고 이러한 기초교육과 기본역량 토대 위에서 10학년부터는 학습자의 진로에 기초한 선택 중심 교육을 하는 것이 학교교육에서 중시된다.

---

20) QSA(2009), Learning P-12: Informed prescription 〉 Informed professionalism.

21) QSA(2009), Learning P-12: Informed prescription 〉 Informed professionalism.

이때 변곡점에 있는 학년이 10학년이다. 10학년은 앞으로의 진로를 모색하고 결정하는 단계이다. 학생마다 진로를 결정하기 위해 다양한 과목을 선택하게 된다. 따라서 공통교육과정에 속하지는 않지만 의무교육에는 포함된다. 10학년에 학생별로 자신이 결정한 진로에 맞게 교육훈련계획(SET Plan)이 만들어지고, 11학년과 12학년 때에는 이 계획에 기초하여 일반교과나 기술교과, 또는 직업자격 취득 과정 등을 다양하게 혼합하여 수업을 들을 수 있고 관련 자격을 취득한다. 그렇기에 11학년과 12학년은 선택교육과정이 되는 것이며, 학생마다 시간표가 서로 다를 수 있게 된다.

4. 교육단계별 호주의 교육[22]

가. 초등학교 입학 전

초등학교 입학하기 이전은 보육(child care)과 유아교육(early childhood education)으로 구분된다. 보통 만 5세 때 유치원(kindergarten)[23]을 다니고, 만 6세에 초등학교 1학년에 다닌다(우리보다 1년 빠르다). 주 정부마다 조금씩 다르다.

호주는 출생에서부터 만 5세까지의 경험이 아동의 미래를 좌우한다고 본다. 호주 유아교육 정책방향은 2009년 연방교육부가 발간한

---

22) 호주 교육제도는 유아교육, 학교교육, 고등교육, 직업교육훈련, '성인 및 지역사회교육(ACE; Adult and Continuing Education)'으로 구분되나, 이 글에서는 직업교육훈련까지 설명한다. ACE는 지역마다 서로 달라 일률적으로 설명할 수 있는 제도적 틀이 없고, 상당 부분은 직업교육훈련의 범주 내에서 설명되기 때문이다.

23) 주 정부마다 부르는 이름이 다르다. NT에서는 Transition Program으로, 퀸즈랜드에서는 Prep이라고 부른다.

“소속감, 존재감 그리고 성장(Belonging, Being & Becoming)”이라는 ‘유아 단계에서의 학습 프레임웍(The Early Years Learning Framework for Australia)’에서 찾아볼 수 있다.24) 설명하면 다음과 같다. 아동은 홀로 존재하는 것이 아니라, 가족·지역사회 등과 관계 맺어 있고, 이러한 관계를 통해서 아동의 발달과 학습이 이뤄지며, 흥미, 정체성 그리고 세상에 대한 이해가 형성되기에, 아동이 가족과 공동체, 문화집단, 그리고 주변 환경과의 관계 속에서 소속감(belonging)을 느낄 수 있도록 만들어 주어야 한다. 또한, 아동은 놀고 새로운 것을 시도해보고 즐기면서, 자연스럽게 가족, 이웃 그리고 지역사회에 소속된 한 인간으로서의 존재감(being)을 형성할 수 있어야 한다. 성장(becoming)은 아동의 발달과 관련된다. 아동도 정체성, 지식, 이해, 역량, 능력 그리고 관계가 변하기 때문에 이를 지원할 수 있어야 한다.

소속감, 존재감 그리고 성장을 강조하는 호주의 유아교육은 첫째, ‘놀이는 학습이다(Play is learning)’라는 전제에서 출발한다. 놀이를 통해 유아는 의사소통을 하게 되고, 새로운 것들을 발견하며, 상상하고 창의적 활동을 하게 되고, 자기 주변의 세상을 탐구하며 학습하고 이해하게 된다. 아동은 놀이를 하면서 학습하고 이해하기 때문에 아동의 학습은 놀이 기반 학습(play-based learning)을 중시한다. 둘째, ‘관계가 핵심이다(Relationships are key)’ 원칙이다. 아동은 자신을 돌봐주는 성인과의 안정적 관계가 유지될 때 최고로 학습하며, 성인과의 신뢰 관계가 기반이 될 때 아동은 더 자신감을 갖게 되고, 탐구할 수 있으며 배울 수 있게 된다는 것이다. 정리하면, 유아 교육은 놀이

---

24) http://www.deewr.gov.au/Earlychildhood/Policy_Agenda/Quality/Documents/Final%20EYLF%20Framework%-20Report%20-%20WEB.pdf

기반 학습을 통해 의사소통과 언어(초보적인 문해능력과 수해능력 포함), 사회성과 정서 발달의 중요성을 인정한다. 나아가, 학교교육 (schooling)으로의 성공적 이전에 초점을 두고 있다.

나. 학교교육

1) 인간상

교육은 인간을 길러 내는 활동이기에 교육과 인간상은 불가분의 관계이다. 호주 교육도 마찬가지이다. 호주는 매 10년 단위로 호주 학교교육에 대한 기본 방향을 연방정부와 주 정부 교육장관이 모인 위원회(MCEETYA: the Ministerial Council on Education, Employment, Training and Youth Affairs)25)26)에서 밝힌다. 최근의 교육선언은 2008년의 멜버른 교육선언(Melbourne Declaration on Education Goals for Young Australians)이다. 이 교육선언에서 밝힌 인간상은 단순하지만 그 의미는 심대하다.27)

- 성공적인 학습자(successful learners)
- 자신감 있고 창조성을 갖춘 개인(confident and creative individuals)

---

25) 교육에 대한 법적 책임이 주 정부에 있기 때문에 호주는 연방정부와 주 정부가 함께 모여서 연방 차원에서 정책을 조율하고 방향을 제시한다. 연방 수상과 주 수상이 모인 조직을 COAG(Council of Australian Government)이라 하고, COAG 산하에 장관이 모인 위원회가 다수 존재한다. 이 중에서 교육 분야 위원회는 2개이다. 하나는 유아교육, 학교교육 등을 주로 논의하는 MCEECDYA이고, 또 하나는 중등 이후 교육과 고용 문제를 관장하는 MCTEE(Ministerial Council for Tertiary Education and Employment)이다

26) MCEETYA는 2009년 7월 MCEECDYA(The Ministerial Council for Education, Early Childhood Development and Youth Affairs)로 대체되었다.

27) 퀸즈랜드의 인간상은 ① 지식 활동가(knowledge workers), ② 자신감 갖는 개인(confident individuals), ③ 책임감 있는 시민(responsible citizen)이다(QSA, 2009).

● 능동적이고 교양 있는 시민(active and informed citizens)

'성공적 학습자'는 평생학습시대의 도래와 관련이 깊다. 정규교육
(formal education)을 마친 이후에도 끊임없이 학습해야 하기 때문에
학교교육이 평생학습역량을 갖춘 '성공적인 학습자'를 길러 내는 것
과 관련된다. 따라서 성공적인 학습자가 될 수 있도록 호주는 다양한
지식을 가르치기보다는 학습 역량(capabilities)을 중시한다. '자신감
있고 창조성을 갖춘 개인'은 학생이 개인으로서의 자긍심과 자아 존
중감을 갖도록 만들어주는 것이 중요함을 의미한다. 교육은 학생이
자신의 삶에 대해 창의적이고 자신감을 갖도록 만들어줘야 한다는
것이다. 마지막은 능동적이고 교양 있는 시민(市民)을 만들어내는 교
육이다. 이는 제대로 된 시민을 길러 내지 않으면 호주의 자유민주주
의가 흔들린다고 보기 때문이다. 그렇기 때문에 호주 교육에선 민주
시민교육이 강조되어 있다.

호주에서 민주시민교육(civics and citizenship education)의 위상을
이해하기 위해서는 호주가 원주민(Aborigine)의 존재, 영국 식민지 전
통, 백호주의 극복 노력, 그리고 약 200여 개 국가 이민자로 구성된
국가[28]라는 특징을 갖고 있고, 역사 또한 연방 결성 이후 100년을 조
금 넘긴 신생국가라는 점을 알아야 한다. 호주는 국가로서 정체성을
확립하면서 자유민주주의 국가를 유지하려는 방법으로 민주시민교
육을 강조한다. 2010년 발표된 민주시민교육 평가체계[29]를 보면 호
주에서 민주시민교육이 무엇인지 이해할 수 있다. 주요 내용은 '정부

---

28) http://www.dfat.gov.au/facts/culturally_diverse.html

29) http://www.mceecdya.edu.au/verve/_resources/NAP_CC_2010_Assessment_Framework.pdf

와 법', '민주사회에서의 민주주의(시민의 권리와 책임, 시민 참여, 의사결정, 문제 해결 등)', '호주 민주주의의 형성과 발달' 등이다.

2) 학교의 종류

학교교육은 보통 초·중등교육을 의미한다. 호주에서 학교교육은 공립학교와 사립학교를 통해서 운영된다(국립학교 없음). 정부는 공립학교(state school)는 규율할 수 있으나, 비공립학교(non-state school)는 직접 규율하지 못한다. 자율성이 보장된다. 공립학교는 일반교육(general education)과 직업교육(vocational education)을 제공하는 종합학교(comprehensive school)이며, 남녀 공학이다. 비공립학교의 경우 3년제 중학교와 3년제 고등학교가 존재할 수 있으며, 교육과정을 학교 건립 이념과 종교적 신념에 맞게 편성·운영할 수 있다. 비공립학교는 가톨릭 학교(catholic school)와 사립학교(independent school)로 구분된다. 호주 전체 학생의 약 66%가 공립학교를 다니며, 가톨릭학교에 20%, 그리고 사립학교에 14%가 다닌다.[30]

가톨릭 학교는 호주의 이민 역사와 관련된다. 호주에 정착한 영국계 이민자 중 가톨릭을 믿는 아일랜드 출신 이민자들 자녀의 교육에서부터 가톨릭 학교가 시작되었다.[31] 많은 사립학교는 특정 종교나 가치 또는 인종집단(ethnic group)에 기반을 둔 교육을 제공하며, 비영리법인으로 주 정부에 등록해야 한다.[32] 가톨릭 학교와 종교계 사립학교는 해당 종교를 믿어야만 입학이 허락되는 것은 아니다. 학교에

---

30) http://www.isca.edu.au/

31) http://www.catholicaustralia.com.au/page.php?pg=austchurch-history

32) 기독교 종단과 연계된 학교(예: 영국 성공회, 루터교, 장로교 등), 이슬람 학교, 유대교 학교, 몬테소리(Montessori) 학교, 루돌프 스타이너(Rudolf Steiner) 학교, 원주민 학교 등이다(http://www.isca.edu.au).

따라 입학 원칙이 다양하다.

비공립학교의 자율성은 보장되지만 그렇다고 정부 정책과 무관하게 운영되지는 않는다. 정부의 교육과정 결정 과정에 직·간접적으로 참여하기도 하고, 오히려 의무교육 이후의 교육 단계에서는 교육과정 편성과 평가 그리고 내신 성적 등에서 정부의 규제를 적용받기도 한다. 이는 고등학교(11학년과 12학년) 내신 성적이 대학교 입학에서 중요하게 작용하기 때문에 공립학교와 비공립학교 간에 차별이 없는 내신 성적 산출에 필요한 규제를 비공립학교도 받게 되는 것이다. VET 영역은 국가가 개발한 표준화된 직업교육훈련 틀에 기초하여 VET 과정을 제공해야 하기 때문에 자연스럽게 자율성이 통제받게 된다.

3) 학교가 제공하는 교과목

학교가 제공하는 교과목은 학교급이 아닌 학습 단계의 영향을 받는다. 학습 단계별로 발달의 차이가 존재하기 때문에 교과목 역시 이러한 발달의 차이를 지원하는 데 초점이 있다. 기초학습 단계와 기본학습 단계에서는 8개의 기본교과가 제공된다. 영어, 수학, 과학, 기술(technology), 사회, 예술, 보건과 체육, 외국어가 그것이다. 여기에 디자인이 기술과 함께 제공되거나, 기업(enterprise) 과목이 함께 제공되기도 한다. 9학년 또는 10학년까지는 제공되는 과목이 더 많아진다. 영어와 수학 과목은 큰 변동이 없으나 다른 과목은 세분된다. 예를 들면, 과학 교과는 지구와 우주, 에너지와 변화, 생물과 생존, 천연물과 인공물 등으로, 예술 교과는 춤, 드라마, 음악, 시각 예술, 시각 디자인 등으로, 기술 교과는 농업 기술, 디자인 기술, 식품 기술, 그래픽

〈표 3〉 퀸즈랜드의 11학년과 12학년 교과목(예)

교과	과목
영어	영어, 영어 심화, 제2외국어에서의 영어
수학	수학 A, 수학 B, 수학 C, 기능 수학(Functional Mathematics), 직업기초수학
과학	농업, 생물학, 화학, 지구과학, 해양과학, 공통과학, 물리학, Science 21, 농업과 원예, 해양과 수산
사업과 경제	회계, 사업과 정보통신 기술, 기업조직과 경영, 경제학, 법학, 관광
인문학과 사회학	원주민학, 고대 역사, 지리, 근대 역사, 철학과 사유, 정치학, 종교학, 사회공부(Study of Society), 지역사회학
보건과 체육 교육	보건 교육, 가정 경제, 환대(hospitality) 공부, 체육 교육, 유아교육, 여가
예술	춤, 드라마, 영화, 방송, 음악, 시각 예술
정보통신기술과 디자인	항공학, 공학기술, 그래픽, 정보처리 기술, 정보시스템, 정보학, 정보통신기술, 제조업
외국어	원주민어, 중국어와 중국어 심화과목, 불어와 불어 심화과목, 독일어와 독일어 심화과목, 인도네시아어와 인도네시아어 심화과목, 이탈리아어, 일본어, 한국어, 라틴어, 현대 그리스어, 스페인어, 베트남어

기술, 산업 기술, 정보 기술, 해양과 수산 기술, 섬유 기술 등으로 세분된다. 다양한 교과목이 제공되는 이유는 학생의 소질과 적성을 찾는 데 도움이 되기 때문이다. 따라서 11학년과 12학년은 학생의 진로선택을 지원할 수 있도록 다양한 과목이 개설된다. [표 3]의 교과목을 보면 우리나라 인문고가 아닌 특성화(전문계)고에서 제공되는 교과목에 가까움을 알 수 있다.33)

4) 필수학습과 역량 배양

학생들은 학교교육을 통해서 필수적으로 이수해야 할 학습이 있다. 필수학습은 8개의 기본교과에 걸쳐 지식, 기술(skills) 그리고 역량

---

33) 이러한 점은 호주의 직업교육을 기준으로 우리나라 직업교육을 판단하면 안 된다는 점을 말해준다. 동시에 우리의 일반고등학교는 인문계 고등학교(academic high school)의 성격이 강한 반면, 호주의 고등학교는 일반고등학교(general high school) 성격이 강함을 알 수 있다.

(capabilities)의 종합세트로 구성되어 있다. 필수학습을 통해 퀸즈랜드 교육이 지향하는 인간상(지식 활동가, 자신감 있는 개인, 능동적이고 책임감 있는 시민) 구현에 필요한 역량들(예: 지식을 다루는 역량, 정체성 개발과 자아 관리 역량, 그리고 사회적·정치적 세상 속에서 행동할 수 있는 역량)을 배우게 된다. 이와 같은 필수학습을 통해 학생은 8개 기본교과의 기반이 되는 학문분야의 개념, 사실 그리고 절차에 대한 이해를 할 수 있고(지식과 이해 측면), 학생이 그들의 이해를 보여주기 위한 과정(processes)을 밟아나갈 수 있으며(학습 방법 측면), 그리고 이러한 과정을 거쳐 현재와 미래에서 요구되는 각종 역량(capabilities)을 개발해 나갈 수 있다. 이러한 성격 때문에 퀸즈랜드 교육은 교과 중심 교육을 넘어 학습 방법의 내재화와 각종 개인적, 사회적, 정치적, 그리고 지적 역량을 배양하는 것까지 포함하는 역량 중심 교육과정 성격이 강하다.

정리하면, 학교교육은 단순히 지식을 배우고 이해하는 것이 아니라, 지식을 배우고 이해하는 동안에 자연스럽게 학습 방법이 형성될 수 있어야 하고, 지식을 다루는 역량이 생겨나야 한다는 것이다. 반면에 이러한 점 때문에 우리와는 달리 분과학문에 대한 세부적인 지식을 배우지 못하게 되고, 학교가 제공하는 교육과정을 따라잡지 못하거나 학습 방법이 형성되지 못하게 되면 기본역량을 충분히 갖추지 못하는 학생들이 다수 나올 수 있다.

5) 학습자의 학습과 경력개발 경로 설계

퀸즈랜드의 경우 11학년과 12학년 때의 학생이 선택하는 과목은 사전에 SET Plan에 기록된다. 학생마다 진로가 다르기에 그 진로를 위한 학습도 달라진다. 즉, 경력개발 경로에 맞게 학습 경로를 설계하는 것이다. 그리고 이러한 학습을 가능하게 하는 교육과정이 진정한 의미의 선택교육과정이다. 학생들의 다양한 **SET Plan**을 보면34) 호주의 11학년과 12학년이 얼마나 학습자 지향적인지를 이해할 수 있다. 장래에 전문음악가가 되기 위해 12학년 이후에 **Music Diploma**를 받고자 하면, 11학년과 12학년에 영어(4학점), 수학 A(4학점), 음악(4학점), 기업 경영(4학점), 컴퓨터 공부(2학점), 멀티미디어 공부(4학점), 음악 CD 제작(1학점), **Music Shop**에서의 180시간 근무(1학점) 등 **Music**과 관련된 교과목을 주로 배우게 된다. 졸업 이후에 대학에서 공학을 전공하기를 원하면, 수학 B와 수학 C(총 8학점), 물리(4학점), 화학(4학점), 공학 기술(4학점), 대학교에서 화학공부(4학점)35) 등 공학과 관련된 다양한 학습을 할 수 있다. 학교가 아닌 지역사회나 대학교에서의 다양한 활동에 참여하는 것도 학점으로 인정받을 수 있다. 이들 활동은 우리의 방과 후 활동이나 전공 동아리에서 하는 활동과 유사하나, 우리는 학점으로 인정받지 못하지만 호주는 이를 인정한다. 학생이 선택한 진로에 따라서는 학교에서는 최소한의 공부만 하고, **RTO**에서 공부하는 것이 더 강조될 수도 있다. 우리로서는 쉽게 이해할 수 없는 학습활동이다. 또 다른 예를 들면, **Violin** 연주가가 되고 싶고 동시에 춤을 좋아하기 때문에 이를 활용하여 미래의 경력개발을 염두에 둔다면, 학교에서는 영어, 수학, 음악 등 일부 교과목만 배우고, 나머지 시간엔 **RTO**에서 **Violin** 자격을 취득하고, 발레 공부를 하면 된다36). 만약 고등학교 단계에서 **VET** 분야를 배우고 싶다면, 학

---

34) 학생들의 다양한 SET Plan의 예는 필자의 '호주의 학교교육'을 참조하기 바란다.

35) 흔히 말하는 AP(Advanced Placement)이다. 호주도 AP가 잘 발달되어 있다.

교에서 5일을 공부할 필요도 없고 영어·수학도 어려운 내용은 배우지 않아도 된다. 심지어는 RTO에서의 VET 분야의 자격 취득(예: Certificate Ⅰ in Engineering, Certificate Ⅱ in Engineering)이나 직장에서의 학습과 현장실습도 학점으로 전환될 수 있다.

10학년이 진로 결정을 하는 중요한 단계이기에, 그 이후 개개의 교과목도 학생의 진로와 밀접한 관련이 있다.37) 그렇기 때문에 교과목 선택에 신중해야 한다. 선수과목이 요구되기도 하고, 일정 수준 이상의 평점을 얻어야만 과목 선택이 가능하기도 한다. 이중 수학 과목을 예로 들면, 9학년까지는 모든 학생이 동일한 수학을 공부하지만, 10학년부터는 수학 A와 수학 B로 구분되어, 수학 A 경로를 선택하는 학생, 수학 B와 수학 C 경로를 선택하는 학생으로 구분된다. 수학 A는 일상생활에서 나타나는 여러 문제들(예: 돈 관리, 2차원과 3차원의 기하학적 요소, 지도와 방위, 자료 검색 및 해석 등)에 대한 의사결정 역량을 배양하는 데 목적이 있다. 선수과목으로는 10학년 때 기초수학(Prep Maths) A를 수강해야 한다. 기초수학 A를 선택한 학생이 11학년 때 수학 B를 듣기를 희망한다면 반드시 중개과목(Bridging Maths for Maths B)을 선수강해야 한다. 기초수학 A보다 더 쉬운 수학이 있다. 직업기초수학(Pre-vocational Mathematics)38)은 주로 수학에 어려움을 겪은 학생들을 대상으로 수학에 두려움을 없애고 기초적인 수해능력

---

36) 호주에는 음악이나 발레 등 예술 활동에 대해서도 다양한 자격이 존재한다. 바이올린은 AMEB(Australian Music Examination Board)와 같은 전문기관에서 자격검정을 하며, Grade 8이 Music Diploma 이전의 최고 자격이다. 발레는 RAD(Royal Academy of Dance)에서 검정을 수행한다.

37) 여기서 제시되고 있는 교과에 대한 자료는 필자의 자녀가 다녔던 퀸즈랜드 브리즈번에 있는 공립 고등학교가 학생과 학부모에게 제공한 진로정보자료를 토대로 하고 있다. 상세한 내용은 필자의 '호주의 학교교육'을 참조하기 바란다.

38) http://www.qsa.qld.edu.au/downloads/senior/snr_prev_maths_04_sas_guide.pdf

을 높이기 위한 목적으로 만들어진 과목이다. 선수과목도 없다. 반면, 수학 B와 수학 C는 수학적 능력이 필요한 분야로 진로를 선택한 학생이라면 당연히 수강하는 것이 필요한 과목이다. 수학 B는 공학과 물리과학 분야로 경력을 쌓고자 하는 학생을 위한 과목이다. 농업, 식품 기술, 지리, 생물학, 경제학과 경영학에서도 유용하다. 수학 B를 수강하기 위해선 10학년 때 기초수학 B에서 우수(high) 또는 매우 우수(very high) 수준을 성취해야 한다. 수학 C는 수학 B보다 더 심화된 과목이다. 수학 C는 학생의 수학에 대한 모든 잠재역량을 최대로 개발할 수 있도록 도와주고, 수학 B에서 획득한 각종 지식을 확충시켜 주는 데 목적이 있다. 수학 C는 대학에서 수학을 활용하는 직업을 갖고자 하는 학생들에게는 매우 필요한 과목이다. 선수과목으로는 10학년 때 기초수학 B를 우수 또는 매우 우수 이상의 성취를 거두어야 하며, 수학 B를 수강해야만 한다. 즉, 호주에서의 수학 공부는 9학년까지 기본공부(number, algebra, measurement, chance and data, space)를 하고39), 지수함수, 로그함수, 미적분, 응용통계, 행렬, 벡터, 동력학, 원뿔학 등은 수학 B나 수학 C에서 배우게 된다.

---

39) http://www.qsa.qld.edu.au/downloads/early_middle/qcar_el_maths_yr9.pdf

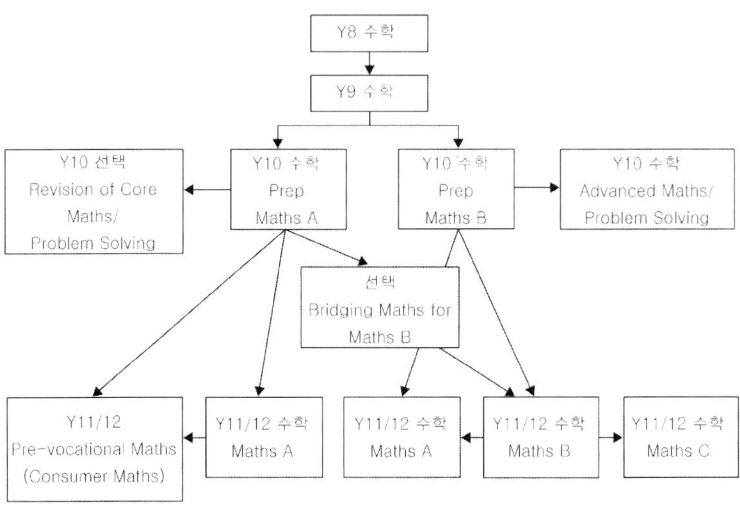

출처: 김환식(2011)

[그림 5] 수학 교과의 학습 경로

6) 졸업

호주에서 대학 입학이 가능한 고교 졸업장을 따기 위해서는 정부가 정한 일정 기준을 충족해야 한다. 주 정부마다 대학 입학이 가능한 고교 졸업장의 이름과 졸업 자격 기준이 서로 다르다. 하지만 기저에 놓인 철학은 대동소이하다. 같은 학년, 같은 반에 소속된 학생일지라도 학생들이 선택한 진로가 서로 다르고, 선택한 교과목도 서로 다르기 때문에 학생들의 선택에 부합하는 자격을 줘야 한다는 점이다. 동시에 대학교에 입학해서 공부하기를 희망하고, 역량을 갖춘 학생들이 대학교에 진학할 수 있는 시스템을 유지하기를 원한다는 점이다. 그만큼 고등교육에 대한 질 관리가 중시되고 있어, 그 결과로 고등학교에서의 질 관리도 중요한 문제가 된다.

퀸즈랜드에는 고교 졸업 때 다양한 자격이 존재한다. 가장 일반적인 자격이 '퀸즈랜드 고교 졸업장(QCE: Queensland Certificate of Education)' 이다. 하지만 퀸즈랜드에는 QCE 외에도 다양한 이수증이 존재하기에 QCE를 취득하지 않더라도 고등학교 12학년을 마칠 수 있다. 고등학생들이 학교를 마치면 받을 수 있는 자격의 종류에는 Senior Statements, Statement of Results, Tertiary Entrance Statement, QCIA(The Queensland Certificate of Individual Achievement) 등이 있다. Senior Statements는 11학년과 12학년 때 어떤 학습을 했는지를 기록한 문서이다. Statement of Results는 일종의 성적표이다. QCIA는 장애 등으로 인하여 정규 교육과정을 이수하기 어려운 학생에게 수여되는 증명서이다. 이외에도 고등교육기관 입학과 관련된 Tertiary Entrance Statement가 있다. 이는 학생의 OP(Overall Position)와 FP(Field Position)을 기록하고 있다.

QCE는 고등교육기관에의 입학이 가능한 고교 졸업장이다. 따라서 QCE를 취득하기 위해서는 11학년과 12학년 때에 20학점을 취득하고[40) 문해능력과 수해능력에 대한 기준을 충족해야 한다[41). 그러나 기준 충족에 실패할 경우 QCE를 받지 못하고 이수증(Senior Statement)만 받은 채 학교를 마치게 된다. 다만 졸업 이후라도 7년 이내에 고교 시절 달성 못 했던 조건을 충족하게 되면 QCE를 받을 수 있다. 이는 10학년 때에 개설한 학습계좌(learning account)[42)가 11학년부터 총 9

---

40) 20학점 취득에도 기준이 있다. 기본과목은 최소 12학점 이상 최대 20학점까지 이수해야 한다. 만약 기본과목을 12학점만 들었을 경우 기타 과목으로 8학점을 이수해야 하는 데 이 8학점에도 기준이 있다. 준비과목은 최대 4학점, 심화과목은 최대 8학점 그리고 상급과목도 최대 8학점까지 수강할 수 있다. QCE 취득기준, 기초과목, 심화과목 등에 대한 상세한 자료는 필자의 '호주의 학교교육'을 참조하거나, 우리 교육과정평가원과 유사한 기관인 Queensland Studies Authority(www.qsa.qld.edu.au)를 검색하길 바란다.

41) QCE 내용은 주로 QSA(2010)가 펴낸 The QCE Handbook(Updated November, 2010)을 참조하였다. 일부 내용은 QSA(2009) The QCE Handbook을 참조하였다. 구체적인 내용은 필자의 '호주의 학교교육'을 참조하기 바란다.

년간 살아 있고 학점을 누가 기록할 수 있기 때문이다.

다. 대학교육

1) 고등교육기관

호주는 세계 최고 수준의 대학교육을 제공한다. The Times의 2010~2011 세계 200대 대학에 7개 호주대학이 포함되어 있다.43) 이외의 다양한 조사에서도 호주 대학의 경쟁력은 높은 수준으로 나타나고 있다. 호주에서 고등교육(higher education)과 중등 이후 교육(post-secondary education)은 엄격히 구분된다. 고등교육이라 함은 AQF 상의 학문과 지식, 전문기술과 관련된 학위가 제공되는 교육이다. 그렇기 때문에 직업교육을 제공하는 TAFE Institute는 고등교육에 포함되지 않는다. 호주에서 고등교육을 제공하는 기관은 고등교육기관(HEIs)이라 칭한다. 호주에서 대학교(university)란 명칭은 종합대학교로서 별도의 근거 법률이 존재해야만 사용할 수 있다.44) 그 외의 고등교육기관들은 소수의 전문분야에서 학위과정(보통 석사까지. 일부 전문분야의 경우 박사까지45))을 제공하는 기관들이다.46) 호주에는 총 39개의 대학교

---

42) 학습계좌(learning account)는 학생의 기본정보와 학습정보가 누적 기록되기 때문에 우리의 NEIS와 유사하나, 학습계좌를 운영하는 목적이 우리와는 달리 졸업에 필요한 학습 기록을 누적 관리하는 데 있기 때문에 수록되는 정보는 극히 제한적이다.

43) http://www.timeshighereducation.co.uk/world-university-rankings/2010-2011/oceania.html. 동 조사에서 한국의 대학은 4개가 포함되어 있다. http://www.australian-universities.com/rankings/ 사이트를 보면 그간의 조사에서 발표된 호주 대학의 순위가 자세히 정리되어 있다.

44) 예를 들면, 캔버라에 있는 호주국립대학교의 설치법은 The Australian National University Act 1991이다. 브리즈번에 있는 퀸즈랜드대학교의 설치법은 University of Queensland Act 1998이다. 사립대학교인 Bond University의 설치법은 Bond University Act 1998이다.

45) 예를 들면, self-accrediting HEI에 속하는 Australian College of Theology의 경우, 신학에 대한 학위과정을 Diploma에서부터 Professional Doctorate(Doctor of Ministry)와 Research Doctorate(Doctor of Theology)까지 모두 제공한다. http://www.actheology.edu.au/courses.php 참조.

가 있으며, 그 중에서 37개가 국·공립대학교47)이고, 사립대학교는 2개 (Bond University와 The University of Notre Dame)에 불과하다. 나머지 고등교육기관들은 대학교란 명칭을 사용하지 못한다. 따라서 호주 대학교 교육의 질은 믿을 수 있다. 나머지 고등교육기관 중에서 자율적으로 질 관리가 가능한 대학을 self-accrediting higher education institution으로 칭한다. 현재 5개가 존재한다. 우리로 말하면 해양대학, 신학대학, 방송예술대학 등이라고 생각하면 된다. 그 외에도 1개 이상의 고등교육 영역 학위를 제공하는 기관으로서 주 정부의 승인을 받은 기관을 'non self-accrediting higher education provider'라고 한다. 기관과 과정 모두 승인을 받아야 하며, 제공되는 과정은 승인받은 학위과정만 해당되고, 그것도 승인을 받은 기간까지만 가능하다. 현재 약 120개 정도의 기관이 있으며, 영리법인이 대부분이다. 일부 TAFE Institute 중에서 정부의 평가·인정을 받아 고등교육 학위를 제공하기도 한다.

2) 대학 입학

대학 입학은 주 정부마다 상이하다. 일률적으로 설명하기는 쉽지 않으나, 고등학교 성적과 선택한 과목, 그리고 대학이 미리 예고한 과정별 요건(requirements)의 충족 여부에 의해 좌우된다. 퀸즈랜드의 경우 고등교육기관 입학과 관련된 증명서로는 Tertiary Entrance Statement가 있다. 이 증명서에서는 학생의 OP(Overall Position)와 FP(Field Position)가 기록된다. OP는 우리나라의 내신 제도와 일부 흡사하다. 내신 제

---

46) http://www.goingtouni.gov.au/Main/CoursesAndProviders/ProvidersAndCourses/HigherEducationInAustralia/-Default.htm

47) 국립대학교는 캔버라에 있는 Australian National University(ANU)이다.

도와의 근본적 차이는 학교와 학생 간 성적의 차이를 인정한다는 점 그리고 내신 성적이 단일 학교 내의 위치가 아니라 퀸즈랜드의 '현 12학년 학생 전체(overall) 내'의 그리고 '과목 전체(overall) 내'의 위치(position)라는 점이다.48) 즉, 퀸즈랜드 소재 모든 고등학교 12학년 학생 중 OP를 받을 자격을 갖춘 학생들의 학교 성적을 퀸즈랜드 전체 차원에서 비례조정(scaling) 하여 계산된 등급(rank order)인 것이다. 따라서 OP는 졸업하는 당해 연도에만 원칙적으로 생성되지 그다음 연도에는 OP를 받을 수가 없다. OP는 25등급(band)으로 구분되며 학교와 학생의 차이를 고려하기 때문에 학교에 따라서는 OP 1, 2등급이 전혀 없을 수도 있고, 일부 학교는 상당수 학생이 OP 1, 2등급을 받을 수도 있다. 25등급에서 Band 1은 약 2%, Band 2에서 6까지는 약 19%, Band 7에서 21까지는 약 73%, 그리고 Band 22에서 24까지는 약 5%, 그리고 Band 25는 약 1% 정도의 비율이 된다. 그러나 이 비율은 매년 조금씩 변화하며, 이는 Band의 기본 전제가 작년 OP 1등급의 학생 수준과 금년도 OP 1등급의 학생 수준이 비슷하다는 통계적 유의미성이 존재한다는 데 있기 때문이다. OP를 받기 위해서는 2가지 기본적 조건을 충족해야 한다. 하나는 우리의 수능시험과 유사한 시험인 QCS(the Queensland Core Skills) Test49)에 응시해야 하고, 또 하나는 QSA가 정한 교과목을 선택해야 한다는 조건이다.50) 부수적으로 OP를 보완하는 등급(rank orders)으로서 "범교과 영역별 위치(FPs: Field Positions)"가 있다. Field는 고등학교 교육과정이 강조하는 영역을 말

---

48) http://www.qsa.qld.edu.au/downloads/tertiaryentrance/te_op_basics.pdf

49) 우리의 대학수학능력시험과 유사하나, 교과목에 기초하여 출제되는 것이 아니라 고등학교 과정에서 형성되기를 기대하는 역량을 제대로 습득했는지를 평가한다.

50) OP 계산은 복잡하다. 관심 있는 독자는 필자의 '호주의 학교교육'이나 QSA 사이트를 검색하기 바란다.

한다. 이는 고등교육기관에서 합격선(cut-off) 상에 있는 동일한 OP 학생들 간의 차이를 명확히 하기 위한 목적으로 사용된다. FPs는 1(최고)에서 10(최저)에 이르는 10개의 등급(band)으로 구성된다.

동시에 퀸즈랜드에는 대학교 입학을 총괄하는 QTAC(Queensland Tertiary Admission Centre)이라는 전문기관이 존재한다. 그렇기 때문에 학생은 QTAC에 입학원서를 제출하면 된다. QTAC은 대학교들이 공동 투자로 운영하며, 합격자 결정을 위한 입학사정은 QTAC에 파견된 각 대학교의 담당자(우리의 입학담당관과 유사)가 한다. 대학교는 과정마다 다른 입학조건(entry requirements)을 갖고 있기 때문에 응시자는 이를 준수해야 한다. 이러한 입학조건으로는 특정 과목 이수와 같은 과목에 대한 선수조건뿐만 아니라, 과정에 따라서는 auditions, portfolios 또는 면접 등이 포함될 수도 있다.

QTAC이 응시자에게 입학을 허가하는 것을 offer라고 부른다. 모든 offer는 offer rounds에 의해서만 제안된다. 그리고 해당 과정을 선택한 모든 응시자를 동등하게 그리고 동시에 고려하며, 대학의 입학정책에 부합하는 자 중에서 가장 성적이 좋은 자를 우선 선발하게 된다. offer는 1년에 수 회 존재한다. 예를 들면, 2009년 8월부터 2010년 7월까지 기간에만 입학 기회가 20여 차례 이상 존재한다. 우리처럼 수시, 정시 등으로 입학이 제한되는 것이 아니다. 대학에 따라서는 3학기제일 수도 있고, 일부 과정은 학기마다 신입생을 선발하기 때문에 원서제출이 다양한 시기에 걸쳐 이뤄지는 것이다.

OP가 없거나 고등학교 졸업한 이후에도 대학교에 입학할 수 있는 대안적 방법은 다양하다. 대안적 입학 제도의 핵심은 Selection Rank로서, OP와 기능이 유사하지만 정부가 아닌 QTAC이 만들어낸다. 이

Rank는 학교에서의 QSA 등록 교과목의 이수 결과, 다른 학습경험 (VET 영역 등), 별도의 능력검정시험, 직장경력도 인정하며, 심지어 는 개인의 자가역량평가까지도 모두 수용한다. 따라서 11학년 이후의 평가받을 가치가 있는 학습과 경험 중 OP로 평가되지 않는 학습과 경험은 대부분 Rank로 전환된다고 보면 된다(인정되는 점수에 차이 는 존재). 이처럼 다양한 학습과 경험을 수용하는 Selection Rank가 존 재하기 때문에 학습자는 11학년과 12학년 재학 중에 오직 OP 취득만 을 위해 노력할 필요가 없게 되고, 결과적으로 11학년 이후에 다양한 학습의 형태가 존재할 수 있게 된다.

대안적 입학제도를 정리한 [표 4]의 이해를 위해 예를 들어 설명하 면, 대학교 과정을 1년 이상 마친 학생이 다시 대학교에 입학하고자 한다면 그전 대학교에서 취득한 학점에 따라 최고 99점(즉, OP 1등급) 까지 받을 수 있다. 등록 간호사(enrolled nurse) 자격을 갖고 있으면 최 대 80점까지, AMEB(Australian Music Examinations Board)이라는 음악 협회가 발급하는 7등급 자격증을 취득하였으면 최대 84점까지 인정 받을 수 있다. 다만, 이를 인정하느냐 여부는 대학의 결정사항이다. 따라서 학습자는 희망하는 과정과 그 과정을 개설하는 대학의 입학 요건을 철저히 검토하지 않으면 안 된다.51)

---

51) 다양한 대안적 입학제도에 대해서는 필자의 '호주의 학교교육'을 참조하기 바란다.

[표 4] 대안적 입학이 가능한 자격 종류와 가능한 최고 Rank

Qualification	가능한 최고 Rank	Qualification	가능한 최고 Rank
중등(Secondary)		연결 프로그램(Bridging Programs)	
−Queensland OP	99 (OP1)	−Cert. IV Adult Tertiary Preparation[52](취득)	91
−Queensland 12학년도 학생 중 OP 부적격자	91	−Cert. IV Adult Tertiary Preparation(취득) + STAT	98
−다른 주의 12학년 학생	99	−Cert. IV Adult Tertiary Preparation(취득 못함)	88
−고졸 검정고시(Senior External Examination) (4-5 subjects)	99	−Cert. IV Adult Tertiary Preparation(취득 못함) + STAT	94
−Senior External Examination (1, 2, or 3 subjects) with STAT	99	−Approved bridging program - 5 subjects	88
중등 이후(Post Secondary Study)		Alternative Entry	
−AQF Certificate III(취득)	82	−성인용 대학입학시험(Special Tertiary Admission Test: STAT)	88
−AQF Certificate IV(취득)	89	−STAT + 기타 승인되는 자격 취득(예: bridging program, PCA, 직업경험, 전문 자격)	90
고등교육(Tertiary Study)		−자가 역량 평가(PCA: Personal Competencies Assessment)	99
−AQF Diploma(1년 전 과정 이수, 졸업 못함)	87	−Traineeship(이수)	71
−AQF Diploma(졸업)	91	−Trade certificate	80
−AQF Advanced Diploma(1년 전 과정 이수, 졸업 못함)	98	−Enrolled nurse	80
−AQF Advanced Diploma(졸업)	98	−직업경험(Work experience)	93
−Bachelor degree(최소 1년 이상 정시제로 재학)	99	−AMEB 7th grade or higher	84

출처: QTAC(2009). Guide to Tertiary Courses. QTAC.

3) 과정

호주의 대학이 우리와 다른 점은 대부분 학사과정이 3년이라는 점, 과정에 따라 수업연한의 차이가 존재한다는 점, 그리고 입학 당시부터 복수학위(dual degree)[53]를 제공하는 과정이 다수 존재한다는 점이

---

52) 주로 TAFE Institute에서 제공하는 성인의 제3차 교육 준비를 지원하는 과정이다.

53) 대학교의 과정 정보를 보면 Bachelors of Business Management/Information Technology, Bachelors of Arts/Law 등 dual degree 코스가 많음을 확인할 수 있다. 이들 과정은 보통 4년 이상의 기간이 소요된다.

다. 3년 만에 학사과정을 마치는 것을 이해하기 쉽지 않을 수 있으나, 고등학교 11학년과 12학년 과정에서 이미 해당 분야의 기초과목을 이수했고, 10학년까지의 교육과정에서 충분히 기초 교양과 공부역량(academic skills)을 습득했다고 보면 3년 만에 학사학위를 받는 것도 무리는 아니다. 또한 학사학위를 취득한 학생 중에서 최고 수준의 학생을 위한 1년 정도의 honours degree(우등 학사)가 존재하기도 한다. 이 외에도 다양한 학부 이후 과정이 존재한다. Graduate Certificate는 6개월 과정, Graduate Diploma는 1년 과정, 석사는 1.5년 이상 과정이다. 박사는 3년 이상이 소요된다. 이 중에서 석사와 박사는 과정(coursework)을 이수하면 되는 석·박사, 연구(research) 석·박사, 그리고 전문(extended) 석·박사로 구분된다.[54] 과정 석·박사는 말 그대로 과정을 이수하면 된다(과정 박사는 극히 예외적). 전문 석·박사는 실무분야와 관련되어 있다. 연구 석·박사는 보통 석사(MPhil: Master of Philosophy)와 박사(PhD: Doctor of Philosophy)로 불린다. 박사는 보통 3~4년의 과정을 거쳐야만 한다. 우리와 다른 점은 입학 이전에 지도교수를 선택해야 하며, 연구제안서(research proposal)를 제출하여 승인을 받아야만 입학이 허가된다는 점이다. 또한, 학사를 취득했다고 해서 연구 석·박사 과정에 입학자격을 주는 것이 아니라 적어도 우등학사와 그 동등수준의 자격을 취득해야만 된다는 점이다.

---

54) http://www.aqf.edu.au/Portals/0/Documents/Handbook/AustQuals%20FrmwrkFirstEditionJuly2011_FINAL.pdf

라. 직업교육훈련

1) 유연한 직업교육훈련 시스템

호주의 직업교육훈련(VET)은 직업교육과 직업훈련이 통합되어 운영된다. 직업교육은 주로 학교(대학)에서, 직업훈련은 주로 학교가 아닌 직업훈련원 등에서 담당하는 우리와는 다르다. 호주의 VET은 영국식 도제제도(Apprenticeship)에 근간을 둔 직업훈련에서 시작된 반면, 교육은 인문교육·교양교육에서 시작되었다. 이처럼 직업훈련과 학교교육이 각각 존재하다가, 학교교육이 팽창되면서 학교 내에서의 직업교육이 강조되고, 점차 직업교육이 직업훈련과 통합되면서 직업교육훈련이라는 용어가 사용되게 된 것이다.

자격제도에서 이미 설명했듯이, VET가 별도의 영역으로 독립성이 보장되어 있지만, 동시에 학교교육·고등교육과 밀접하게 연계되어 있으며, 학습자의 유연한 학습설계를 지원하기 위한 제도적 장치가 마련되어 있다. 학교교육 단계에서 VET를 받을 수 있고, VET를 받은 결과를 토대로 대학교육을 받을 역량이 있다면 고등교육 영역으로 이동이 얼마든지 가능하다. 학습자 입장에서는 오히려 직업교육훈련 과정을 수강하고 이를 이용해 대학교에 가는 것이 편리하고 학습기간 단축 가능성도 존재하기에 유리할 수 있다. 학점인정(credit transfer), 과정 연계(articulation) 등을 통해 선수학습을 평가 인정해주기 때문이다. 우리처럼 전문대학에서 일반고 학생이나 특성화고를 졸업한 학생이나 모두 동일하게 학사관리를 함으로써 결과적으로 모두 2년 또는 3년을 이수해야만 학위를 받을 수 있는 시스템과는 너무나 다르다.

호주에서 VET는 보통 11학년에서부터 시작한다. 다만 우리처럼 직업계열 고등학교가 별도로 존재하는 것이 아니라, 일반고등학교에 다니는 학생들이 학습경로 선택에 맞게 필요한 VET를 배우게 된다. 학교가 제공해주지 못한다면, 학생들은 학교를 떠나 인근에 존재하는 RTO에서 배울 수 있다. 일부 학생은 도제제도에 편입되어 공부할 수도 있기 때문에 기업체에 가서도 배운다. 즉, 학생들이 하루는 학교, 이틀은 RTO, 이틀은 기업 등에서 공부와 VET을 병행할 수 있다. 학생마다 매우 다양한 형태의 학습조합이 가능하기 때문에 우리처럼 같은 학교, 같은 학년, 같은 반이라면 동일한 수업을 듣는 것이 아니다. 성인이 되어서도 직업교육훈련은 학습자에게 친화적인 제도로 존재한다. 직장에서의 삶이 평가·인정받아 학점으로 전환할 수 있다.

2) RTO와 TAFE Institute

VET를 담당하는 기관을 RTO(Registered Training Organisation)라고 한다. VET을 제공하기 위해서는 정부로부터 인가를 받아야 한다. 주정부가 설립한 고등학교도 마찬가지이다. RTO 중에서 대표적인 기관이 공립직업학교이자 성인교육기관인 TAFE Institute이다. 우리나라의 전문대학과 유사하지만, 그 이상의 VET 전담기관이라고 보는 것이 타당하다. 그렇기에 TAFE Institute에서는 고등학교 학생들이 듣는 certificate Ⅰ에서부터 vocational graduate diploma과정까지도 모두 제공 가능하다. 여기에 성인교육, 이민자 교육까지도 담당하고 있어 TAFE Institute의 기능과 역할은 매우 넓다.

3) 직무수행역량과 훈련패키지

VET를 내용적으로 이해하기 위해서는 직무수행역량(competency)

과 훈련패키지(training package)를 이해해야 한다. VET가 우리와 가장 큰 차이를 보이는 부분이 산업계 주도성이다. 수행능력이 VET 보통 수행역량기반훈련(CBT: Competency Based Training)이라고 부르는데, 그 역량(competency)은 산업계(ISC: Industry Skill Council)가 만드는 훈련패키지에 기술되어 있다. RTO는 훈련패키지에 기술된 내용을 토대로 과정을 개발하고 전달하며 평가하고 자격을 수여할 따름이다. 모든 RTO가 훈련패키지에 포함된 자격 과정을 제공할 수 있는 것이 아니라, 그 과정을 제공할 역량이 있는지 여부가 평가되고, 통과되어야만 가능하다. 더욱이 훈련패키지에 없는 자격을 RTO가 과정을 개설하고 수여하기 위해서는 정부로부터 별도 승인을 구해야 한다.

수행역량(competency)은 VET를 이해하는 핵심 단어이다. 수행역량은 작업장에서 기대되는 성과 수준에 맞춰 특별한 과업(tasks)이나 의무(duties)를 수행하는 능력을 의미한다.[55] 수행역량이 확보되지 않으면 그에 상응하는 자격을 취득할 수 없기 때문에, VET의 목적은 학습자가 수행역량을 갖추도록 함에 있다. 수행역량 사고는 교사에 의한 학습 내용의 전달보다는 학습자가 얻게 되는 학습결과를 더 강조하게 된다. 수행역량을 강조하다 보니 기술교육이 상대적으로 약화되는 면이 존재한다. 호주에 제조업이 없는 관계일 수도 있으나, 고등학교 단계에서의 기술교육이 약해 대학교 공학교육과의 연계가 자연스럽지 못하다.

훈련패키지는 필수 요소(endorsed components)와 참고 자료(support materials)로 구분된다. 필수 요소란 모든 훈련패키지가 공통적으로 개

---

55) 수행역량이란 ① 각각의 과업을 수행하는 능력(task skills), ② 여러 과업들을 관리하는 능력(task management skills), ③ 응급상황이나 비상사태에 대응하는 능력(contingency management skills), ④ 직무를 효율적으로 수행하는 능력(job/role environment skills)을 포함한다. 자세한 사항은 필자의 "호주의 직업교육훈련"을 참조하기 바란다.

발해야 하는 요소로서 정부기관으로부터 승인(endorse)받아야 하는 자료이다. RTO는 이 필수 요소를 토대로 각 기관의 훈련 프로그램, 학습자료, 그리고 평가도구와 자료를 개발하게 된다. 참고 자료는 훈련패키지에 따라 포함될 수도 포함되지 않을 수도 있다. 그리고 정부기관에 의해 승인받을 필요도 없다.

훈련패키지의 필수 요소는 수행역량기준(competency standards), 자격체계(qualification framework) 그리고 평가지침(assessment guidelines)이다. 수행역량기준은 해당 산업의 요구 능력이 무엇인지를 수행역량교습단위(unit of competency)별로 체계화한 것이다. 수행역량기준을 이해하기 위해서는 수행역량교습단위를 이해해야 한다. 수행역량교습단위는 각각의 전공과목으로 보면 이해하기 쉽다. 대학의 전공과목에도 학사수준, 석사 수준이 존재하듯이 수행역량교습단위에도 certificate I에서 vocational graduate diploma까지 존재한다. 전공과목에 필수와 선택이 있듯이 수행역량교습단위에도 필수와 선택이 존재한다. 또한 산업별로 수행역량교습단위가 개발되기 때문에 우리처럼 일률적으로 1학기 단위로 내용이 구성되지 않는다. 동일한 수준의 자격일지라도 과정에 따라서는 6개월 만에 또는 1년에 걸쳐 공부해야만 취득할 수도 있다. 이는 자격이 요구하는 직무역량의 수준은 동일하나, 그 산업이나 직업분야가 다른 분야와는 달리 배워야 할 내용이 더 많다거나, 아니면 그 자격이 그 산업분야의 기초 자격인지에 따라 달라짐을 의미한다.56) 물론 학습자에 학습설계에 따라 그 기간이 달라질 수도 있다.

---

56) 예를 들면, Certificate II in Hairdressing(미용사)의 경우 13개의 과목(unit)을 이수해야 자격 취득이 가능하다(필수 8개, 선택 5개). 반면, Certificate II in Financial Services(금융 분야 입문자격)는 8개의 과목(필수 4개, 선택 4)만 이수하면 된다.

자격체계는 훈련패키지가 개발된 산업에 존재하는 직업과 **AQF**를 기초로 만들어진다. 수행역량교습단위를 토대로 학습자가 습득해야 할 능력의 범위를 이해할 수 있다면, 자격체계는 학습자가 하나의 자격을 취득하기 위해서 요구되는 수행역량교습단위의 수와 경력개발 경로를 이해할 수 있는 자료가 된다. 평가지침은 각 교습단위에서 요구되는 수행역량을 학습자가 제대로 취득했는지를 확인하기 위한 지침이다. 대부분 훈련패키지는 경력개발 경로를 취득 가능한 자격을 기준으로 제시하고 있기 때문에 훈련패키지만 읽어봐도 해당 산업 분야의 경력개발 경로를 충분히 이해할 수 있다. 이를 통해 학생은 향후 해당 기술 분야의 전문가(professional)로 성장할 수 있는 길, 해당 분야의 경영자(manager)로 성장할 수 있는 길, 또는 학자와 연구자(scientist)로 성장할 수 있는 길을 미리 이해할 수 있게 된다.

5. 주요 특징과 시사점

UNESCO가 제시한 네 가지 학습이 비교적 균형적으로 발달되어 있는 호주 교육은 '학습자 중심', '평생학습 지향성'을 위해 계속 진화하고 있다. 학습자와 학습 친화적인 호주 교육제도일지라도 호주와 한국은 많은 차이가 있기 때문에 한국의 현실에 바로 접목하기는 어렵다. 특히, 제조업이 거의 없는 1차, 3차 산업 중심의 국가로서, 사회 경쟁 정도가 대한민국과는 비교될 수 없는 국가라는 점에서 호주 교육의 장점을 한국에서 수용하기 어려울 수 있다. 아무리 호주의 **VET**이 세계적으로 인정받고 있더라도 제조업에 필요한 기술인력을 양성해야 하는 한국의 직업기술교육에 주는 시사점은 크지 않을 수 있다.

그럼에도 호주 교육으로부터 시사점을 찾는 것은 서론에서 기술한 것처럼 한국 교육 문제에 대한 해결방향을 구한다는 차원에서 중요하다.

먼저, 호주 교육은 자격제도가 학습자의 학습을 지원하기 위한 기제로 작동되고 있다. 심지어 직장에서의 경험도 선행학습평가인정제(RPL)를 통해 평가·인정되는 학습이 될 수 있다. 즉, 유연한 학습 경로와 경력개발 경로 설계가 자격제도를 통해서 가능해진다. 우리나라도 자격제도와 RPL이 학습과 경력개발 경로를 지원하는 제도로 기능할 수 있다면 우리나라의 고질적인 문제인 고등학교 졸업 이후 무분별한 대학 진학과 소질·적성과 관련 없는 과정 선택의 문제를 어느 정도 극복할 수 있을 것이다.

둘째, 호주의 학교교육은 기관 중심이 아니라 학습 단계를 중심으로 운영되고 있으며, 기초학습 단계에서 상급학습 단계로 올라갈수록 기초역량, 기본역량을 넘어 학생의 진로선택과 연관된 학습이 강조된다. 또한 학습 단계와 성취수준이 상호 연계되어 학교교육에서도 질 관리가 이뤄진다. 만약 우리나라도 학습 단계를 중심으로 학교교육을 재설계할 수 있다면 9학년까지의 공통교육과정의 의미와 10학년 이후 선택교육과정의 의미가 분명해질 수 있을 것으로 기대된다. 또한 성취수준을 통해 학생의 학습 도달 정도를 파악할 수 있고, 학습 부진아에 대한 보정교육도 보다 쉬워질 것이다.

셋째, 학교교육에서는 글로벌 시대에 적합한 민주시민 양성이 학교교육의 첫 번째 임무이며, 지식이나 정보의 습득이 아닌 공부방법론과 기본역량 배양을 중시하며, 학습자의 경력개발 경로를 지원하는 학습지원체제가 잘 구축되어 있다. 학생은 9학년까지의 공부를 통해 기본역량과 민주시민역량을 배양하고, 학교의 도움을 받아 미래 경력 개발 경로를 염두에 두고 10학년부터 학습을 구체화해 나가게 된다. 다문화 사회, 개방 사회로 전환된 한국은 글로벌 민주시민교육을 교육의 중추활동으로 만들어 나갈 필요가 있다. 법치주의 정신이 학교 교육을 통해서 길러져야 한다. 따라서 공통교육과정에서는 대한민국 사회를 이끌어 갈 민주시민으로서 갖추어야 할 기초역량과 기본역량을 배양할 수 있어야 한다. 그래야만 그 이후의 과정이 의미가 있게 된다.

넷째, 대학교육은 성인 학습자의 다양한 학습 요구를 수용할 수 있도록 유연화되어 있으며, 동시에 과정 석·박사와 연구 석·박사 구분에서 알 수 있듯이 목적에 따라 과정이 개설되어 있고, 각각의 과정에 입학하는 것도 엄격한 기준이 존재한다. 그리고 대학교육의 질 관리는 무척 철저하다. 호주와 같은 질 관리에 기반을 둔 규제체계가 정립되어야 우리의 대학도 무분별한 운영에서 벗어나 대학다운 대학교육을 할 수 있게 될 것이다. 동시에 선행 자격이 존재하지 않더라도 현장 경력을 인정하여 입학 자격을 부여하거나, 호주처럼 보다 다양한 자격의 필요성도 검토할 필요가 있다. 성인학습자에게 2년 이상의 시간이 소요되는 전문학사나 석사 학위를 선택하도록 하는 것은 무리이기 때문이다. 6개월 과정, 1년 과정 등도 자격으로 인정해줄 필요가 있다.

다섯째, 직업교육훈련은 산업계가 주도하고 있으며, 직업교육훈련의 목적은 취업을 전제로 직무수행역량을 길러 내는 데에 있다. 한국의 직업교육은 직업훈련과 연계가 미약하고, 직업교육과 직업훈련 모두 산업계의 참여 역시 미미하다. 오히려 학계의 참여가 활발하다. 취

업역량보다는 상급학교 진학에 더 큰 관심을 갖는다. 호주의 직업교
육훈련에서 배울 점은 바로 이 취업역량 중심의 교육훈련에 있다.

참고문헌

김환식. 2010. 『호주의 직업교육훈련』. 서울: 범신사

김환식. 2011. 『호주의 학교교육(퀸즈랜드 주를 중심으로)』. 서울: 범신사

AQFAB. 2007. Australian Qualification Framework Implementation Handbook(제4판). Commonwealth of Australia.

AQFAC. 2011. Australian Qualification Framework. Commonwealth of Australia.

Kathrin Hoeckel, Simon Field, Troy R. Justesen and Moonhee Kim. 2008. OECD Reviews of Vocational Education and Training(Australia). Paris: OECD.

Manufacturing Industry Skill Council. 2011. Laboratory Operations Training Package. Commonwealth of Australia.

MCEETYA. 2008. Melbourne Declaration on Educational Goals for Young Australian. Commonwealth of Australia.

QSA. 2009. Learning P-12: Informed prescription > Informed professionalism. Queensland Government.

QTAC. 2009. Guide to Tertiary Courses. QTAC.

http://www.acer.edu.au/documents/MR_PISA2006-7HighQualityHighEquity.pdf(검색일: 2011.7.31)

http://www.actheology.edu.au/courses.php(검색일: 2011.8.6)

http://www.aqf.edu.au/Portals/0/Documents/Handbook/AustQuals%20FrmwrkFirstEditionJuly2011_FINAL.pdf(검색일: 2011.8.15)

http://www.aqf.edu.au/RegisterAccreditation/AQFRegister/tabid/174/Default.aspx(검색일: 2011.8.15)

http://www.australian-universities.com/rankings/(검색일: 2011.8.14)

http://www.catholicaustralia.com.au/Page.php?pg=austchurch-history(검색일: 2011.9.30)

http://www.deewr.gov.au/Earlychildhood/Policy_Agenda/Quality/Documents/Final%20EYLF%20Framework%20Report%20-%20WEB.pdf(검색일: 2011.8.15).

http://www.goingtouni.gov.au/Main/CoursesAndProviders/ProvidersAndCourses/HigherEducationInAustralia/Default.htm(검색일: 2011.8.13)

http://www.mceecdya.edu.au/verve/_resources/NAP_CC_2010_Assessment_Framew

ork.pdf(검색일: 2011.8.14)

http://www.oecd.org/dataoecd/27/11/41631383.pdf(검색일: 2011.8.6)

http://www.oecd.org/dataoecd/47/28/48271272.pdf(검색일: 2011.8.6)

http://www.oecd.org/dataoecd/54/12/46643496.pdf(검색일: 2011.8.6)

http://www.qsa.qld.edu.au/downloads/early_middle/qcar_el_maths_yr9.pdf(검색일: 2011.8.15)

http://www.qsa.qld.edu.au/downloads/senior/snr_prev_maths_04_sas_guide.pdf(검색일: 2011.8.15)

http://www.qsa.qld.edu.au/downloads/tertiaryentrance/te_op_basics.pdf(검색일: 2011.8.15)

http://www.schools.nsw.edu.au/leavingschool/schoolleaveage/faqs/index.php(검색일: 2011.8.15)

http://www.studyaustralia.or.kr/study/10_reasons.php(검색일: 2011.7.30)

http://www.timeshighereducation.co.uk/world-university-rankings/2010－2011/oceania.html(검색일: 2011.8.13)

http://www.unesco.org/delors/delors_e.pdf(검색일: 2011.7.30)

http://www.isc.org.au

http://www.isca.edu.au

9. 호주의 법체계와 사법제도

김종철

1. 머리말 - 사법제도의 사회적 위상

현대 호주사회를 이해하기 위해서는 호주인의 삶이 이루어지는 다양한 생활영역을 다양한 각도에서 살펴보는 것이 필요하다. 이 장에서는 사법제도를 통해 호주 사회를 들여다보는 것을 목적으로 한다.

"사회 있는 곳에 법이 있다"는 격언은 호주 사회에도 어김없이 적용되고, 호주는 법의 촘촘한 관계망으로 구성되어 있다. 법의 시각으로 호주 사회를 들여다보기 위해서 몇 가지 전제가 되는 기본개념을 이해할 필요가 있다. 예를 들어, 법, 국가, 입헌주의, 사법제도 등의 사회적 위상을 이해해야 한다. 무엇보다 법이 무엇이고 어떤 기능을 수행하게 되는지를 알 필요가 있다. 인간이 사회를 통해 공동생활을 할 수 있는 것은 사회를 구성하는 다양한 개인들의 관계가 안정적으로 형성될 수 있도록 질서를 형성하는 규범이 있기에 가능한 것이다.

이 규범이 구성원들 다수의 행복을 증진시키는 것이건 아니면 소수의 이익을 최대화하는 데 목적을 둔 것이건 간에 바로 그 규범을 통해 사회는 공동체로서의 기본체제를 유지하게 되는 것이다.

규범의 종류 가운데 가장 대표적인 것이 일반적으로 국가로 불리는 정치권력이 제정하는 법이다. 국가라는 정치권력은 법을 통해 사회의 구성원들의 일상생활에서 벌어지는 다양한 이해관계를 조정한다. 호주 사회도 대외적으로 the Commonwealth of Australia로 불리는 국가공동체를 형성하고 있고 이 국가공동체의 중심에 국가(state) 혹은 정부(government)로 통칭되는 정치권력체가 있다. 한 국가의 정치권력체는 최고규범인 헌법을 통해 그 정당성을 획득하고 그 헌법이 정하는 바에 따라 권력을 행사하게 된다. 헌법이 국가의 구성원인 시민의 기본적 인권을 보장하고 이들이 자발적인 의사에 따라 사회의 질서를 유지하는 것을 핵심가치로 하는 정치이념이 입헌주의 혹은 헌법주의(constitutionalism)이다. 20세기 말 공산권의 몰락 이후 대개의 국가는 입헌주의 이념에 바탕하여 사회를 조직하고 운영하고 있고 호주도 예외가 아니다.1) 즉 호주는 개인의 자유와 권리의 보장을 최고의 가치로 삼는 자유민주주의국가이다. 자유민주주의국가가 그 기본가치를 실현하기 위해서는 시민의 자유와 권리를 조정하는 기준을 설정해야 하고 그 기준이 잘 준수되도록 강제하는 체제를 구축하는 것이 필요하다. 이처럼 시민의 자유를 조정하는 기준이 바로 법이다.

---

1) 공산체제는 입헌주의가 아닌가라는 의문이 있을 수 있다. 간단히 말해서 헌법이 있는 체제라고 해서 입헌주의라고 할 수는 없다. 기본적 인권의 보장과 의회주의, 권력분립주의에 기초한 민주적 정부형태를 내용으로 하는 헌법을 가진 경우라야만 입헌주의라고 할 수 있다. 무엇보다도 공산체제는 공산당의 우월적 지위를 초헌법적으로 인정한다는 점에서 일반적 의미의 입헌주의체제라고 말할 수 없다.

인류의 문명이 발전한 여러 징표 가운데 대표적인 것이 국가라는 정치적 조직체를 헌법이라는 최고규범을 통해 형성하는 것과 그 국가를 통해 시민들의 자유와 권리를 조정하는 기준을 법의 형식으로 만들고 그 법을 집행하는 체제를 기본으로 인간사회를 구성하는 것이다. 흔히들 법이 지배하는 사회라는 것은 바로 이런 현대 인류문명의 한 징표인 것이다. 그런데 법이 지배하는 사회에서 법이 제대로 지켜지고 준수되는지를 확보하는 장치가 없다면 그러한 문명적 이상은 정치적 수사에 불과하게 된다. 따라서 법이 무엇인지를 확인하고 그 법에 따라 시민과 시민 간의 관계나 이들 간의 관계를 조정하는 국가권력과 시민 간의 관계에서 발생하는 갈등을 해소하는 국가작용이 필요하다. 대부분의 입헌국가 혹은 자유민주사회에서는 법원이라는 독립기관을 중심으로 재판이라는 특수한 절차를 통해 사회적 분쟁을 해소하는 제도를 가지고 있는데 이것이 바로 사법제도이다. 결론적으로 사법제도는 시민이 국가라는 공동체를 통해 정치, 경제, 사회, 문화의 모든 삶의 영역에서 발생하는 갈등상황을 해소하는 다양한 제도를 의미하는 것이다.

사법제도는 분쟁해결의 절차인 재판절차를 중심으로 하지만 분쟁을 해소하는 것은 이미 분쟁이 발생하기 전에 분쟁의 요소를 예방적으로 해소하는 것에서부터 분쟁이 발생하더라도 재판절차가 아니라 재판절차 이외에 중재(arbitration)나 조정(mediation)과 같이 당사자들이 합의하는 절차를 통해 해결하는 대안적 분쟁해결제도(Alternative Dispute Resolution [ADR])까지 포함할 수 있다. 또한 사법제도를 제대로 이해하기 위해서는 사법절차를 통해 내려진 결정을 집행하거나 형사재판처럼 사법절차를 공익적 입장에서 제기하는 법집행기관, 사법절차에서 분쟁해결을 위해 전문직업활동을 하는 법률가집단, 경제적 및 사회적 이유로 효과적인 법률서비스를 제공받기 힘든 계층을 대상으로 한 법률구조제도, 법률가를 양성하는 교육제도 등을 종합적으로 살펴볼 필요가 있다.

이런 의미의 사법제도는 사회질서의 근간을 이루기 때문에 국가의 기본법인 헌법에 그 기본적인 내용이 포함되어 있는 것이 보통이다. 따라서 호주의 사법제도를 이해하기 위해서는 헌법을 정점으로 하는 법체계의 특징을 이해하는 것이 요청된다. 본론에서는 호주의 법체계의 특징을 살핀 다음 호주 사법제도의 개요와 특징, 발전전망을 차례로 살펴보도록 한다.

2. 호주의 법체계의 개요와 특징

호주의 법체계는 기본법인 헌법에 의해 규정되는 국가의 성격과 관련하여 체계적으로 이해될 수 있다.

1) 호주의 법체계의 개요

호주의 법체계는 다양한 법의 존재형식을 통해 이해될 수 있다. 호주의 법은 연방헌법을 최고법으로 하고 연방법률, 연방판례법, 주법률, 관습법의 형식으로 존재한다.

연방헌법은 1890년과 1900년 사이 10년간의 기나긴 정치협상의 결과 국민투표에 의해 결정되었다. 그러나 식민모국인 영국의 법체계에 따라 이 헌법은 1900년 호주연방구성법(the Commonwealth of Australia

Constitution Act 1900)의 일부로 존재한다. 즉 실질적으로는 호주 국민의 의사를 반영한 호주연방의 최고법이지만 법적 형식은 식민모국의 법률 제9장이었다.2) 이 호주 헌법은 영국식 정치체제를 수용하면서도 호주의 고유한 상황을 고려하여 또 다른 독립국인 미국의 제도를 상당 부분 수용하는 방식을 택하였다. 예를 들어, 영국의 모델을 따라 입헌군주제도나 의원내각제 정부형태를 택하지만 연방제를 채택한 것, 최고법을 성문헌법으로 형성하면서 정치권력 간의 권력분립을 명문화한 것이나 법원이 헌법해석권을 통해 입법에 대한 위헌심사를 할 수 있도록 한 것은 미국 헌법의 영향을 받은 것이다. 또한 헌법개정에 대한 국민투표제도를 도입함으로써 영국과 미국과는 다른 직접 민주주의적 제도를 도입한 것도 특색이라고 할 수 있다. 특히 미국식 사법심사제의 채택은 호주법과 사법제도의 발전에 매우 중요한 의미를 가진다. 법원이 단순히 분쟁해결의 소극적 기능을 넘어 의회가 제정한 법률의 헌법합치성을 판단하여 그 효력범위를 광범위하게 설정하게 됨으로써 법의 형성과 유지에 적극적 기능을 담당하게 되는 것을 의미하기 때문이다.

연방법률(federal statutes)은 연방의회가 제정하는 법형식으로 연방헌법을 구체화하여 구체적으로 연방헌법이 부여하는 사안에 대해 법적 형식으로 정해 둔 것이다. 연방법률과 주법률(state statutes)이 충돌하는 경우 연방법률이 우월적 효력을 가지고 그 범위 내에서 주법률의 효력은 상실된다. 연방의회(Parliament)는 영국 모델에 따라 법적

---

2) 이 법은 이후 몇 차례의 개정을 거치게 되는데 특히 1931년 웨스트민스터법(the Statute of Westminster 1931), 1986년 호주독립법(the Australia Act 1986)에 의해 영국과의 법적 관계에 변화가 생겼지만 헌법체계의 기본구조는 유지되고 있다.

주권자(Sovereign of the Australia)인 국왕(Crown)을 대리하는 총독(Governor-General)과 상원(Senate) 및 하원(House of Representatives)으로 구성된다.

연방판례법(federal case laws)은 호주 연방의 법률이 연방제임에도 불구하고 단일한 보통법적 효력을 발생시키는 데 중요한 기능을 한다. 왜냐하면 호주대법원(High Court of Australia)은 각 주의 판결에 대한 상고심을 맡도록 헌법적 권한을 부여받고 있기 때문이다. 호주의 독특한 헌정사에 의해 호주 판례법은 식민모국이었던 영국판례법을 계수하였고 영국의 최고 법원과 동격인 추밀원 사법위원회(Judicial Committee of the Privy Council)3)에 대한 상고권이 상당기간 존속한 특성이 있다. 그러나 1978년 호주 대법원은 영국판례법 즉 영국 대법원의 판례가 호주법원을 기속하지 않음을 선언4)하였고 1986년 호주독립법(the Australia Act 1986)은 추밀원에 대한 상고권을 폐지하였다.

주법률은 연방헌법상 주 의회에 주어진 입법권을 행사하여 제정된 법률이다. 각 주의회가 연방헌법과 연방법률에 저촉되지 아니하는 범위 안에서 각 주 정부의 조직 및 운영, 지방자치에 대한 사항, 그 밖에 범죄와 형벌에 대한 형사관련법률을 각 주법률의 형식으로 제정하는 것이 일반적이다.

호주법에 독특한 것은 관습법의 지위이다. 관습법의 필요성은 호

---

3) 영국의 최고법원은 과거 귀족원(House of Lords, 실질적으로는 사법위원회[Judicial Committee])이었지만 2005년 헌법개혁법(Constitutional Reform Act 2005)에 따라 대법원(Supreme Court)이 귀족원의 최고법원으로서의 지위를 승계하였다. 그러나 교회법 문제의 상고심이나 영연방국가의 최고법원으로서 기능하기 위해 국왕자문기관인 추밀원(Privy Council) 내에 대법관을 비롯한 고위법관, 영연방국가의 고위법관 등으로 구성되는 사법위원회를 두고 상고심으로서의 기능을 수행하도록 하고 있다. 대개 대법관이 관여하므로 최고법원인 대법원과 같은 격의 지위를 가진다고 할 수 있다.

4) Viro v The Queen (1978) 141 CLR 88.

주가 영국의 식민지가 될 당시 호주에 거주하던 원주민의 법적 지위를 인정하지 않았던 역사적 상황에 그 원인이 있다. 호주 영토를 당시의 제국주의적 국제법에 따라 강제적으로 병합하고 원주민의 법을 무시한 체제는 최근 1992년 호주대법원의 역사적 판결에 의해 시정되었다. 호주 대법원은 제2차 마보 대 퀸즈랜드(Mabo v Queensland (No 2)) 판결5)을 통해 호주 원주민에 관한 한 호주의 판례법과 별개의 관습법이 법적 효력을 가질 수 있음을 인정하였다.

[표 1] 호주의 법체계

연방헌법	- 최고법	- 1900년 호주연방구성법(the Commonwealth of Australia Constitution Act 1900) - 1931년 웨스트민스터법(the Statute of Westminster 1931) - 1986년 호주독립법(the Australia Act 1986)
연방법률	- 연방의회의 제정법	- 연방헌법과 충돌하는 경우 법원에 의해 효력을 인정받지 못함 - 연방판례법과 주법률보다 우월한 효력을 가지므로 이 법률에 위반되는 판례법과 주법률은 법원에 의해 효력을 인정받지 못함
연방판례법	- 연방법원의 판례법	- 연방대법원을 최고법원으로 하는 법원에서 판례를 통해 형성하는 법
주법률	- 주의회의 제정법	- 주 정부의 구성 및 운용, 지방자치, 주요 형사관련 법률 등
관습법	- 관습이 지속적으로 유지됨으로써 형성되는 법	- 원주민 관습법

---

5) (1992) 175 CLR 1. 이 판결은 1985년에 Queensland주가 퀸즈랜드 1985년 해안도서병합법(the Queensland Coast Islands Declaratory Act 1985)을 통해 Mabo 등이 속한 Meriam 원주민이 거주하는 머레이 도서 (Murray Islands)를 복속하려 하자, 이 법의 효력을 다투었던 1988년의 제1차 Mabo 판결(Mabo v Queensland (No 1))의 후속 판결이다. 제1차 판결에서 호주 대법원은 문제의 법이 인종차별법(the Racial Discrimination Act 1975)에 위배된다고 선언하였으나 원주민의 토지소유권에 대해서는 명확한 결정을 내리지 않자 Mabo 등이 다시 자신의 소유권 확인을 구하는 소송을 제기하였는데 퀸즈랜드 대법원이 그들의 청구를 기각하자 상고한 사건이다. 이 결정에 따라 호주연방의회는 1993년 원주민소유권법(the Native Title Act 1993)을 제정하여 원주민토지소송에 관한 제1심법원으로 원주민토지심판원(the National Native Title Tribunal)을 설치하였다.

2) 호주의 법체계의 특징

호주의 법체계는 다음 세 가지 특징을 지닌다.

(1) 법체계의 이원화 - 연방법과 주법

앞서 살폈듯이 호주는 연방국가여서 그 법체계는 연방법과 주법으로 이원화되어 있다. 호주는 18세기 말 무렵 New South Wales가 영국의 식민지로 편입된 이래 Victoria, South Australia, Western Australia, Queensland, Tasmania 등 자치식민지가 확대되었고, 자치식민지는 1901년 연방을 형성하여 오늘날의 the Commonwealth of Australia가 국제사회에 등장하게 되었다. 또한 연방에는 주 외에도 자치권을 가지는 자치구역(Territories)들이 존재하여 그 법적 지위가 항상 헌법적으로 문제되고 있다. 현재 Northern Territory와 Australian Capital Territory 등이 자치구역의 지위를 가지고 있다. 각 주와 자치구역은 독자적인 통치권을 가지고 연방헌법이 정하는 바에 따라 연방정부와 각 주나 자치구역의 관계가 정하여진다. 이 장에서는 특별히 별도의 설명이 필요한 경우를 제외하고는 주로 연방의 법체계를 중심으로 다루도록 한다.

(2) 영국법체계의 영향

다음으로 호주는 영국의 국왕을 국가원수로 하는 독특한 국가형태를 유지하고 있고6) 오랜 영국의 식민체제를 통해 국가질서의 뼈대를

---

6) 1927년 영연방회의의 결과 제정된 영국 국왕 및 의회 직위법(the British Royal and Parliamentary Titles Act 1927)의 법적 효과에 의해 호주의 국가원수를 자연인으로서의 영국 국왕이 맡게 되지만 그 법적 지위

이루는 법체계도 영국법체계의 일부로 발전한 특이한 역사적 상황에 따라 영국법의 강한 영향하에 발전한 특징을 가지고 있다. 특히 호주의 법체계가 영국법체계와의 연계성 속에서 발전한 점을 주목할 필요가 있다.

앞서 살폈듯이 독립국으로서의 호주의 탄생은 영국법체계와의 단절을 위한 오랜 기간의 여러 법률의 제정을 통해 이루어졌다. 우선 호주 연방의 형성은 영국 의회법률인 1900년 호주연방구성법(the Commonwealth of Australia Constitution Act 1900)에 의해 법적 기초가 마련되었다. 또한 1931년 웨스트민스터법(the Statute of Westminster 1931)은 대영제국을 영연방으로 전환하면서 호주연방의 독립을 확인하였으나 호주가 스스로 요청하는 경우 영국 의회가 호주법률에 대한 최종적인 인가권을 가지는 것으로 정하였다. 따라서 법적으로는 여전히 영국법이 호주에서 법적 효력을 유지할 수 있는 상황이 지속되었다. 특히 호주법원의 결정에 대해 영국의 추밀원(Privy Council)에 상고할 수 있는 제도가 병행적으로 유지됨으로써 영국법체계와의 연계성은 최소한 제도적으로는 지속되었다. 이런 형식적인 법률인가권이나 영국 추밀원에 대한 상고권도 1986년 호주독립법(the Australia Act 1986)이 제정됨으로써 폐지되어 호주는 명실상부한 독립국으로 변모하였다.

사실 법체계의 독자적인 의미에서 보면 영국법의 영향은 최고법의 지위에서의 측면에서보다 일상생활에 적용되는 법의 실질적인 내용에 의해 더욱 명확해진다. 영국 식민지에서 영연방의 일원으로 근대

는 영국 국왕으로서의 지위가 아니라 호주의 국왕으로서의 독자적인 지위를 가지게 되는 것이므로 법적으로 영국 국왕과 호주 국왕이 따로 있는 셈이 된다. 또한 호주 국왕은 연방의 국왕으로서의 지위와 각 개별 주의 국왕으로서의 지위를 이중으로 확보하는 것도 유의할 필요가 있다.

국가의 발전을 이루어 온 호주의 일반법은 그 기초가 당연히 영국의 커먼로 체계7)에 기초하여 있다. 영국이 호주를 식민지로 만들 당시 호주에는 40,000여 년 간 그곳에 정주하던 원주민들이 있었지만 영국인들은 당시의 제국주의적 국제법을 원용하여 호주대륙을 '무주지(無主地, terra nullius)'로 간주하고 영국에 병합하였고 그 영역 내의 적용법도 영국법으로 하였다.8) 특히 1828년 호주법원법(the Australian Courts Act 1828)은 뉴 사우스 웨일즈의 법원에 적용되는 법이 영국법임을 분명히 하였다.9) 호주 연방에서 비중이 큰 뉴 사우스 웨일즈는 1823년 뉴 사우스 웨일즈법(the New South Wales Act 1823)을 통해 영국법원의 일원으로서의 지위(Her Majesty's Court of King's Bench, Common Pleas and Exchequer at Westminster)를 가지는 대법원을 창설하고 영국의 커먼로 체계에 따라 재판하였다.

그러나 영국법의 영향을 너무 과도하게 강조하는 것은 호주의 법체계의 특성을 오해하게 할 수 있다. 19세기 중반 이후 호주의 민주화가 확대되고 영연방의 영향력이 감소하면서 호주의 법체계의 독자

---

7) 커먼로(Common law) 체계는 영국과 그 영향하에 법체계를 발전시킨 영미권 국가의 법체계를 통칭하는 것이다. 과거에 커먼로는 일본인들의 번역에 따라 '보통법(普通法)'이라는 번역용어로 우리 사회에서도 수용되었지만 그 명칭이 주는 모호함 때문에 원어를 그대로 번안하여 사용하는 경우가 늘고 있다. 커먼로는 여러 가지 개념을 가지지만 '보통법'으로 통칭될 때의 커먼로는 그 기원에 따른 것으로 11세기 윌리엄 공의 영국 정복(Norman Conquest) 이후 영국의 영토 내에서 왕이 파견한 법관들에 의해 지역 간의 관습에 관계 없이 공통적으로 적용되는 법이라는 의미를 가진 것이다. 그러나 영미권국가의 법체계를 다른 나라의 법체계와 구별하여 사용하는 경우 영국 내에서의 '보통법'적 의미보다는 기능적인 측면을 강조하여 법원의 판례가 입법과 마찬가지로 법률적 지위를 가지는 판례법 체계를 주로 의미하게 된다. 즉 법의 존재형식의 차원에서 국민의 대표기관인 의회가 제정하는 입법이 아닌 법원의 재판과정에서 확인되고 선언된 법도 재판의 기준이 되는 법체계가 커먼로 체계이다.

8) Russell Hinchy, The Australian Legal System: History, Institutions and Method, Pearson Education Australia, 2008, pp.21-26. 18세기 국제법상 무주지의 경우 선점국가의 법이 자동적으로 계수되었다.

9) 구체적으로는 이 법 제24조가 호주에 적용되는 영국법의 근원과 범위를 명확히 하고 있다. 이 법으로 영국 의회 제정법이 당시 호주 유배식민지였던 뉴 사우스 웨일즈에서도 효력을 가지게 된 것이고 커먼로와 관련하여서는 이미 적용되고 있던 커먼로의 법적 효력을 인정하는 의미를 가지게 되었다는 점을 이해하는 것이 필요하다. 이 법의 내용과 법적 의미에 대하여는 Russell Hinchy, 앞의 책, pp.28-29 참조.

성이 확대되어 온 점을 소홀히 해서는 안 된다. 중요한 헌법적 변화를 거치면서 호주 의회가 가지는 입법권의 독자성이 확대됨과 동시에 법원에서 영국 커먼로를 수용하는 경우에도 자동적인 법의 계수가 아니라 호주 스스로의 결정에 의한 수용의 체제를 발전시켰다는 점을 주목할 필요가 있다. 따라서 구체적인 재판에서 법원은 호주의 특수한 사정을 감안하여 영국의 커먼로와 구별되는 호주 나름의 커먼로를 발전시킨 것이다. 물론 이런 개별적인 발전에도 불구하고 그 기본체제가 영국의 커먼로에 기초하고 있다는 점은 호주의 법체계가 영국법체계의 강한 영향하에 있음을 부정할 수 없게 한다.

호주법에 대한 영국법체계의 영향은 비단 영국법 자체에만 국한되는 것이 아니라 커먼로 체계를 가지는 다른 영연방 국가나 미국의 판례법에서도 발견된다. 호주법원은 캐나다, 뉴질랜드, 미국의 판례법을 원용하기도 한다.

(3) 원주민관련 특례법의 발전

초기 제국주의적 국제법의 영향하에 소홀히 다루었던 원주민의 지위에 대한 관심은 호주의 법체계의 또 다른 특징을 이룬다. 앞서 언급하였듯이 '무주지(terra nullius)' 법리에 따라 호주 원주민법의 법적 효력을 부인하였던 것이 근래까지의 호주법의 특색이었다. 그렇다고 관습법 형태의 원주민법이 원주민 사이에 통용되는 것을 근원적으로 부인할 수 없었고 원주민의 특수한 지위에 대한 사회적 요구를 마냥 무시할 수 없었던 것도 사실이다. 오랜 기간 사회적 승인의 과정을 밟던 원주민법이 결정적으로 호주의 법체계에 의해 승인된 것은 1992년 제2차 마보 판결이다. 이 판결을 통해 무주지 선점을 통해 부

인되었던 원주민법이 소멸되지 않고 호주의 법체계와 조화하는 관습법임이 공식적으로 확인되었다.[10]

원주민법은 주로 관습법의 형태로 존재하는데 상호성(reciprocity)에 기초하여 집단공유(sharing)를 주요한 특징으로 하는 원주민사회의 특징상 토지나 수자원 이용권, 나름의 독특한 종교나 고유문화와 관련한 권리, 결혼이나 자녀문제 등 가족관계 등이 주요한 내용을 이룬다. 또한 문명사회와 격리된 원주민의 집단 주거지에서의 문제만이 아니라 호주 사회의 일반생활에서 원주민의 특별한 지위를 어떻게 인정할 것인가의 문제이기도 하다.[11]

3. 호주 사법제도의 개요

1) 주 및 자치구역 법원

기본적으로 일상적인 민형사사건은 주로 주 법원 내지 자치구역 법원[12]에서 다루어진다. 주별로 부분적인 차이는 있지만, 민형사간이사건(summary jurisdiction)을 다루는 치안법원(Magistrates' Courts)과 각 지역법원(Local Courts) 그리고 비중 있는 민형사사건을 다루는 중급법원(intermediate courts)이 사실심을 담당하고, 상고심인 주최고법원으로 각주에 대법원(Supreme Courts)을 두고 있는 것이 보통이다. 사

---

10) 이미 1971년 Milpirrum v Nabalco판결에서 블랙번 판사(Justice Richard Blackburn)의 의견을 통해 원주민법의 승인 가능성이 현실적으로 논의되기 시작했었으나 마보 판결을 통해 확정적으로 원주민법의 독자성이 인정된 셈이다. Russell Hinchy, 앞의 책, pp.51-52 참조.

11) Russell Hinchy, 앞의 책, pp.44-45.

12) 이하에서 각 주와 자치구역의 경우 특별한 필요가 있는 경우를 제외하고는 편의상 '주'로 통칭하도록 한다.

실심이란 소송의 전제가 되는 사실관계에 대한 판단과 확정절차를 의미하고 상고심은 보통 확정된 사실관계에 대해 적용되는 법률의 적합성, 효력이나 범위에 대해 판단하는 법률심인 것이 보통이다. 호주에서는 사실심 단계에서 동료 시민들에 의해 판단이 이루어지는 배심재판이 법으로 요구되는 경우는 대개 중급법원 단계이다. 중급법원의 명칭은 각 주별로 차이가 있는데 빅토리아의 경우 카운티 법원(County Court)으로 불리지만 다른 주의 경우 디스트릭트 법원(District Court)으로 불린다. 한편 타스매니아와 대개의 자치구역의 경우와 같이 중급법원이 없는 경우도 있다. 중급법원과 그보다 하급의 법원의 차이는 민사사건의 경우 소송가액의 많고 적음에 의해 달라지고 형사사건의 경우 범죄의 질이나 형량에 따라 달라진다.

이와 같은 일반법원 외에 각 주법에 의해 특별법원을 설치할 수 있는데 예를 들어, 건축관련 소송이나 환경법문제를 다루는 특별법원으로 토지법원(land court or tribunal)13)이나 환경법원(environment court or tribunal)14)이 설치되는 경우가 있다.

또한 호주에는 형사피해자를 위한 보상제도(Criminal Injuries Compensation Schemes)15)를 두고 이 사안을 특화하여 관할로 하는 형사보

---

13) 예를 들어, 퀸즈랜드의 경우 토지감정이나 자연자원관련 분쟁을 다루기 위해 1884년 토지위원회(Land Board)를 설치하였으나 이후 토지법원으로 전환하였다. 자세한 사항은 퀸즈랜드 토지법원 홈페이지 (http://www.landcourt.qld.gov.au/) 참조.

14) 뉴 사우스 웨일즈의 경우 주로 환경법 관련문제에 특화하고 있는 토지 및 환경법원(Land and Environment Court of NSW)이 설치되어 있다. 자세한 사항은 이 법원 홈페이지(http://www.lawlink.nsw.gov.au/lec) 참조.

15) 법률상 피해나 손해를 금전과 같은 경제적 수단으로 구제하는 방법은 보상과 배상의 두 가지가 있다. 보상은 구제자가 피해의 발생에 책임이 없는 경우에 이루어지는 것이고 배상은 피해의 원인을 제공한 자가 구제의 책임을 지는 경우이다. 형사피해자의 경우 국가가 직접적인 책임을 져야 하는 경우가 아니지만 국민에 대한 국가의 보호의무를 고려하여 공적 자원을 활용하여 피해자를 구제하는 방식이 형사피해보상이고 국가가 공무원의 불법행위에 대해 책임을 지는 경우는 국가배상이라고 한다. 우리나라도 헌법 제30조에 형사피해자에 대한 보상제도를 보장하고 있고 국가배상청구권은 헌법 제29조가 보장하고 있는 기본권이다.

상심판소를 두고 있는 경우가 일반적이다. 주요한 주의 경우를 제외하고 호주수도자치구역(the Australian Capital Territory)이나 북부자치구역(the Northern Territory)의 경우 치안법원이 형사보상에 관한 심판 관할을 가지는 경우도 있다.

2) 연방법원

연방법원은 기본적으로 연방대법원(the High Court of Australia)과 연방특별법원으로 구성된다. 연방대법원은 연방헌법 제3장 사법부(Judicature)의 관련조항에 의해 설치되는데 주로 연방헌법 관련 위헌 심사와 주 법원 및 연방하급법원의 상고심을 주요한 관할로 한다. 또한 연방법원에는 연방법률에 의해 특별한 관할권을 부여받은 특별법원들이 있는데 연방가족법에 의해 설치된 연방가족법원(Family Court of Australia) 이나 상사나 노사문제, 행정법문제에 관한 주 법원의 항소사건이나 연방치안법원의 항소사건을 다루는 호주연방법원(Federal Court of Australia),[16] 이들 두 연방특별법원 관할사건의 하급심을 담당하는 연방치안법원(Federal Magistrates' Court)[17]이 있다. 연방대법원을 제외한 연방법원들의 경우 연방법률에 의해 설치되므로 그 관할이 법률에 의해 특정된 부분에만 한정되는 데 반하여 연방대법원의 경우 헌법에 의하여 사실상 모든 법률문제에 대한 판단권을 확보

---

16) 이 법원은 1971년 2월 각 주에 설치되었다. 1997년에는 이전에 노사관계특별법원이었던 노사관계법원(Industrial Relations Court of Australia)의 관할을 이양받았다.
(http://www.ag.gov.au/www/agd/agd.nsf/Page/Legalsystemandjustice_TheCourts).

17) 이 법원은 2000년 7월에 설치되었는데 연방가족법원이나 호주연방법원과 관할이 일부 중복되지만 주로 경미한 사건을 다룬다고 보면 된다.

하고 있는 셈이다. 결론적으로 호주 사법제도는 연방대법원을 정점으로 관할을 달리하는 연방법원과 주 법원이 양립하는 체제를 가지고 있다. 이 점은 연방대법원이 연방헌법이 정하는 사안에 대하여만 관할을 가지는 미국의 사법제도와 구별되는 점이다.

연방대법원은 연방헌법 제71조에 의해 창설되는데 그 주요 관할은 상고심과 원심관할권(original jurisdiction)[18]으로 나누어진다. 원심관할은 연방헌법 제75조가 정하고 있는데 국제조약과 관련한 사안, 다른 국가의 영사 및 대표와 관련한 사안, 호주연방 혹은 호주연방의 시민이 당사자인 사안, 각 주 혹은 각 주의 주민 간에 제기된 사안, 법관을 포함하여 연방공무원의 직무이행영장 및 직무금지영장(a writ of mandamus or prohibition), 직무유지(留止)영장(a writ of injunction)[19]의 발부와 관련한 사안이 이에 해당한다. 연방헌법 제76조에 따라 연방의회는 연방대법원에 추가적인 원심관할권을 창설할 수 있다.

연방헌법 제73조에 따라 상고심의 경우 하급 연방법원의 판결뿐만 아니라 각 주 법원의 판결도 대상이 되지만 상고허가제를 통해 연방대법원 스스로 관할을 자제하는 것이 보통이다. 대개 중요한 현안에 대한 법률적용의 문제나 여러 법원 간에 법 해석상의 혼란이 야기된 경우이거나 사법행정상 연방대법원의 결정이 필요한 경우에 상고를 허가하게 된다.[20]

1986년 호주독립법에 의해 연방대법원의 결정에 대한 영국 추밀원 사법위원회에 대한 상고신청권은 원칙적으로 폐지되어 호주법의 독

---

18) 연방대법원에 바로 소송을 제기하여 연방대법원이 제1심을 맡게 되는 관할을 의미한다.

19) 직무유지(留止)영장이란 최종적인 법적 판단이 내려질 때까지 현재의 법적 상태를 유지하는 것이 법적 정의에 부합한다고 법원이 판단한 경우 새로운 법적 효과를 수반하는 행위를 금지하는 명령을 의미한다.

20) http://www.ag.gov.au/www/agd/agd.nsf/Page/Legalsystemandjustice_TheCourts.

자성이 형식적으로도 완결되었다.

연방대법원은 대법원장과 6명의 대법관으로 구성된다.21) 연방헌법 제72조는 연방대법원뿐만 아니라 모든 연방법원의 법관은 총독(the Governor-General in Council)이 임명하고 증명된 부정행위나 능력상실 (proved misbehaviour or incapacity)을 이유로 양원의 발의에 의해 총독이 해임하는 경우에만 그 직을 박탈당하며 의회가 정하는 보수를 받고 이 보수는 재임 중 삭감되지 않도록 규정하여 법관의 신분을 보장하고 있다.

연방법원에 관한 관련법들은 연방법관은 최소 5년 이상의 법조실무경험을 갖춘 자라야 하고 특히 가정법원법관의 경우 가족관계문제를 다루는 데 전문성이 입증된 자라야 한다. 연방법관의 정년은 70세이다.22)

호주 사법제도 가운데 특이한 것은 특수법원으로서의 군사법원(Military Court)의 합헌성을 둘러싼 논쟁을 들 수 있다. 호주는 원래 상설군사법원을 두지 않고 사안별로 군법회의(Court Martial or Deference Force Magistrate)를 열어 군인관련 사법문제를 처리했으나 2006년 국방법률개정법(the Defense Legislation Amendment Bill 2006)을 통해 1982년 국군규율법(the Defense Force Discipline Act 1982)을 개정하여 상설군사법원을 설치하였다. 그러나 2009년 연방대법원은 레인 대 모리슨 판결(Lane v Morrison)23)에서 이 상설군사법원의 재판부가 사법부의 구성에 관하여 연방헌법이 정한 법관의 자격과 그 임명절차를 가지지 않은 것은 정당한 자격을 가진 법관으로 법원을 구성하도록 하는

---

21) http://www.ag.gov.au/www/agd/agd.nsf/Page/Legalsystemandjustice_TheCourts.

22) http://www.ag.gov.au/www/agd/agd.nsf/Page/Legalsystemandjustice_TheCourts.

23) Lane v Morrison (2009) 239 CLR 230

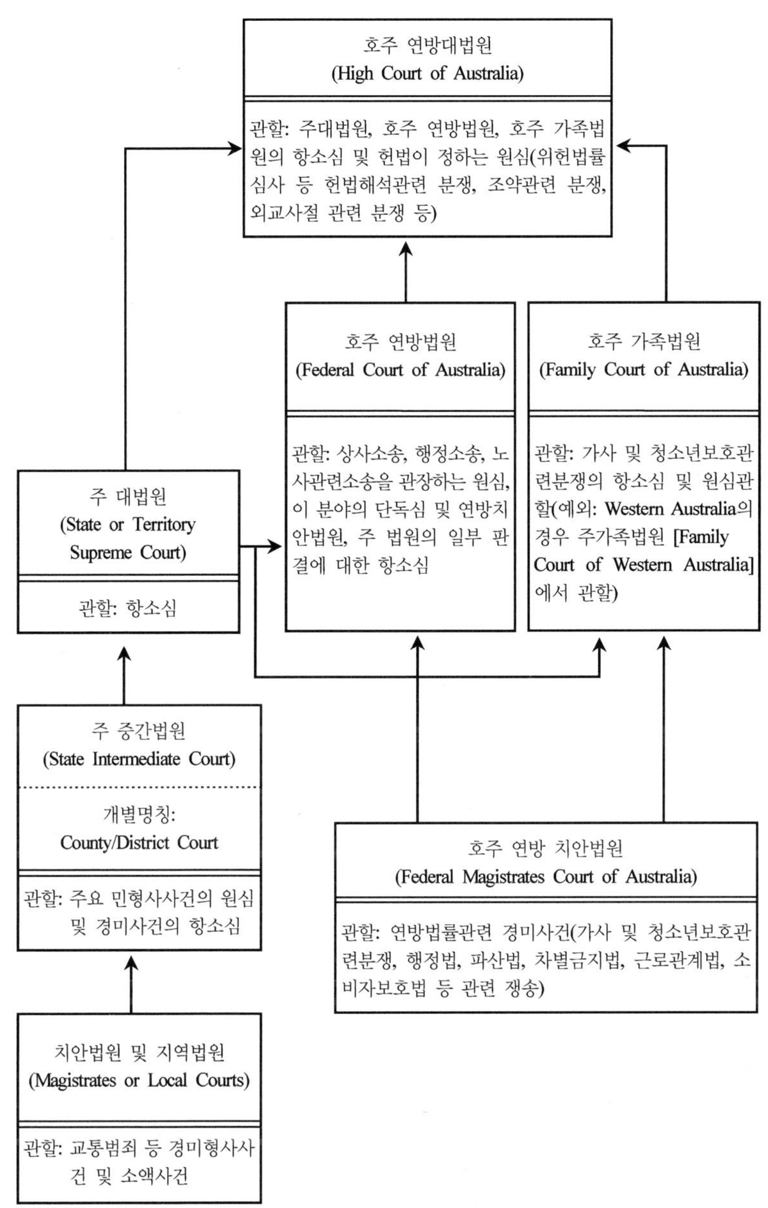

호주 연방대법원
(High Court of Australia)
관할: 주대법원, 호주 연방법원, 호주 가족법원의 항소심 및 헌법이 정하는 원심(위헌법률심사 등 헌법해석관련 분쟁, 조약관련 분쟁, 외교사절 관련 분쟁 등)
호주 연방법원
(Federal Court of Australia)
관할: 상사소송, 행정소송, 노사관련소송을 관장하는 원심, 이 분야의 단독심 및 연방치안법원, 주 법원의 일부 판결에 대한 항소심
호주 가족법원
(Family Court of Australia)
관할: 가사 및 청소년보호관련분쟁의 항소심 및 원심관할(예외: Western Australia의 경우 주가족법원 [Family Court of Western Australia] 에서 관할)
주 대법원
(State or Territory Supreme Court)
관할: 항소심
주 중간법원
(State Intermediate Court)
개별명칭:
County/District Court
관할: 주요 민형사사건의 원심 및 경미사건의 항소심
호주 연방 치안법원
(Federal Magistrates Court of Australia)
관할: 연방법률관련 경미사건(가사 및 청소년보호관련분쟁, 행정법, 파산법, 차별금지법, 근로관계법, 소비자보호법 등 관련 쟁송)
치안법원 및 지역법원
(Magistrates or Local Courts)
관할: 교통범죄 등 경미형사사건 및 소액사건

[그림 1] 호주의 법원체계

연방헌법을 준수하지 않은 것이어서 이런 기관으로 하여금 사실상 사법권을 행사하도록 하는 연방법률 또한 위헌이라고 판시하였다. 호주 국방부는 법무부와 협의하여 군사경험을 가진 법률가로만 군사법원을 구성하도록 하는 군사법원법을 준비 중이다.

3) 사법집행조직

사법제도의 한 부분은 형사절차를 통해 공공질서를 유지하고 질서 위반자에게 사법적 제재를 개시하게 되는 경찰 및 검찰24)업무이다. 그런데 호주에서 일반 형사사건은 주로 주 법원의 소관사항이므로 범죄수사는 주로 각 주에서 독자적인 형법에 따라 경찰을 중심으로 처리하게 되고 공소업무는 경찰과 검찰을 통해 분할하여 이루어지게 된다. 다만 일부 특수 연방범죄의 경우 호주연방경찰(Australian Federal Police)과 연방정부의 법무장관(Attorney-General)의 소관업무가 된다. 편의상 이 장에서는 비중이 큰 뉴 사우스 웨일즈 주의 경우를 들어 호주의 형사사법제도의 한 단면을 소개한다.

뉴 사우스 웨일즈의 경우 범죄 수사는 원칙적으로 뉴 사우스 웨일

---

24) 사법집행기관인 경찰과 검찰의 기능상의 차이는 상대적이어서 사법집행제도를 어떻게 구성하느냐는 나라마다 다르다. 그러나 공공질서를 유지하는 기본적인 치안업무가 경찰의 본질적 기능이라면 검찰은 공익의 수호자인 국가를 대표하여 범죄자를 형사사법절차를 통해 처벌하는 공소관련업무를 본질적 기능으로 한다는 점은 보편적으로 받아들여진다. 다시 말해서, 범죄혐의자를 체포하고 구속하여 재판절차를 통해 처벌하는 일련의 과정에서 그 시작이 경찰에 의해 이루어지고 재판절차를 검찰이 주도하는 것에는 대부분의 나라에서 차이가 없지만 범죄수사의 최종적인 책임을 누가 담당하느냐 즉 수사권을 종국적으로 누가 가지느냐는 나라마다 차이가 많다. 우리나라의 경우 경찰의 수사권 독립문제가 현안이 되고 있는데 그 핵심은 검사가 수사지휘권을 가지고 수사의 개시 및 유지 여부에 대해 감독하도록 하고 있어 경찰이 독자적으로 수사를 개시하고 유지하는 것이 원칙적으로 금지되는 체제이기 때문이다. 한편 경찰이 수사권뿐만 아니라 공소권까지 가지는 경우도 있다. 영국법체계의 경우 검찰은 공소의 유지업무를 담당하는 것이 일반적이어서 검찰조직이 우리나라처럼 방대하지 않다. 본문에서 설명되듯이 호주의 경우에도 경찰중심의 사법집행제도를 가지고 있다고 할 수 있다.

즈 경찰의 소관이다. 공소업무는 형사사건에 관한 관할법원의 차이에 따라 경찰과 검찰청(Office of Director of Public Prosecutions)의 소관으로 구분된다. 최하급심인 지역법원(Local Courts)에서 다루는 형사사건의 대부분은 경찰에 의해 공소가 제기되고 유지되는데 경찰청에 소속된 경찰검사들(police prosecutor)이 업무를 담당한다. 검찰청은 중급법원(District Courts)과 대법원 단계의 공소유지와 항소업무[25]를 주로 담당하기 위해 1986년 검찰청법(Director of Public Prosecutions Act 1986)의 제정으로 1987년 창설되었다. 이 법에 의해 그동안 법무장관의 소관사항이었던 공소업무가 검찰총장(Director of Public Prosecutions)의 독립업무로 이전되었다.

경찰검사들은 원래 경찰현장업무 경력이 3년 이상인 자 가운데 임명되던 절차를 다원화하여 법과대학 졸업생들을 곧바로 임용하는 제도[26]가 최근 도입되었다. 검찰총장의 공소제기 및 유지 업무는 실무상 독립성이 보장되는 검사(Crown Prosecutors)에 의해 수행된다. 1986년 검사직무법(the Crown Prosecutors Act 1986)에 의해 직무상 독립성이 보장되는 검사는 검찰총장의 요청에 따라 공소업무를 개시하지만 직무수행과 관련하여 독립성이 보장되며, 검찰총장은 공소유지에 대한 일반원칙상의 지침(guidelines)을 하달할 수는 있을 뿐 특정사건과 관련하여 검사에 대한 구체적인 지휘권을 가지지 않는다.[27]

---

25) 지역법원에 개시된 사건 가운데 중급법원에 이송할 필요성이 인정되는 사안에 대한 처리(committal proceedings)나 경찰이 기소대상인 경우와 같이 특별히 제한된 사안에 관한 지역법원에서의 공소유지도 검찰총장의 소관사항이 된다.

26) 속성검사임용제(Accelerated Prosecutors Recruitment Program)라고 한다
(http://www.police.nsw.gov.au/recruitment/accelerated_prosecutors_recruitment_program).

27) http://www.odpp.nsw.gov.au/overview/txt_Overview.html#Intro.

4) 변호사 단체

사법제도의 한 축은 소송을 비롯한 각종 법률자문업무를 담당하는 전문직역인 변호사에 관한 제도이다. 호주는 영국법체계에 따라 기초가 형성되었으므로 변호사제도도 영국제도에 따라 사무변호사(solicitor)와 법정변호사(barrister)로 이원화되어 있다. 전통적으로 사무변호사가 의뢰인으로부터 사건을 수임하여 소송이 필요한 경우 법정변호사에게 사건을 재위탁하는 방식으로 직무분장이 이루어져 있다.

사무변호사이든 법정변호사이든 대개 주대법원에 소속된 법학교육위원회(Council of Legal Education)[28]와 변호사자격시험위원회(Board of Examiners)[29]가 정하는 절차에 따라 변호사자격을 획득한다. 대개는 대학이나 대학원과정에서 법학교육위원회에서 정하는 기본법학과목을 이수한 후 연수과정을 거치도록 하는 것이 일반적이다. 예를 들어 뉴 사우스 웨일즈와 더불어 호주의 법률시장을 거의 양분하고 있는 빅토리아 주의 경우 사무변호사의 자격을 가지고 실무를 하기 위해서는 법학사 과정을 이수한 후 1년 동안의 실무연수과정(Supervised Workplace Training)[30]이나 실무교육과정(Practical Legal Training Courses)을 이수하도록 하고 있다. 현재 빅토리아 주에서 실무교육과정으로 빅토리아 주 법학교육위원회의 실무교육과정위원회(Practical Legal

---

28) 이 위원회는 법조양성 제도 개혁과 관련한 2004년 법조법(Legal Profession Act 2004)에 의해 법조인양성과 연계된 법학교육제도를 규제하기 위하여 설치되었다.

29) 변호사자격인증절차를 담당하는 위원회로 1853년에 창설되었으며 현재의 근거법은 2004년 법조법(Legal Profession Act 2004)이다. 위원은 법학교육위원회의 제청에 따라 총독이 임명한다 (http://www.lawadmissions.vic.gov.au/about_the_board).

30) 2008년 이전까지 이 실무연수제도는 실무수습계약제(Articles of Clerkship)로 불렸다. 이전 제도와 새 제도의 차이는 실무연수프로그램이 표준화된 것이다. 즉 이전 제도는 각 로펌 별로 자율적으로 연수를 실시하였지만 새 제도하에서는 공동프로그램에 의해 연수제도가 운영된다.

Training Committee)의 인가를 받은 기관은 3개 기관인데 모나슈 대학
(Monash University)을 제외한 레오 쿠센 인스티튜트(the Leo Cussen
Institute)와 빅토리아 주 사무변호사협회(Law Institute of Victoria)가 운
영하는 법학원(the College of Law)31)에서 프로그램이 제공되고 있
다.32) 한편 법률실무연수는 빅토리아 주 사무변호사협회가 인증하는
로펌이 주로 담당하게 된다.33)

연방제도에 의해 법체계가 연방과 주로 이원화되어 있으므로 각주에 다
양한 변호사단체가 존재한다. 사무변호사들의 단체는 'law society'라는 명
칭을 주로 쓰며 법정변호사들의 단체는 bar council 혹은 bar association
이라는 명칭을 쓴다. 이들 단체는 변호사의 이익을 대변하거나 각 주
의 법제도 및 법률문화의 신장을 위해 노력하는 한편 법령의 뒷받침
을 받아 변호사 교육과 연수 및 자격에 관한 업무를 담당한다. 예를
들어, 현재 약 19,000명의 회원을 가진 뉴 사우스 웨일즈의 Law Society
는 법조법(Legal Profession Act 2004)에 의하여 사무변호사 관련 규제
권을 부여받고 있다.34) 한편 현재 약 2,100명의 회원을 가진 뉴 사우
스 웨일즈의 Bar Association도 법조법(Legal Profession Act 2004[NSW])
에 근거하여 법정변호사 관련 규제권을 가진다.35) 그러나 20세기 말

---

31) 앞서의 두 기관과는 달리 이 법학원은 온라인 교육만 제공한다. 법학교육위원회의 관련 홈페이지
   (http://www.lawadmissions.vic.gov.au/about_the_council/) 참조.

32) http://www.lawadmissions.vic.gov.au/admission_requirements/practical_legal_training_course/ 참조. 한
   편 호주연방의 수도인 캔버라에 소재한 호주국립대학의 경우 수도자치구역(the Australian Capital
   Territory)은 물론, 뉴 사우스 웨일즈, 빅토리아, 퀸즈랜드, 북부자치구역(the Northern Territory)의 변호사자
   격으로 연계되는 독자적인 법률실무교육과정인ANU Legal Workshop을 운영하고 있다
   (http://law.anu.edu.au/LegalWorkshop/About.aspx).

33) 빅토리아 주 사무변호사협회의 관련 홈페이지 자료(http://www.liv.asn.au/Practising-in-Victoria) 참조.

34) The Law Society of NSW Scheme(http://www.lawlink.nsw.gov.au/lawlink/psc/ll_psc.nsf/vwFiles/Scheme_-
   LawSociety_nsw_20062011.pdf/$file/Scheme_LawSociety_nsw_20062011.pdf).

35) The New South Wales Bar Association Scheme(http://www.lawlink.nsw.gov.au/lawlink/psc/ll_psc.nsf/-

부터 시작된 사법개혁의 결과 그전까지 변호사단체들이 보유하던 변호사징계권은 전문직윤리법(Professional Standards Act 1994[NSW])에 따라 별도로 설치되는 뉴 사우스 웨일즈 전문직윤리위원회(Professional Standards Council)로 이관되었고 이 위원회의 규제사무는 주법무장관(Attorney General)의 통제를 받는다.

각 주의 변호사단체의 전국적 대표단체가 호주변호사협회(The Law Council of Australia)이다. 이 협회는 1933년 창설36)되어 전국 단위로 변호사의 지위를 대변하고 연방법과 법률문화의 개선과 국제적 교류 활동을 담당해 왔다.

5) 법률구조제도

사법제도는 법을 공정하게 적용함으로써 시민이 부당한 법의 적용을 받지 않을 뿐만 아니라 시민이 자신의 법적 권리를 제대로 보장받기 위해 존재한다. 따라서 전문적인 법률서비스를 효과적으로 제공받는 것이 사법제도의 질을 좌우하는데 경제적 이유로 법률서비스를 활용하지 못한다면 그 사회의 사법제도는 결코 충실한 것이라고 평가할 수 없다. 이 때문에 많은 문명국가는 법률구조제도를 마련하여 경제적 약자들을 위한 법률서비스를 확충하고 있다. 호주의 경우 1942년 연방정부차원에서 법률구조청(the Legal Services Bureau)을 설립하여 법률구조업무를 담당하게 하였지만 1977년 연방법률구조위원회법(the Commonwealth Legal Aid Commission Act 1977)을 제정하면서 근 10

---

vwFiles/Scheme_BarAssociation_NSW_2010.pdf/$file/Scheme_BarAssociation_NSW_2010.pdf).

36) http://www.lawcouncil.asn.au/about/history.cfm.

여 년에 걸쳐 법률구조업무를 주법에 의해 독립기관으로 설치되는 법률구조위원회가 관장하는 체제로 전환하였다. 연방정부는 가족, 민사, 형사사건에 관한 법률구조예산을 각 주에 배정하고 그 예산에 기반하여 각 주의 법률구조위원회는 직접 소속 변호사를 통해 구조서비스를 제공하거나 변호사를 수임하여 구조사건을 처리하도록 한다. 또한 원주민에 대한 법률구조를 위해 특화된 법률구조위원회도 주별로 별도로 운영하고 있다.

한편 호주의 연방과 대부분의 주는 지역법률센터(community legal center)37)를 운용하고 있다. 독립비영리단체인 이 법률센터는 전국적으로 약 180개에 이른다.38)

6) 법학교육기관

사법제도의 수준에 영향을 주는 또 다른 요소는 법률가를 양성하는 법학교육제도이다. 전통적인 호주의 법학교육제도는 영국 제도의 영향을 받아 미국의 로스쿨제도와 같은 직업교육과는 달리 일반 학과와 마찬가지로 학부교육의 한 분과의 형태로 발전하였다.39) 그러나 영국과는 달리 법조인력양성의 특수성을 반영하여 다양한 인문사회과학분야와 법학을 동시에 이수하게 하는 이중전공제도가 활발하게

---

37) 지역법률센터는 지역 내 특화된 법률자문, 법교육, 법률정보제공, 법률관련 연수프로그램 운영 등 법문화 진흥업무를 담당하는 조직이다. 이 센터 업무를 위해 호주 전역에서 약 5,000명 이상의 변호사들이 고용되어 있다. 지역법률센터는 지역별로 소재하지만 일반적인 법률문제를 다루는 센터 외에도 여성문제나 원주민문제에 특화된 법률센터도 있다.

38) The Law Council of Australia, Snapshot of the Legal Profession-July 2009.pdf(http://www.lawcouncil.asn.au/-shadomx/apps/fms/fmsdownload.cfm?file_uuid=A770EF94-1E4F-17FA-D2D1-BA99625CD699&siteName=lca).

39) 다만 영국의 경우 대개 3년제 과정이지만 호주의 경우 4년제 과정이라는 점에서 차이가 있다.

도입되었다. 그러나 2008년 멜버른 대학(University of Melbourne)이 미국과 같이 수료자에게 법무박사(Juris Doctor)학위를 수여하는 대학원 과정의 3년제 로스쿨 제도를 도입한 이래 호주국립대학(Australian National University) 등이 같은 제도를 도입40)하는 등 법학교육제도의 개혁이 시험 중에 있다. 현재 학부 및 대학원 과정을 통틀어 약 40개에 이르는 법학교육기관이 있다.

4. 맺음말 – 호주 사법제도의 특징과 전망

호주는 영국 국왕을 헌법상 명목적인 국가원수로 하면서도 대의민주정부를 수립하고 있는 독립국이다. 영국 식민지로부터 출발하여 영연방의 일원으로 정치체계와 법체계가 영국과의 긴밀한 관계 속에서 발전한 탓에 영국법을 주요 법원으로 발전해온 특색이 있다. 그러나 국가원수의 명목적 지위를 제외한 헌법체계의 독립성이 확대됨에 따라 법의 형성과 적용은 실질적으로 완전한 독립성을 확보하고 있으며, 영국의 커먼로를 수용하는 경우에도 영국법의 자동적인 효과라기보다는 호주의 독자적 사법과정에 따른 수용의 결과로 이해할 필요가 있다. 또한 호주의 독특한 역사적 배경 때문에 원주민 관련 법체계의 독자성도 주목할 만하다.

한편 호주는 영국과는 달리 연방제 국가로서 연방법체계와 주법체계의 이원체계를 가진 입헌국가로서의 국가형태를 가지기 때문에 자연스럽게 법체계와 사법체계도 이원화되어 있는 특색이 있다. 연방헌

---

40) http://law.anu.edu.au/Postgraduate/Juris_Doctor.asp.

법(Constitution of Commonwealth)을 정점으로 연방법과 주법이 이원화되어 있다. 사법체계도 법체계에 대응하여 이원화되어 있다. 다만 호주연방대법원은 연방법원은 물론이고 주 법원에 대한 상고심도 담당함으로써 호주법은 이 연방대법원을 통해 실질적 통일성을 확보하고 있는 특색이 있다. 호주의 법체계와 사법체계는 영국법체계와의 강한 관련성하에 발전하였지만 그 독립성을 강화하여 왔고, 연방제의 특성상 각 주법계의 자율성 또한 강하게 존중되는 특징을 가진다고 정리할 수 있다. 최근 호주의 태평양 국가로서의 정체성이 강화되면서 법체계와 법문화에서도 이런 경향을 반영하기 위한 노력이 계속되고 있다.41) 특히 서로 간에 주요한 무역파트너42)인 우리나라와 호주는 자유무역협정(Free Trade Agreement)을 체결하기 위한 마지막 단계43)에 있는데 이 협정을 통해 법률서비스시장이 개방되면 두 나라 간 법체계와 법문화에도 상호 일정한 영향을 미칠 것으로 예상된다. 그러나 그 영향의 정도가 얼마나 클지에 대해서는 예상하기가 쉽지 않다. 자유무역협정에 따른 법률서비스시장의 개방은 대개 단계적44)

---

41) 호주가 영연방적 정체성에서 벗어나 아시아와 남태평양 지역의 중심국가로서의 정체성을 확인하려는 노력은 1980년대 후반부터 고조되었는데 호주 고등교육기관에서의 아시아 연구의 강화에서 그 일면을 확인할 수 있다. 예를 들어, 1975년 설립되어 호주 내 최초로 아시아학과를 개설했던 Griffith University는 아시아 연구소(Griffith Asia Institute)를 설립하여 호주의 아시아 태평양 국가로서의 정체성을 확인하고 그 함의를 호주 사회에 계몽하기 위한 노력으로 아시아에 관한 연구활동을 강화하고 있다. 이 센터는 2011년 초 아시아국가에서도 두드러지고 있는 '정치의 사법화' 현상을 검토하기 위한 국제학술세미나 "아시아에서의 정치의 사법화(Judicialization of Politics in Asia)"를 개최하여 아시아의 사법제도에 대한 높아진 관심을 보여주었다.

42) 한국은 호주의 4대 무역교역국이며 호주는 한국의 8대 무역교역국이다(http://www.southkorea.embassy.-gov.au/seolkorean/akr2_FTAap.html).

43) 한국의 이명박 대통령과 길라드 호주 수상은 2011년 4월 25일 공동선언을 통해 2011년 내에 한호자유무역협정을 체결하는 것을 목표로 협정의 최종단계에 있음을 확인하였다(http://www.pm.gov.au/press-office/joint-press-statement-president-republic-korea).

44) 우리나라 법무부가 밝혀 온 법률시장개방은 기본적으로 3단계로 이루어진다. 첫 단계는 외국법률회사가 외국법자문을 위한 국내사무소를 개설할 수 있는 단계, 두 번째 단계는 외국법률회사가 국내법률회사와 사건을 공동으로 수임하고 수익을 분배할 수 있는 단계, 마지막 세 번째 단계는 외국법률회사와 국내법률

으로 이루어지는데 우리나라와 호주 간의 자유무역협정도 이 같은 단계적 법률서비스 시장의 개방과정을 거칠 것이고 초기 단계에서 호주의 법률회사가 직접 한국 내 사무소를 개설하는 것 혹은 그 반대의 경우는 여전한 제도적 제약이나 불투명한 시장 상황 등을 고려할 때 현실적으로 쉽지 않을 것이기 때문이다.45) 하지만 장기적으로 보면 경제협력을 축으로 한 두 나라 간의 교류는 더욱 확대될 것이 확실하고 이에 따른 법체계와 법문화의 상호이해가 부수적으로 더욱 확대될 것이라는 점은 어렵지 않게 예측할 수 있다. 무엇보다 두 나라를 제대로 이해하기 위한 전제로서 상대방의 법체계나 사법제도에 대해 이해하려는 노력은 불가피하기 때문이다.

회사가 합작을 하고 한국 변호사도 고용할 수 있는 단계이다.

45) 첫 단계 개방조치에도 불구하고 외국법자문역할을 담당하기 위한 외국법률회사의 설립조건은 소속변호사가 원자격국(유럽연합의 경우 유럽연합 소속국가)에서 3년 이상 법률사무를 담당한 경력자라야 한다. 그런데 이런 조건을 갖추고 한국에서 법률서비스 활동을 할 자원이 풍부하지 않다. 우리나라는 현재 유럽연합과 자유무역협정을 체결하여 시행하고 있는데 유럽연합의 법률회사는 2011년 7월 1일부터 첫 단계 법률시장 개방의 혜택을 볼 수 있는 상황이지만 2011년 9월 현재 국내사무소를 개설한 유럽연합의 법률회사는 없다.

참고문헌

Hinchy, Russell. 2008. *The Australian Legal System: History, Institutions and Method*, Frenchs Forest, N.S.W.:Pearson Education Australia.

Cook, Catriona et al.. 2009. Laying Down the Law, 7th ed., Chatswood N.S.W.: LexisNexis Butterworths.

Hinchy, Russell. 2008. The *Australian Legal System: History, Institutions and Method*, Frenchs Forest, N.S.W.:Pearson Education Australia.

Parkinson, Patrick. 2005. *Tradition and Change in Australian Law*, 3rd ed., Pyrmont, N.S.W.:LBC Information Services.

Vines, Prue. 2009. *Law and Justice in Australia: Foundations of the Legal System*, 2nd ed., South Melbourne, Victoria: Oxford University Press.

연세대학교 동서문제연구원 호주연구센터

이희진 : 연세대학교 국제학대학원, 호주연구센터(연세대학교 동서문제연구원)
문경희 : 창원대학교 국제관계학과
조용두 : 포스코 경영전략1실 미래전략그룹장
김리원 : 포스코경영연구소 동향분석실 책임연구원
서정수 : 계명대학교 국제통상학과
은용수 : University of Warwick, Research Fellow
강우진 : The Australian National University, Research Fellow
정경자 : Faculty of Arts and Social Sciences, University of Technology, Sydney
김환식 : 교육과학기술부
김종철 : 연세대학교 법학전문대학원

현대 호주사회의 이해 Ⅰ

초판인쇄 | 2011년 12월 30일
초판발행 | 2011년 12월 30일

지 은 이 | 연세대학교 동서문제연구원 호주연구센터 이희진 · 문경희 외
펴 낸 이 | 채종준
펴 낸 곳 | 한국학술정보㈜
주   소 | 경기도 파주시 문발동 파주출판문화정보산업단지 513-5
전   화 | 031) 908-3181(대표)
팩   스 | 031) 908-3189
홈페이지 | http://ebook.kstudy.com
E-mail | 출판사업부 publish@kstudy.com
등   록 | 제일산-115호(2000. 6. 19)

ISBN   978-89-268-2923-3 93340 (Paper Book)
        978-89-268-2924-0 98340 (e-Book)